Minou Azoulai
Pascal Delannoy

Jamais sans mon psy

Hugo New Life

La parole est moitié à celui qui écoute,
et moitié à celui qui parle.
Montaigne

C'est ce qui sort de ta bouche
qui te maintient en vie.
Bob Marley

À Raphaël, Nils,
Julien, Nathan,
Mickaël, Gaël.

Sommaire

Avant-propos

Et soudain la covid-19 met un coup d'arrêt à l'activité humaine, à nos pensées.

Inédite, historique, exceptionnelle, extraordinaire, tant et tant d'adjectifs pour qualifier une situation planétaire... Un confinement pour tous, jour et nuit.

Ne circulez pas, y'a rien à voir. Si... encore les lumières de la ville, les étoiles et la lueur de la lune à la campagne, les écrans qui transpercent les longues soirées du chacun chez soi. Et au loin, quelques voitures et les sirènes des véhicules d'urgence.

Nous écrivons ce livre avant, pendant et après les confinements. Étrange, de travailler loin de l'effervescence des hôpitaux, dans le silence surréaliste de la ville, qui étreint ceux qui sortent, angoisse ceux qui restent, en butte à une vie familiale chamboulée, ou à une solitude déstructurante.

Et pourtant notre enquête continue de porter sur les mots et les silences qui se trament dans les cabinets des psys. Notre obsession : comprendre ce qui s'y joue, à l'épreuve de notre société, si tourmentée. Ce que veulent vraiment les psys, anciens ou nouveaux, et bien sûr les patients qui en demandent toujours plus.

Le maître-mot : virus, coronavirus ou covid-19. Une première vague, une déferlante et près de quatre milliards de confinés sur la planète, seuls avec leurs pensées, face à eux-mêmes, à ceux qu'ils aiment ou détestent. Quatre milliards de personnes, qui consciemment ou non se remettent en question, interrogent leurs modes de vie ou de gouvernance.

Étrange, soudain, de ne plus voir les psys auxquels nous nous adressons pour comprendre ce traumatisme collectif et massif. Ils sont eux aussi confinés, ils écoutent les infos, les adaptent à leurs fragilités (non avouables), ils écoutent leurs patients.

Téléphone, Skype, applis, les voix changent de timbre, les mots s'amoncellent, s'embrouillent, se mélangent.

Nous avons rappelé quelques-uns d'entre eux. Une majorité se disent épuisés par les consultations téléphoniques, plus que du temps où ils ouvraient leurs cabinets. Pourquoi ? Pour les uns, il est plus difficile d'interrompre une séance avec ceux qui, à leurs soucis, ajoutent ceux de leurs proches. Pour les autres, face à la solitude écrasante de certains patients, ils les gardent plus longtemps. D'autres encore nous disent qu'ils ont les paroles, la voix, mais qu'il manque la vue des corps, des gestes, des regards, paramètres importants qui traduisent l'indicible.

Tout n'est pas perdu. Mais tout est bouleversé. Nous sommes tous touchés, par tous les pores de notre vie. Sauf à céder au « syndrome de la cabane », nous sommes entrés dans le monde d'après… Mais aussi, comme il y a un siècle, dans ce « malaise dans la civilisation ». Décidément, Freud ne veut pas mourir !

Malgré toutes les contraintes, ce livre a pris forme, il s'est enrichi de la parole de celles et ceux que nous avons rencontrés, de nos échanges de coauteurs, et de ce que nous avons découvert de nous-mêmes.

Tous les « psys » sont à l'écoute, à notre écoute, le « maître » de Vienne a répandu une lumière aussi éclairante que la philosophie. Et quel plaisir de s'y confronter, de se croire très intelligent le temps d'une lecture et d'une conversation !

Quoi qu'il en soit, masqués ou pas, il restera toujours quelque chose des questions que chacun se pose… comme des réponses.

Introduction

La psyché en vente libre ?

Quelle différence y a-t-il entre un portrait-photo, réalisé par un professionnel ou un amateur éclairé, et un selfie – égoportrait au Québec, expression traduite de l'américain – ? Elle est grande ! Oserons-nous le parallèle avec la psychanalyse ?

Mais d'abord un petit rappel : avant l'invention que certains nomment le huitième art, les portraits étaient l'apanage des peintres, leurs modèles posaient pendant des heures, offrant toutes les nuances de leur état d'esprit au regard du maître.

Les siècles ont passé… jusqu'au portrait photographique. Celui-ci implique un cadre, une lumière, un décor ou un arrière-plan, un regard, parfois une petite mise en scène, une recherche de la meilleure position ou du meilleur profil, et un réglage du point pour valoriser le sujet. Sans compter le choix d'un objectif approprié, pour un plan large, moyen ou serré. A priori, le professionnel, ou l'amateur avisé, éprouve un minimum de curiosité, de désir pour la personne qu'il photographie ; il lui faut donc créer un lien, même ténu, avec elle.

Idem pour une photo artistique ou un cliché de reportage qui capte un événement. N'oublions pas qu'après la Première Guerre mondiale, la photographie est un art, pour sa recherche d'esthétisme, mais aussi pour immortaliser les changements et la reconstruction de la société.

Numérique ou argentique, peu importe, la révélation de la photo prend soin de peaufiner les contrastes, de retoucher une ombre, d'adoucir le fond ou l'éclairage. Cette photo, vue et revue dans la vie du sujet, rappellera toujours des souvenirs ; l'état d'esprit du moment où elle a été prise, les événements qui l'ont précédée ou suivie, parfois la présence du photographe. Certes, elle rejoindra un jour l'album de famille, ou la boîte à chaussures où l'on entasse les réminiscences sur papier glacé, mais elle générera de la nostalgie, des larmes ou des sourires, c'est selon, et parce qu'il se passe toujours quelque chose lorsqu'on se retourne sur sa vie.

Les années ont passé… Entre la photo classique et le selfie, nous avons connu le Polaroid et l'appareil jetable, qui ont convaincu les amateurs et concrétisé le goût de l'éphémère.

Nous voici donc arrivés à l'ère de l'égoportrait, l'instantané par excellence. Il se pratique dans un cadre brut ; l'arrière-plan est flou, ce qui est dans le champ fait office de « personnage » secondaire ; la tour Eiffel, par exemple, ou une touche de ciel bleu. Le Moi est bien au centre. Point de regard du photographe, on est entre moi et Moi, la lumière est « naturelle » ou éclatée par un flash. La mise au point ? Celle de l'appareil tenu dans la main tendue pour cliquer, juste un petit carré jaune, vert ou blanc qui fait le point sur l'œil, la bouche, ou toute autre partie du visage. On sourit, on fait la moue, on envoie un baiser, on provoque le regard du destinataire. Aucun lien véritable entre ce que l'on est et ce que l'on montre de soi, puisque ce selfie peut se répéter à l'infini.

Pas besoin de technique de développement pour jouer avec les contrastes. Ce selfie évolue au gré de l'humeur ou des applications téléchargées, s'affublant de grimaces, de moustaches, de lunettes, de couleurs flashy ou de perruques, etc. Seule compte l'envie de se regarder encore et encore, de se montrer à l'autre, tous les autres, sur tous les réseaux sociaux, puisque le selfie envahit la toile planétaire. Comme un Moi indéfini, qui enfle au fur et à mesure des likes, des cœurs ou autres émoticônes de Facebook, Instagram ou Tweeter. Quant au grain du cliché, il n'a aucune aspérité dans l'égoportrait. Le grand-angle déforme le visage qu'un photographe s'applique souvent à embellir.

Plus tard, on pourra revenir à l'album du smartphone, on y retrouvera le selfie parmi les trois ou cinq mille engrangés ; mais il y en aura tant qu'il sera impossible de se souvenir de toutes les circonstances, malgré la date inscrite sur l'écran, de savoir si ce jour-là on était ou non à son avantage... On se demandera si on était entouré, ou seul avec soi-même. Même les influenceurs et les blogueurs, nouveaux héros d'Internet, chargés de vendre des produits, des marques, ou eux-mêmes, braquent spontanément la petite caméra incorporée sur leur visage.

Peu de studios de photographes ont survécu à l'évolution de la photographie, ils ont fermé boutique, laissant les grands studios professionnels prendre le relais pour la pub ou la presse magazine. Des comptoirs de tirage numérique, ou des sites Internet, se chargent de développer nos photos accumulées dans notre smartphone.

En revanche – et là, ce sont les algorithmes qui triomphent : mille selfies à la seconde, soit quarante milliards par an ! Qui sait si, un jour, l'égoportrait ne sera pas érigé en art ?

Oserons-nous donc le parallèle avec la psychanalyse ?

Nous pouvons le tenter. Elle prône la nuance, une autre vision ou une autre lecture du monde, moins accélérée, moins pragmatique. Même si aujourd'hui, un psy, à savoir le photographe si on garde la métaphore, trouve à sa disposition de multiples chemins pour accéder à l'inconscient et faire émerger le Moi de son sujet, tel celui qui change d'objectif pour s'approcher ou s'éloigner de son modèle. Pour le psychanalyste, ou plus largement pour un psychothérapeute sérieux et compétent, il faut aussi un cadre, un pacte conclu avec le sujet, une rigueur pour capter l'authenticité de son patient ; un décor, classique de préférence, avec quelques variantes. Une lumière intellectuelle, le savoir et la formation éclairent les zones d'ombre enfouies. Et tout cela a un prix...

Avec le selfie, comme avec des pseudothérapeutes et tout ce qui entre dans les cases du prêt-à-penser, il n'est besoin que d'une pose, un sourire pour l'illusion du bonheur, et un clic pour trouver le chemin qui aboutit direct au bien-être… Point de profondeur de champ, on efface le symptôme comme on efface le cliché sur le smartphone, on applique une technique, la même valable pour tous. Mais on n'oublie pas l'argent, on fait un package pour quelques séances et le tour est joué.

En France, n'importe qui peut se décréter psy, poser une plaque sur sa porte, créer un site Web et recevoir des patients en détresse. Il suffit de se croire bienveillant, curieux, à l'écoute de l'autre, sensible voire empathique. Seulement, « n'importe qui » n'a pas les codes de la psychologie, ni l'écoute neutre ; empathie n'est pas rigueur, et la sensibilité n'aide guère le patient à avancer en son for intérieur. Trop d'imposteurs répondent à la demande, se satisfont de signes, d'apparences ou de simulacres qui nous entraînent vers « un monde sans esprit », dixit le psychanalyste Roland Gori. Ils ont parfois eux-mêmes été traumatisés ou victimes, mais cela ne suffit pas pour se poser en spécialiste de l'âme, au contraire ; seule une formation solide permet d'imposer les règles du jeu et du je.

Un point commun, malgré tout, entre la psychanalyse et les thérapies brèves et courtes : la première a changé le monde pour l'homme, avec la mise au jour de la pensée et du psychisme ; les secondes, prises dans l'accélération de la vitesse, ont aussi changé le monde, sans mettre l'homme au cœur de leur système.

Un exemple ? Véronique adore les selfies, elle en fait tout le temps avec tout le monde, elle grime son visage. Elle en rit, et publie tout sur les réseaux. Pourtant, quand on lui demande ce qu'elle en attend, elle répond : « rien ». Son histoire est lourde, alors, faute de s'en libérer, elle consulte une sophrologue, puis une énergéticienne, qui la bousculent, sans creuser les raisons de sa souffrance. « Je ne suis jamais moi, sur aucune photo, l'humour me préserve, mais je ne sais pas si cela va durer, je ne compte plus les selfies, mais je commence à m'en lasser, je me demande si la carapace n'est pas en train de se fissurer. »

Cela étant, le selfie cohabite avec un art du portrait artistique, en noir et blanc, institué par Harcourt, dont les cabines, désormais, attirent les foules dans certains centres commerciaux. Il y en a donc pour tous les goûts et toutes les capacités individuelles à se regarder. De même, la psychanalyse a vu se répandre (voire se déformer) certaines de ses théories, via le langage courant. Elle cohabite avec les disciplines qu'elle a engendrées, elle a essaimé de nombreux domaines de recherche scientifique et médicale.

« Je vois un psy », ou plus mystérieux : « Je vois quelqu'un » !

Mais qui ? Ce quelqu'un, est-ce un thérapeute, un psychiatre, un psychanalyste, un psychologue ? Un coach, ou un charlatan qui, en deux temps et beaucoup d'euros, remet sur pied, redonne l'illusion d'être heureux ?

Psy est devenu un mot générique, un mot valise où l'on entasse tout ce qui encombre notre pensée et notre vie intérieure. Le monde des psys, les vrais, est vaste, il reste l'un des seuls à considérer l'être humain « à mains nues », avec pour seul instrument d'investigation et de connaissance la parole, le regard. Il ne touche ni ne palpe le corps. Ce monde est peuplé d'âmes et d'inconscients qui se reconnaissent, ou se rejettent. On y entre tel que l'on est, on « transfère » par le mot-à-mot.

Et si nous commencions par les distinguer ?

Le ou la psychiatre est un médecin spécialisé en psychiatrie. Il exerce une profession médicale encadrée par l'État. Il est le seul psy à pouvoir prescrire des médicaments pour traiter des maladies mentales et des troubles psychiques. Le pédopsychiatre a suivi la même filière, il s'occupe plus particulièrement des enfants et des adolescents. Leurs consultations sont remboursées par la Sécurité sociale.

Le ou la psychologue est un universitaire diplômé par l'État, au minimum d'un master en psychologie. Il devra suivre un complément de formation professionnelle de cent cinquante heures, dont sont dispensés les psychiatres ; ou intégrer l'École de psychologues praticiens. Il prend en charge des personnes présentant des difficultés psychiques. Seules les consultations dans les centres médico-psychologiques reconnus par l'Assurance maladie sont remboursées.

Le ou la psychanalyste peut être psychologue clinicien, clinicienne. Il n'existe aucun diplôme reconnu par l'État. Les premiers psychanalystes, il y a plus d'un siècle, étaient tous médecins de spécialités différentes. En France, les psychanalystes ont commencé à intégrer les institutions psychiatriques dès le début du XXe siècle. Freud écrit en 1918 : « La conscience sociale s'éveillera et rappellera à la collectivité que les pauvres ont les mêmes droits à un secours psychique qu'à l'aide chirurgicale… » Pour devenir psychanalyste certifié, il faut avoir suivi soi-même une cure analytique, d'une durée de six ans en moyenne, puis, de préférence, appartenir à une association officielle (la première a été la SPP, Société psychanalytique de Paris, créée par la princesse Marie Bonaparte) pour être supervisé par un pair, tout au long de sa carrière professionnelle. Les honoraires, non remboursés, sont à la discrétion du psychanalyste, allant de vingt ou cinquante à quatre cents (sic) euros la séance. Avec le temps, on est sorti du cadre rigide de la psychanalyse pour élargir ou resserrer l'appréhension du patient et de son environnement. Au point qu'en 1933, selon le psychanalyste Yann Diener, les nazis ont obligé les sociétés de psychanalyse de Berlin et de Vienne à se transformer en sociétés de psychothérapie, « forçant les psychanalystes à fuir ou à s'adapter pour participer au coaching du surhomme ».

On connaît la suite, les autodafés nazis, l'exil de Freud à Londres, etc. Freud qui a écrit : « La méthode psychanalytique ne cherche ni à ajouter, ni à introduire un élément nouveau, mais au contraire, à enlever, à extirper quelque chose ; pour ce faire, elle se préoccupe de la genèse des symptômes. » Pour lui, comme pour Lacan, plus tard, le risque était de mettre le savoir du côté des experts, et donc d'une logique strictement scientifique. Lacan, craignant plus que tout l'action des psychothérapeutes dans le champ social, qui « n'auront pas plus d'importance que des maîtres-nageurs ». Ce dogmatisme a heureusement évolué et les psychothérapeutes peuvent aussi être de bons psychanalystes…

Le ou la psychothérapeute, justement, doit suivre une formation en psychopathologie agréée par l'État, ou justifier d'au moins cinq ans de pratique. Après des années de flou, le décret d'application de mai 2010 réglemente cette profession, sans toutefois préciser la liste des écoles reconnues officiellement. L'Italie, par exemple, est partie en chasse de la psychanalyse, elle n'est plus enseignée à l'université, et ce pays préfère « des psychothérapeutes en ordre de marche, des super coaches qui formatent des consommateurs en série ». L'Italie n'est pas la France, mais la crainte persiste, notamment chez les psychanalystes !

Mais où est donc passé Freud ? En cherchant, on le trouve dans la discrétion et le mystère des cabinets de psychanalyse, là où l'intime surgit, où un homme, une femme, nous prend par la main, ou plutôt par les mots pour revenir à soi. Les uns parlent d'aventure intérieure, les autres d'expérience ou de voyage... Mais où est donc passé Freud ? Pas dans le buzz pseudo-psycho permanent, qui n'est que l'écume des choses. Certes, rien n'est inutile pour l'être humain qui prend soin de lui, mais tout n'est pas efficace, voire même parfois dangereux. Les livres de Freud sont encore à l'étude, ses pensées constituent un socle solide, qui se nuance au fil du temps et des mutations sociétales, sociales, économiques. Il faut donc payer pour voir et pour savoir, normal, le thérapeute n'est pas obligé d'écouter nos plaintes, nos mesquineries, nos doutes et nos vérités. Oui, il faut payer pour mieux le quitter un jour, et pour qu'il ne rentre pas chez lui, le dos voûté, la tête pleine de la misère des autres, déjà encombrée par la sienne. Du mot-à-mot, du pas-à-pas. On dit tout, on s'allège, on lui permet de démêler avec nous nos pensées les plus inavouables. Il n'y a ni sanction ni jugement, à la différence de la justice ou des proches... À force de répétitions, on défait les nœuds, à force de répétition on atteint ce qui nous meut. Faut-il être un peu fou pour croire que l'on peut sauver une âme avec des mots ? Non. Peut-être oui. Mais on peut le devenir si les mots et les pensées se bloquent, ou si l'on tombe dans les pièges des faux psys, des fourbes ou des exploitants de la misère psychique.

Il fut un temps lointain, celui du Minitel, où l'on moquait le 3615 code « j'existe ». Le Minitel a trouvé sa place dans les musées, le code est révolu, on est à l'heure du mot de passe. Aujourd'hui, tout le monde veut exister et surtout montrer qu'il existe. Pour ceux qui ne savent pas comment s'y prendre, c'est difficile... Pour les autres, un clic, un tweet, quelques likes, un selfie, un blog perso. La révolution numérique a tout changé. La planète est connectée, ses habitants aussi, et pourtant jamais on ne s'est senti aussi seul. Seul avec son opinion, seul chez soi, seul dans la foule. Seul devant l'écran. Si seul, dans ces confinements ! Cette foule sentimentale qu'a si bien chantée Alain Souchon, cette foule qui aimerait s'aimer, mais ne sait plus quand ni comment. À chacun son smartphone, le nouvel objet transitionnel, le doudou des adultes... À chacun de choisir son appli pour rencontrer, aimer, courir, manger, acheter, vendre, lire, écrire, compter les battements de son cœur, voyager. Le carrefour des illusions.

Malgré tout, la psychanalyse, avec ses corollaires, reste nécessaire à la santé publique ; en l'écartant on écarte l'humain, sa capacité à se penser, à penser la société dans laquelle il vit, sa propre évolution à l'épreuve de la vie. À mesure des changements de société, les besoins hédonistes se sont affirmés, engendrant aujourd'hui un supermarché de la psyché...

Chapitre 1

Profession : psy

Les enfants de la psychanalyse

Nous connaissons tous les enfants du rock, nourris aux décibels des rockers et aux tubes américains. Nous sommes tous familiers des enfants de la télé, bercés par les héros de dessins animés, de feuilletons ou de pubs matraquées entre deux émissions, ou même pendant.

C'est dans cet ordre d'idée, un héritage culturel, que trois amis, psychanalystes, professionnels et passionnés, ont créé le site *Les enfants de la psychanalyse*.

Ou comment être visible, donner une image publique, plus collective qu'individuelle, des psychanalystes, et une représentation sérieuse de la discipline sur Internet ?

Amélie de Cazanove, Alexia Blume Cousi et Daniel Irago (inscrits à la Société psychanalytique de Paris) s'y attellent depuis 2012. Ils collectent des articles, des colloques, des conférences, des événements artistiques qui concernent leurs pairs, et invitent au dialogue les partisans, professionnels ou non, d'une chapelle trop confidentielle. Un site clair, simple, accessible à tous, telle une médiathèque, pour lire, regarder, comprendre ce qui anime les psychanalystes de notre époque.

Amélie de Cazanove nous reçoit dans son cabinet, tout près de la place de la République, à Paris, où se succèdent toutes les formes de revendications sociales, à l'abri d'un immeuble haussmannien, dans une petite cour pavée. Pas de plaque sur la porte, mais un refuge coquet, moderne et doux, meublé d'un bureau, d'un divan et de trois fauteuils confortables, dans des tons beige, noir et vert pâle. Une lumière tamisée et une bibliothèque blanche, bien garnie. La quinquagénaire est blonde, grande, élégante, avenante et enthousiaste.

Elle se dit héritière d'une époque avec ses contraintes, ajoutant aussitôt :

« Freud a combattu toute sa vie pour que la psychanalyse soit diffusée. Chacun de ses écrits témoigne de ce souci de transmission et de diffusion. Aujourd'hui, il aurait sans doute monté une chaîne YouTube, dédiée à la psychanalyse. »

Sa consœur, Alexia Blume Cousi, précise lors d'une conférence :

« Il circule ainsi une idée que nous ne devrions pas parler publiquement de psychanalyse avant de connaître sur le bout des doigts tous les volumes des œuvres complètes de Freud ! Et une autre est qu'on ne doit pas simplifier des concepts car on risque de les vulgariser ! Le mot est lancé, il est redoutable ! Dans le langage commun, vulgariser serait péjoratif, cela déprécierait le contenu, cela lui enlèverait son aura de mystère. Or vulgariser, c'est aussi donner accès au plus grand nombre (vulgus en latin = la foule), c'est transmettre. Il est même question de pédagogie... »

Reste que, pour ces trois psys, il est impératif de figurer sur la toile, comme cela l'était de figurer dans les annuaires de téléphone, et comme les médecins ou les avocats y sont aussi référencés. Même si Internet, c'est le meilleur et le pire à la fois.

– La cible du public universitaire nous semble essentielle puisque la psychanalyse est de moins en moins représentée dans les universités, tant en médecine qu'en psycho... » répond Amélie de Cazanove, qui enseigne à Paris V. « Les étudiants sont tous sur les réseaux sociaux, nous aussi avons une page Facebook pour relayer les parutions. La qualité du travail et des réflexions des psychanalystes est trop décriée, trop simplifiée. Exister, c'est montrer qu'on supporte une certaine mise en scène de soi, plus névrotique, donc !

Nos patients sont impressionnés par la qualité de l'écoute psychanalytique dans notre époque si désinvolte, que ce soit en cabinet ou en institution. Les ados que nous rencontrons s'engagent avec appétit dans le travail sur soi et leur développement psychique, pour eux c'est autre chose que de s'adresser à un prof ou un de leurs parents. Ils apprennent ainsi qu'ils peuvent avoir un espace interne tout en s'intégrant au groupe.

– Pourquoi ce goût de la psychanalyse ?

– Je voulais être cinéaste, c'est un peu le même métier, on fabrique de la représentation, de la narration, on donne du sens aux images. Notre site contient une rubrique artistique et culturelle et le cinéma y trouve sa place. Ce n'est pas par hasard que je participe à l'écriture d'une série pour ados de France Télévisions, *Mental*, sur le Net. Le cinéma a toujours traité la représentation psychique, à commencer par Hitchcock.

Être analyste c'est avoir envie de se mettre au travail, chaque jour, d'accompagner les patients avec nos doutes et nos questionnements, nous sommes des anti-experts. La période que nous vivons est soumise au rouleau compresseur du conformisme, du politiquement correct, or cette langue n'a aucune profondeur, il nous faut la neutraliser pour que les gens reviennent à ce qu'ils sont. D'où notre volonté d'être lus et consultés par le plus grand nombre, malgré les problèmes de financement, mais nous essayons d'y remédier.

D'où aussi une actualisation régulière du site pendant la pandémie, avec la publication d'articles, des retours d'expérience d'analystes en confinement, et en lien virtuel avec leurs patients. »

Vocation et formation

La psychanalyse est menacée de disparaître des études de psychologie. Dans un entretien avec le psychanalyste Alain Braconnier, pour la revue *Carnet Psy*, Jacques André, lui aussi éminent psychanalyste, répond : « L'université ne forme pas les psychanalystes et il est souhaitable qu'elle n'en forme jamais. Psychanalyste est un métier de la maturité qui relève d'une formation spécifique, depuis l'expérience de la cure, jusqu'aux supervisions, et rien de tout cela ne peut s'enseigner à l'université (...) Mais sa présence y est indispensable. »

Il poursuit : « Je ne conçois pas qu'on puisse se consacrer au métier de psychologue (qui consiste la plupart du temps à rencontrer un patient caractérisé par une bonne dose d'angoisse et des difficultés personnelles pour l'essentiel inconscientes) sans avoir rencontré quelque chose de la psychanalyse. » C'est dit, la psychanalyse est plus subtile qu'il n'y paraît, la psychologie aussi, forcément, puisque c'est l'humain qui est en jeu, à tout moment.

Alors, qu'est-ce qui pousse les étudiantes et les étudiants à entamer cette discipline qui les place face à eux-mêmes ? Nous en avons rencontré quelques-uns, dont Sarah et Ichem.

Une grande brune dynamique entre dans le bistrot où nous l'attendons. Elle nous reconnaît, sans doute, merci Google, s'assoit avec assurance à notre table, commande un café.

Elle se présente. Sarah... Un silence, elle nous regarde et attend sagement notre première question. Elle a dix-neuf ans, après une prépa en maths, elle n'hésite pas à s'inscrire en psycho, à Paris 7. Trop de chiffres en maths, pas assez d'humain, précise-t-elle. Et pourtant ses parents n'apprécient pas sa nouvelle orientation. L'image de la fac n'est pas bonne pour son père infirmier et sa mère cadre dans les relations internationales. Mais elle préfère l'autonomie que lui confèrent ses deux premières années de licence, et aussi la jeunesse, l'ouverture de ses profs « qui font bouger les lignes ».

Elle compte bien continuer dans cette discipline « pas figée », alors que cinquante pour cent des étudiants, sur les cinquante-trois mille inscrits, abandonnent en première année. Le taux d'échec est élevé, la sélection aux portes du master 2 est devenue draconienne. Les études sont longues.

Il n'y a pas de raccourci pour devenir psychologue, or l'obtention du diplôme est obligatoire. Il faut, pour cela, avoir non seulement un bon dossier, mais aussi une expérience de terrain solide, acquise pendant les stages. Un étudiant qui arrête avant l'obtention de son diplôme aura beaucoup de mal à faire valoriser sa formation...

Sarah, optimiste et déterminée, part continuer ses études à Copenhague, pour se confronter à d'autres approches, vérifier que l'ouverture d'esprit qu'on prête volontiers aux nations scandinaves est bien réelle. Mais surtout, les cours proposés lui ont semblé beaucoup plus intéressants qu'en Allemagne ou en Italie, autres destinations possibles dans le cadre d'Erasmus. Le tout premier enseignement qui l'a séduite concerne le monde du travail : « Stress et maladies chroniques », c'est un parfait complément, estime-t-elle. D'autres enseignements possibles la séduisent. Sarah devient ainsi « danoise » pendant quelques mois. Elle est très contente de croiser beaucoup d'étrangers, Américains, Canadiens et, en plus, des étudiants qui viennent d'Amérique du Sud et d'Asie. Elle s'y plaît « énormément », nous a-t-elle écrit, « aussitôt arrivée, l'ambiance est plus chaleureuse qu'à Paris ». Voilà, c'est dit !

Ce qui l'a décidée à choisir cette discipline ? La découverte de Freud, avec *Cinq leçons sur la psychanalyse*, pendant un été. Quand même, s'interroge-t-elle, en lisant Freud, elle trouve « bizarre de parler de sexualité infantile alors que les enfants n'ont pas de relations sexuelles. Mais les rêves, les pulsions, oui c'est passionnant. »

– Au collège j'avais éprouvé le besoin de parler à quelqu'un, mais c'était mal vu, surtout par mon père d'origine algérienne. En fait, dès la grande section de maternelle on m'a prise pour une enfant surdouée, on m'a fait passer des tests. Je n'aime pas trop les tests, la psychométrie, je trouve cela dépassé et réducteur par rapport à la parole. À quatorze ans, je me suis rendue dans un CMP (centre médico-psychologique) pour voir un psy, c'était bien délabré, mais déjà je pensais à ce métier... Grâce à mes livres et à nos conversations, mon père s'est un peu ouvert, il a même effectué un stage en psychiatrie, c'est bien, non ?

– Qu'est-ce qui vous attire dans le métier de psychologue ?

– J'ai l'impression que grâce à la parole on mûrit, j'ai envie de me confronter à plein de personnalités différentes, j'aime bien par exemple les cas cliniques que l'on étudie en TD. On se projette, j'ai même vu des étudiants fondre en larmes... La psycho c'est une forme de prévention, on peut tous connaître une décompensation ou une crise délirante aiguë. En étudiant, je ne m'attribue pas tous les troubles ou les maladies psychiques, mais j'en vois qui s'autodiagnostiquent et confondent le stress dû à un examen et un état d'anxiété. Comme quoi tout est sujet d'étude, la psychologie s'intéresse à l'humain, j'ai tendance à tout interpréter mais pas trop. En revanche la psychanalyse c'est plus complexe, mais ce serait tellement dommage de la supprimer du cursus scientifique. J'attends de voir... »

En partant, Sarah a souhaité payer son café, sans doute pour affirmer son autonomie !

De Sarah, plutôt mature, à Ichem, à la voix plus juvénile.

Lui aussi attend de voir, il a le même âge que Sarah, mais il a commencé par la philo. Ses lectures l'ont poussé en psycho, car lui aussi affirme que l'humain l'intéresse plus que tout.

Jeune homme timide, il a accepté une interview téléphonique. Ses parents, petits commerçants en banlieue parisienne, auraient préféré une matière plus scientifique. Ce que justement n'aime pas Ichem, en deuxième année de licence, il s'ennuie quand ils abordent les statistiques et les tests. Il aimerait continuer dans cette voie, aller jusqu'au doctorat, mais plutôt en recherche qu'en clinique, « pour être utile à la société et être toujours en lien avec les autres ». Cela étant, précise-t-il, il a enfin compris, en étudiant le complexe d'Œdipe, pourquoi son père n'aimait pas qu'il dorme avec sa mère quand il était petit... Une manière comme une autre de revenir à son enfance et de comprendre son histoire.

Les profs qui côtoient presque quotidiennement les étudiants confirment leur intérêt pour ce cursus, du moins ceux qui restent jusqu'au bout et décident d'en faire un métier, car les abandons sont pléthore après la première année. La psychanalyse les séduit plus tard pendant leurs études. La place des outils scientifiques les déçoit, mais en continuant, ils sont rassurés par la place des stages en institution, quand ils sont confrontés aux patients. Certes il y a des questions qui remettent en cause l'autorité des enseignants et certaines théories, des remarques acerbes sur des visions de la société, jugées révolues, mais le débat est toujours sain. Dans les couloirs et les TD, les discussions vont bon train et les profs n'échappent pas aux critiques. À l'image de l'époque, il vaut mieux éviter de parler des hystériques au féminin, à partir des travaux fondamentaux menés par Charcot, sous peine de se faire traiter de misogyne… Ou encore de citer des travaux sur l'homosexualité, au risque de devenir un prof homophobe ! Comme quoi la fac n'est pas un sanctuaire du savoir, et la psychologie reste une science humaine toujours en mouvement.

Autre image de l'époque, le coronavirus a suspendu tous les cours, tous les liens à l'université. L'enseignement s'est fait à distance, les partiels aussi ; des étudiants ont décroché, d'autres ont pris des orientations différentes. L'autonomie espérée ou trouvée à la fac est devenue solitude, précarité, voire retour chez les parents. Mais le virtuel, parfaitement maîtrisé par cette génération, a permis à une majorité d'étudiants de continuer à se frotter à la psychologie, qu'ils revisiteront sans doute à l'épreuve de leur confinement. Et du déconfinement… Question ? Le « tout virtuel » est-il vraiment compatible avec l'humain et la psychologie ?

Et si nous nous téléportions ? Direction « la Belle Province » ! Le slogan a traversé bien des décennies, mais il résiste parfaitement à l'épreuve du temps, même si officiellement, il a été remplacé, notamment sur les plaques d'immatriculation, par un beaucoup plus politique « Je me souviens ».

Nous voilà au Québec, qui se rêve parfois en pays indépendant, et qui soigne ses psys. À coup sûr, un monde à part. Ici on est en Amérique, mais avec une obsession : garder ses distances avec les États-Unis, si proches… La frontière n'est qu'à deux heures de route de Montréal.

Territoire immense et singulier, grand comme trois fois la France, avec seulement huit millions et demi d'habitants. Autant dire, de quoi attirer des immigrants de plus en plus nombreux, et strictement contrôlés. Près de cent mille Français se sont déjà dit que leur vie était là-bas.

Parmi eux, Émilie, tout juste trente-sept ans aujourd'hui, qui avec son compagnon Sylvain a quitté un jour d'été Roissy, terminal 3, pour elle aussi vérifier si l'herbe était plus verte de l'autre côté de l'Atlantique !

Elle débarque en 2015 avec un dernier diplôme, un master 2 sur « L'enfant, l'adolescent et les institutions », obtenu à Paris 10, à Nanterre.

Avec le recul, les études « à la française » lui laissent plutôt un bon souvenir. Un regret tout de même, trop de théorie, pas assez de pratique, des stages oui, mais insuffisants : « Je ne me sentais pas prête à cent pour cent ». Il y a eu d'abord cette première année avec une armée d'étudiants : « Nous étions mille ». De vraies envies, mais aussi des inscriptions « pour voir »... À force de désertions et de défaites aux examens, le nombre a considérablement fondu. À la fin du parcours, avec numerus clausus en master 2, ils étaient seulement dix-sept dans la spécialité choisie ! !

Puis le grand départ pour le Canada. Le couple a envie de quitter la France et surtout Paris... Et voilà que s'impose un nouveau parcours pour la combattante. Impossible en effet de se lancer dans le métier immédiatement. Car au Québec, il y a un ordre des psychologues. Il règne et il veille !

L'Ordre gère tout. La profession et son suivi. C'est par conséquent lui qui étudie les dossiers.

Émilie lui adresse donc, comme demandé, un dossier très complet. Elle comprend vite qu'il faut réunir tous les documents prouvant qu'elle a été une très bonne étudiante. Curieusement, à aucun moment il n'y a d'entretien direct, les commissions ne regardent que ce qu'on leur envoie.

La suite... un passage obligé et organisé : près d'un an et demi d'internat bénévole avant de pouvoir effectivement travailler, et gagner sa vie. Car cette transition est sur la base du bénévolat, uniquement dans le privé. C'est dire si, faute de moyens financiers, beaucoup ne pourront jamais tenter leur chance.

Heureusement, le compagnon d'Émilie a vite trouvé, dans sa partie, un CDI. Mais rien n'était garanti à l'avance.

Un an et demi avec des cours à suivre, et les premières rencontres avec des patients. Un système très encadré, superviseur et notes d'intervention pour chaque rendez-vous. Et un point toutes les semaines. Le cadre est affiché : mille six cents heures à accomplir, entre un an et deux ans sont nécessaires. Émilie, à l'évidence efficace, boucle le tout dans les meilleurs délais.

Feu vert !

Le « permis de psychologue » (mais sans système de points, contrairement à notre permis de conduire !) lui permet enfin de réaliser son rêve. Elle reste quelques mois dans la clinique où elle a été interne, à savoir l'équivalent d'un centre médico-psychologique en France. Il y en a en moyenne une par quartier à Montréal, pour deux millions d'habitants.

Vingt patients par semaine. Cinquante minutes. C'est très soutenu, dit-elle.

Les patients ont entre six et dix-huit ans, envoyés par les écoles, des médecins ou des familles.

Les pathologies ? Un peu de tout : troubles de personnalité limite, troubles du comportement, des addictions, de l'anxiété, troubles alimentaires, troubles comportementaux. Des collaborations permanentes avec l'hôpital psychiatrique complètent le système.

Un regard vers l'école. Émilie trouve les moyens dont elle dispose « impressionnants ». Des équipes de travailleurs sociaux, des psychoéducateurs et orthopédagogues qui interviennent avec efficacité. On comprend qu'elle trouve que la France a beaucoup à apprendre.

La psychologue française trouve un autre motif de satisfaction, la place de son métier dans la société canadienne. Elle y voit à coup sûr une réalité nord-américaine. Les psys sont incontournables et très bien considérés.

Ceci explique peut-être cela : les salaires sont élevés. Valérie gagne 3 100 dollars par mois (2 000 euros). Ce montant est révisé tous les six mois. Un beau pouvoir d'achat, quand on vit au Canada.

Voilà de quoi, pour elle, s'interroger sur les plus et les moins d'un retour éventuel en France.

Elle connaît sa chance d'avoir eu tout de suite un temps complet alors que beaucoup de ses amis restés au pays courent d'un CDD à un autre. Même après plusieurs années de pratique.

En attendant l'heure de la grande décision, la psychologue clinicienne apprécie ce que son choix du Québec lui apporte tous les jours, à Montréal, en plus, un véritable exemple de « ville à la campagne ».

2020 laisse malgré tout, comme ailleurs dans le monde, la marque du virus. La vie quotidienne, et pour longtemps, risque de ne plus être la même, à commencer par les « couvre-visages », les masques, qu'il faut porter. Et les conséquences sur l'état moral de toute la population. Quel avenir ?

Émilie se souvient, en mars 2020, de toutes ces tentes installées en plein centre, sur la superbe Place des Arts. En qualité de personnel de santé, elle a bénéficié très vite d'un dépistage, alors que ceux-ci étaient quasi inconnus en France. Le Canada, encore une fois, a prouvé qu'il appartient bien au Nouveau Monde.

Psychanalystes en résistance

10 h 30 du matin. Le ciel est d'un gris détestable et la pluie ne cesse de tomber à fines gouttes. Bref, le temps est moche.

Nous avons rendez-vous avec deux membres du Copes (Centre d'ouverture psychologique et sociale), un organisme de formation, privé, reconnu d'utilité publique, pour les professionnels de l'enfance, de l'adolescence et de la famille. Pas de subventions de l'État mais un statut d'association. Ouvert depuis 1975 à l'initiative du Dr Michel Soulé (décédé en 2012), il est aujourd'hui sous la houlette du Pr Bernard Golse, et dirigé par la psychologue clinicienne Christine Ascoli-Bouin.

La salle de réunion vitrée donne sur de vastes couloirs, où circulent les praticiens participant aux formations programmées.

Bernard Golse, aimable, nous propose un café avant d'entamer notre entretien, et nous demande d'emblée si nous connaissons l'épisode du « mur » de la réalisatrice Sophie Robert. Non, nous l'avons sûrement raté ! Même s'il semble important dans l'histoire de la psychanalyse contemporaine. Étonné, Bernard Golse nous redemande si… Il se lève pour parler à quelqu'un dans le couloir, revient, se rassoit… Notre ignorance l'agace visiblement, il nous le dit… Nous répliquons que nous ne sommes pas psychanalystes, que notre but est justement d'en savoir plus. Il se lève et renverse son café sur la table. Acte manqué, colère à peine maîtrisée, nous nous gardons d'interpréter cet incident face à ce ponte de la pédopsychiatrie et de la psychiatrie psychanalytique, qui a eu une longue carrière au service de l'hôpital public. Et qui a dû, comme d'autres confrères, être très marqué par cet événement.

Heureusement, l'entretien reprend après un moment silencieux, le temps pour lui d'éponger le liquide aussi chaud que son agacement. Notre bonne foi est entendue, nous sommes là pour comprendre où en est la psychanalyse…

Il consent donc à nous expliquer, calmement, l'histoire du documentaire *Le Mur*, de Sophie Robert. À sa sortie, ce film est diffusé en accès libre sur le site Autistes sans frontières. Une attaque féroce contre la psychanalyse à l'épreuve de l'autisme, menée par la jeune femme qui se définit comme « une anthropologue de la psychanalyse, en amateur ». Partisan de la prise en charge comportementale de l'autisme, et d'une explication scientifique, voire scientiste, le film interroge d'éminents psychanalystes, ridiculisant au passage, par le montage, leurs points de vue. Il n'en faut guère plus pour opposer les familles d'autistes aux psychanalystes. Or, la prise en charge de ce handicap polyfactoriel est forcément pluridisciplinaire. Les psychanalystes s'insurgent, accusent la réalisatrice d'avoir dénaturé leurs propos et demandent l'interdiction du documentaire. Le débat agite le landernau psy jusqu'en 2012, quand le tribunal de grande instance de Lille condamne Sophie Robert à trente mille euros de dommages et intérêts, et à retirer les extraits des interviews contestées. Le film est interdit…

La jeune femme fait appel. En 2014, nouveau jugement : l'interdiction est levée, mais les juges reconnaissent que la réalisatrice conteste la psychanalyse dans le traitement de l'autisme. Le premier commentaire du film va dans ce sens : « Pour les psychanalystes l'autisme est une psychose, autrement dit un trouble psychique majeur résultant d'une mauvaise relation maternelle ». Ce à quoi plusieurs psychanalystes répondent : « L'autisme est un ensemble de troubles psychiques et polyfactoriels, qui est aujourd'hui traité par des équipes pluridisciplinaires. » Mais la réalisatrice n'en finit pas de régler ses comptes, accusant, dans son dernier documentaire, *Le Phallus et le Néant* (lui aussi attaqué en justice), les psychanalystes d'être « viscéralement » sexistes, et ajoutant dans son commentaire que « seule la perversion permet le rapport sexuel, les homosexuels sont des psychotiques qui s'ignorent ». Rien que ça !

Pour Bernard Golse, dans les années soixante-dix, les parents d'autistes se sont sentis, à tort, accusés, responsables de la maladie de leur enfant. Puis dans les années quatre-vingt-dix, avec le courant de l'antipsychiatrie, l'autisme est devenu une différence, un handicap, ce qui était une manière d'accuser le regard des autres et de la science. Aujourd'hui le débat est encore ouvert. Ce film de Sophie Robert, et d'autres commis par elle (décorée de la Légion d'honneur, quand même... !) n'ont rien résolu, sinon écarté des femmes et des hommes de bonne volonté ouverts au dialogue. La psychanalyse reste menaçante pour les uns, nécessaire pour les autres. Une chose est sûre, la réalisatrice fait fi de toutes les nuances de la pensée...

Et pourtant, au fil des années, cette discipline s'est peu à peu débarrassée de ses dogmes, elle s'est assouplie et adaptée à une société qui évolue, infléchissant ainsi sa pratique et sa vision de la métapsychologie.

Pour Bernard Golse, si cette science humaine dérange encore c'est qu'elle n'est pas morte. Elle reste une science narrative. « De la même façon, ajoute-t-il, le grec et le latin sont dits langues mortes, mais continuent d'être enseignés ». Il refuse, par ailleurs, le scientisme ambiant, qui exclut toute subjectivité de la pensée. Il continue à consulter et se sent bien dans la formation et la transmission. D'autant qu'historiquement, la pédopsychiatrie est très ancrée dans la psychanalyse, depuis ses débuts. La première psychanalyste pour enfants était Anna Freud, fille de Sigmund Freud, suivie plus tard par les apports fondamentaux, entre autres, de Mélanie Klein ou Donald W. Winnicott. Tous trois ont utilisé le jeu pour entrer en communication avec les réalités psychiques des enfants. Rien d'étonnant à ce que les pédopsychiatres aient voulu un accès direct au bébé. Après tout, les cures des adultes les renvoient à leur enfance...

Au Copes, les soignants viennent se former à la psychanalyse. Pour le Pr Golse, les progrès sont réels sur le terrain, ils se sentent mieux dans la prise en charge de leurs patients, surtout les enfants, tenant compte de l'histoire de chacun, au contraire de la science qui reste linéaire. Selon lui, en travaillant sur le comment, on ne peut pas travailler sur le pourquoi, les mécanismes ne sont pas les origines, or en psychanalyse, et dans chaque histoire singulière, tout compte...

« Le problème est que tout le monde veut tout maîtriser aujourd'hui, on voudrait automatiser l'humain pour créer des robots... Et nous disons non, car rien n'est prévisible chez l'homme, la tolérance est le fruit de la culture, le psychisme est complexe. Mon credo est que l'on se lasse de tout, sauf de comprendre... L'animal a une pensée instinctive, chez l'humain elle est réflexive. Nous sommes plus inachevés que certains animaux, les trois quarts du cerveau de l'enfant se construisent après la sortie du corps de la mère. On sait aussi que l'environnement peut modifier l'expression de nos gènes. Un enfant qui vit dans la précarité ne construit pas son cerveau de la même manière que celui qui est bien loti.

– Qu'apporte la psychanalyse ?

– En psychanalyse, on ne s'attaque pas qu'aux causes mais aussi aux angoisses enfouies de chacun, la question du sujet inconscient fait peur. Heureusement, pour le moment, on est en stand-by, on ne retire pas l'étude de la psychanalyse de l'université, mais en fac de médecine on ne s'y attarde pas du tout... En liant la pédopsychiatrie, donc le médical, et la psychanalyse, on trouve et on tisse des liens, on relie des facteurs internes et externes de l'individu. Freud a écrit que l'humain a subi trois blessures narcissiques : la première avec Copernic, qui a prouvé que la terre est ronde, la deuxième avec Darwin et la théorie de l'évolution, la troisième c'est le Moi, qui n'est pas maître dans la maison et que la psychanalyse fait émerger... »

Au passage, notons que Bernard Golse n'est pas le premier psychanalyste à citer ces trois blessures narcissiques, elles sont constitutives de l'histoire de la discipline !

Il est vrai que la mort de la psychanalyse a souvent été annoncée. Récemment on l'a bannie des tribunaux. On l'accuse d'être élitiste ou approximative. Ici ou là, on fait signer des pétitions, on écrit des articles, des livres, pour se demander si elle se porte bien ou si elle va bientôt disparaître... Le psychanalyste Daniel Widlöcher, lors d'une interview dans *Le Cercle Psy*, disait déjà en 2011 qu'elle a toute sa place si l'on veut bien s'occuper des jeunes. Il a vu les internes des hôpitaux y revenir « pour avoir une clinique d'écoute (...) et parce qu'ils sont désolés par une psychiatrie faite de questionnaires et de statistiques. Ils ne voient pas le malade là-dedans. »

De plus, comme elle n'est pas cautionnée par un diplôme d'État, on est libre de l'accuser de tous les maux. Or, la profondeur de son investigation, la force de l'inconscient qu'elle dévoile et le fait qu'elle remette le Moi en ordre de marche confirment que les théories de Freud ont changé le monde. Le comportement humain, la pensée restent énigmatiques, l'individu porte un regard singulier sur la société dans laquelle il vit, il y cherche sa place en tant que sujet, il apprend à se connaître. Alors même que la psychanalyse, la psychologie du cas par cas sont aujourd'hui mises en question par les neurosciences, qui aimeraient expliquer tous les troubles psychiques et mentaux par des maladies du cerveau. La menace plane, la psychanalyse est marginalisée, ses contempteurs oublient qu'elle a été et reste d'une grande utilité dans la santé mentale puisqu'elle fait parler le sujet. Mais les idées reçues ont la vie dure, alors qu'il serait tellement plus bénéfique de créer et maintenir un dialogue entre neurosciences et psychanalyse, d'unir les recherches, leur sujet commun étant l'humain. Et, ajoute Bernard Golse, « la psychanalyse pose encore des questions aux neuroscientifiques quant à la fonction du rêve ».

Le Copes est géré par l'hôpital Sainte-Anne. Son fonctionnement, son public, les thématiques abordées autour de l'enfance et de son environnement tentent justement d'allier les deux, en créant des dynamiques de groupe, en réunissant des praticiens, des chercheurs, des personnels du terrain médical et scientifique, aux côtés de psychanalystes ou de psychologues cliniciens, qui apportent des outils supplémentaires pour les soins de tous. Les formations concernent chaque année un millier de personnes, y compris en province.

Christine Ascoli-Bouin dirige le Copes, aux côtés de Bernard Golse.

Psychologue clinicienne généreuse et pleine d'énergie, elle nous reçoit avec un chaleureux sourire. Cheveux bruns, courts, bouclés, elle est animée par ses convictions et continue d'avoir des consultations à son cabinet. Selon elle, la psychanalyse est l'ADN du Copes. Tous les cliniciens qui collaborent ici ont fait un travail sur eux-mêmes, une démarche souhaitée et souhaitable pour ceux qui approchent l'enfance, alors même que les supervisions ne sont destinées qu'aux psychanalystes.

« Il est important de rappeler les bases psychologiques des soins de l'enfant, pour éviter le déni des soignants. Un enfant qui souffre, ne parle pas ou s'interdit de penser est un enfant qui a renoncé… Celle ou celui qui en prend soin peut passer à côté de son mal-être. Alors nous proposons diverses thématiques autour du développement, et nous expliquons les outils à la disposition des thérapeutes, le jeu, l'observation du bébé, le psychodrame ou les soins en institution. Nous avons aussi de plus en plus de questions sur le genre, les nouvelles parentalités, que nous tentons d'aborder via la sexualité à l'adolescence.

Les choses évoluent, nous constatons des différences générationnelles. Les plus jeunes, malgré les exigences de rentabilité des institutions, et toutes les normes de qualité pour contrôler le travail, comprennent qu'ils ne font pas ce travail comme n'importe quel autre, ils sont plus impliqués dans le devenir des enfants. Ce qui me fait penser au surveiller-punir de Michel Foucault, toute pensée, toute interrogation se discute, c'est nécessaire pour nous tous ici... Une pensée qui ne se laisse pas contredire est une pensée morte, cela devient de l'endoctrinement. Ceci dit, j'en veux un peu à des psychanalystes dogmatiques qui ont fait du mal en figeant le psychisme, à leur manière, en ne travaillant qu'à partir des théories...

– Les enfants d'aujourd'hui vont-ils plus mal que ceux d'hier ?

– Non je ne pense pas, mais comment savoir précisément ? Le monde est clivé, dans la vie tout est duel amour/haine, bien/mal, tout cela s'interpénètre, mais on peut aussi y trouver le bonheur. En revanche, le mal-être s'exprime de manière plus violente, il y a une violence dans l'agir qui n'existait pas, et qui est moins censurée. Dans une cour de récréation un enfant peut donner un coup de poing sans être puni. Dans le même temps on somme les parents, autant que les enfants, d'être parfaits... Et puis les pathologies sont plus apparentes, on voit beaucoup de décompensations dans la rue, au travail. »

Les centres médico-psychologiques sont surchargés, il y a moins d'appartements thérapeutiques pour réinsérer les malades, la psychiatrie est au bord du gouffre, tandis que le développement personnel et la psychologie positive se targuent de soigner les plus fragiles « vite fait, bien fait ». Mais l'agressivité s'exprime justement parce qu'elle est refoulée, mal admise dans l'illusoire « vivre ensemble ». Le clivage du monde évoqué par Christine Ascoli-Bouin est avéré, au point qu'aujourd'hui le dialogue tourne à l'invective, voire à l'insulte, les discussions deviennent des joutes oratoires, les désaccords renvoient les gens dos à dos. Écouter les autres, oui, trop longtemps, non !

Autrement dit, le travail du Copes semble utile à ceux qui sont en permanence dans l'altérité, en particulier les soignants qui, sur le terrain, doivent contenir les dérives des institutions, tout en restant à l'écoute, au plus près des soignés.

La psychanalyse n'est pas encore morte, dit Bernard Golse.

Gageons qu'elle a de beaux jours devant elle, à condition que soit assaini le terrain glissant de la société d'aujourd'hui. Pourquoi ? Parce que quatre millions de Français seraient en état de souffrance psychologique, mais seulement un tiers d'entre eux (dont 70 % de femmes) consultent un psy.

En avril 2019, une tribune signée par des psychanalystes et des professeurs de Paris 8 paraît dans le journal *Libération* pour annoncer que la psychanalyse n'est pas moribonde… Les signataires écrivent :

« Les séminaires universitaires sont pleins, les enseignements dispensés dans les écoles très attendus, les colloques et congrès très fréquentés.

(…) Nous ne nous reconnaissons pas dans une pratique qui "culpabiliserait les mères" et reproduirait, sans y déroger, des standards éculés. Nous ne nous reconnaissons certainement pas dans les propos homophobes que d'aucuns lui prêtent. Faut-il rappeler que le travail du psychanalyste ne consiste en aucun cas à imposer des normes aux patients homosexuels, ni hétérosexuels d'ailleurs, ni à "rectifier" d'aucune façon les choix d'objets sexuels ou amoureux des analysants ?

(…) La psychanalyse est non seulement respectueuse de la singularité et des différences de chacun, mais elle permet à celui qui en fait l'expérience de découvrir ce qui le constitue au plus intime de lui-même, sa vérité privée, au-delà de tous les carcans sociaux.

(…) Elle prend place avec responsabilité dans les grands débats de santé publique, de société, elle ouvre des centres de consultations gratuites pour ne laisser personne en compte. Les centres psychanalytiques de consultations et de traitement (CPCT) ont été créés à travers la France, par l'École de la cause freudienne, au début des années 2000 et proposent des consultations et traitements analytiques à durée limitée sans contrepartie financière. L'utilité publique de la psychanalyse est reconnue. Pourquoi dépenser tant d'énergie à son encontre (avoir recours aux médias, aux pouvoirs publics, au gouvernement, à l'Assemblée nationale) si elle est tant moribonde et ringarde ? Concevrait-on trop d'amour pour elle ? »

Première séance

La journaliste Isabelle Taubes a expliqué, dans un article, que toute bonne psychanalyse débute par des entretiens préliminaires, pour cerner la problématique du patient et tester son désir d'entreprendre une cure analytique, sur le divan ou dans un fauteuil en face à face. Les premières séances signent la mise en place du « transfert ». En s'imaginant que l'analyste sait de quoi il souffre, le patient transfère sur lui ses affects, qu'il réservait à ses proches, parents compris. Naturellement, l'analyste renverra, en douceur, par les associations libres, le patient à son interlocuteur réel. Sous-entendu : ce n'est pas à moi que vous en voulez, ce n'est pas moi que vous aimez, c'est quelqu'un de vos très proches. L'analyste peut rester totalement muet, poser des questions ou se montrer chaleureux, afin d'inciter le patient à s'interroger. En se questionnant sur l'attitude de son psy, en émettant des hypothèses, le patient révèle en fait ses propres fantasmes et désirs, qui vont alors pouvoir être analysés. Une séance se termine lorsque le patient a énoncé un mot, une idée, qui éclaire sa problématique, alors elle se prolonge encore et encore, les questions ou les mises au point affluent, jusqu'à la prochaine. Autant il est simple de dire que nous prenons rendez-vous avec un généraliste pour un mal de dos, de tête, autant raconter une démarche analytique reste peu avouable, ou du moins gênant. Les préjugés ont la vie dure, voir un psy c'est admettre, soit que l'on est « fou », soit que tout va mal dans la tête.

Valérie a fini par céder. Pragmatique, mathématicienne de son métier, elle est allée voir « quelqu'un » pour parler d'elle, oublier les chiffres qui ne finissent pas toujours en équation dans sa vie. Autour d'elle, personne ne comprendrait sa démarche. Après tout, s'il y a bien un lieu intime où l'on peut vivre à l'abri des autres, c'est dans le cabinet du psy, où la règle est de lâcher prise, de dire tout ce qui passe par la tête. Sans honte, ni pudeur. On paie pour parler et aussi pour avoir le droit de se taire. Nous avons fini par la rencontrer, par lui faire accepter de nous raconter sa première séance chez le psy. Soixante-cinq ans, une allure sportive et un sourire complice et amusé quand elle évoque ses premiers pas dans ce monde de l'intériorité. Sa nièce est présente. Étudiante en dernière année de la Fémis, l'école de cinéma, elle est tout ouïe, car la psychanalyse l'intéresse en tant que matériau pour l'image. Mais la parole est d'abord à sa tante.

« C'est une époque où le mot "psy" n'entrait pas dans toutes les conversations. Mais il était de bon ton d'avoir son psychanalyste, de préciser s'il était lacanien ou freudien, de vivre une aventure intellectuelle, et même de suivre les cours de Lacan qui attirait tous les intellos dits de gauche. Je n'avais lu ni Lacan, ni Freud. Mon couple partait à la dérive, deux enfants en bas âge, une carrière qui évoluait bien, et une souffrance psychologique diffuse mais intense. J'étais taraudée par un secret, une culpabilité indicible et un avenir affectif très flou. J'étais perdue et je ne le savais pas. Je pleurais beaucoup et je ne le disais pas. J'ai fait une tentative de suicide : cachets, pompiers, hôpital, lavage d'estomac, sermon du psychiatre pour ne pas recommencer, et une injonction à entamer une thérapie. Mon mari et quelques amis passent me voir, gênés, ils ne comprennent pas mon geste. J'écoute, je flotte et je rentre à la maison. Rassurée mais pas apaisée. Que devient la vie après qu'on a frôlé la mort ?

Comment aimer plus encore mes enfants, si je ne m'aime plus moi-même ? J'étais paumée de chez paumée ! »

Ses amis la font parler, une certaine Carole surtout, qui vient de s'installer comme thérapeute. De jour en jour, Valérie constate l'urgence de percer l'abcès intérieur, de trouver un psy pour l'aider à verbaliser son mal-être, et accepter son secret qu'elle refuse de nous dévoiler. L'amie lui conseille un homme formé à la technique freudienne. Elle l'appelle, rendez-vous est pris. Il lui faut traverser Paris. Le psychiatre recommandé est psychanalyste, il devrait la sortir de son impasse. Elle a du mal à y croire, mais on ne sait jamais…

« J'arrive à mon rendez-vous. La salle d'attente est vide, personne n'attend en même temps que moi. La déco est neutre, quelques chaises, pas de magazines, sans doute pour nous obliger à rester concentrés sur la séance à venir. Il ouvre la porte de son bureau, sans sourire, mais sa rondeur me rassure. Il me fait asseoir, me regarde droit dans les yeux, me demande les raisons de ma présence. Évidemment je ne sais pas quoi dire. Il se tait. Mes yeux et mes pensées partent dans le vague, des souvenirs émergent. Par où commencer ? Un mot ici, un mot là… Je lâche quelques confidences, je retiens quelques larmes. Il me parle de Don Juan. Ah bon ? Moi, Don Juan ? Je veux bien parler de moi, de mes parents, de l'enfance, mais de mon rapport avec les hommes, de ma sexualité, c'est hors de question. Silence plus blanc que blanc. La séance s'achève déjà, dommage j'étais bien partie… Il se lève, moi aussi, nous sommes face à face, son regard est doux et direct. Il me conseille de lire *Les Visiteurs du moi*, d'Alain de Mijolla. Jamais entendu parler de ce livre. Nouveau rendez-vous est noté, je règle par chèque, jette un œil sur son bureau, presque vide. Merci donc et à la prochaine fois. Même pas peur, je ne reviendrai pas… Je sors de son immeuble, le quartier est agréable, la rue pavée étroite, les immeubles cossus. La frustration se dilue. Je passe devant une boutique de fringues. Tiens ce pull est très sympa, je l'essaie, je l'achète, je me sens bien… Un tantinet libérée de je ne sais quoi, mais libérée. Peut-être d'avoir franchi le pas ? Ce pull, une compensation de ces mots et de ces pensées que j'ai laissés en consigne dans son cabinet. L'achat-plaisir, juste pour passer un coup de pommade sur mon narcissisme, notion que je comprendrai pendant les rendez-vous suivants. Les séances qui ont suivi, je les ai toutes conclues par un achat, une pâtisserie, une fringue. Par des larmes aussi, parfois tristes, parfois libératrices. Et puis c'est devenu mon rendez-vous à moi, mon jardin secret. Comme une aventure clandestine. Les face-à-face sont de plus en plus consistants et réparateurs. Cet homme me fait du bien, son regard bienveillant, sa placidité généreuse, son écoute bien sûr, ces moments où il fermait les yeux... Je ne savais pas s'il dormait ou s'il écoutait, mais je continuais à parler, explorer mes failles, mes manques, mes désirs. L'introspection a duré cinq ans. J'étais plus forte, plus structurée, moins envahie par mes peurs, au point que j'ai pu quitter mon mari, ou peut-être accepter la séparation, car dans ces cas-là on ne sait plus qui quitte qui... Voilà vous savez presque tout. Je n'ai plus jamais revu de psy, je suis retournée à mes maths, un peu plus légère. L'expérience est forte, elle ne résout pas tout, un psy n'est pas un guérisseur, mais un interlocuteur actif et bienveillant. Depuis, je l'avoue, j'aime beaucoup la psychanalyse, les horizons qu'elle ouvre, la pensée qu'elle approfondit. La psychologie m'intéresse, elle gagne du terrain dans ma relation avec les autres, elle a un sens pour moi. Ce qui est difficilement concevable dans mon domaine. Or, il s'agit du regard que l'on porte sur soi et sur les autres. »

Elle ne nous en dira pas plus, mais cela suffit pour comprendre que parfois la démarche est aussi difficile que nécessaire, quand la vie nous presse d'aller mieux.

Lola, sa nièce, n'a pas fréquenté de psy, elle a lu beaucoup de livres sur la discipline et surtout sur l'histoire et le contexte, mais ne se sent pas vraiment « cliente ». Il y a deux ans, pour son cursus, elle a décidé de faire une série documentaire de courts métrages sur les lieux de la parole.

À Vienne, il en est un, célèbre, au 19 Berggasse, lieu mythique où officiait Sigmund Freud jusqu'en 1938, date à laquelle il a été contraint de s'exiler à Londres, à la veille de la Seconde Guerre mondiale.

« J'y suis allée pour filmer le musée installé au premier étage. Il ne reste plus grand-chose du mobilier, sinon quelques statuettes babyloniennes, des objets, des livres ayant appartenu au psychanalyste, des photos, un bureau, un fauteuil, et quelques vidéos le montrant en famille. Son célèbre divan a été transporté à Londres, dans l'autre musée Freud... Accompagnée d'un caméraman, je visite tranquillement l'appartement, me remémore ce que je sais de la psychanalyse et de son maître. Quand soudain un grand bruit me fait sursauter ! Je cherche Bastien. Il est dans la pièce d'à côté, bouleversé, désemparé. Sa caméra vient de tomber sur l'objectif. Cassée, tordue. C'est une catastrophe ! Le film est foutu, on ne peut plus rien tourner. Je retiens ma colère devant cette maladresse. Je ne comprends pas... Bastien non plus, il n'a jamais vécu une telle situation. Nous plions bagage, il ne nous reste plus qu'à rentrer à l'hôtel, chercher une autre caméra ou regagner Paris. Au dîner nous commençons à envisager le retour, quand au cours de la conversation, Bastien me parle de ses parents, qu'il voit peu. Entre deux phrases bredouillées, il avoue que sa mère est psychanalyste. On y est, mais c'est bien sûr ! Je comprends tout. Il n'y a pas de hasard. Nous rions de bon cœur. Sa mère s'est imposée de manière intempestive, ici et pas ailleurs. L'acte manqué incontestable, l'explication est évidente. On appelle cela le retour du refoulé. Quelles pensées ont bien pu l'effleurer en filmant ce qui reste de Freud ? Allô, maman bobo ? C'est drôle, non ? Comme quoi les lieux des mots ont une importance, parfois même pas besoin de dire...

Jacques Lacan a écrit "Tout acte manqué est un discours réussi". »

Pénétrer « la forêt »

Loin de Vienne... Un petit cabinet dans un grand appartement ensoleillé ce jour-là, une entrée différente pour y accéder. Au mur une photo de Pasteur, et non pas de Freud comme on pourrait le croire. Son visage, de face, est divisé en deux, le côté sombre et le côté lumineux... Un bureau, un divan, un fauteuil, environnement classique dans le style Arts-Déco. Nicole Kac Ohana nous accueille, enjouée, aimable et posée, comme si elle réfléchissait intérieurement à chaque question que nous formulons. Tous les mots comptent pour elle. Visage rond, cheveux blonds, silhouette dynamique et un grand sourire. Avec en prime un excellent déjeuner studieux et chaleureux. Médecin-rhumatologue puis psychanalyste. Une femme libérée, un premier mari et trois enfants, une grand-mère coquette et élégante. Plusieurs vies en une aussi chargée que son emploi du temps, qui cumule les séances d'analyse, les colloques, l'enseignement, les publications, les séminaires et les psychodrames hebdomadaires qu'elle propose depuis cinq ans. Avec son sens de la pédagogie, Nicole Kac Ohana nous entraîne tout de suite dans sa métaphore de la psychanalyse, qu'elle compare à une forêt, avec ses chemins de toutes sortes, croisés ou pas, touffus ou larges comme autant d'interprétations qui ouvrent la voie vers la lumière.

« Ne demande jamais ton chemin à quelqu'un qui le connaît, car tu ne pourrais pas t'égarer », précise-t-elle, en citant un rabbin du XVIIIe siècle, Nahman de Bratslav. Entre le hors-d'œuvre et le poulet aux morilles, elle nous sert une seconde métaphore. La psychanalyse ? Un tissu, fait de trames, de liens, de trous. Chacun tisse sa trame, en lien, même inconscient, avec les autres. C'est donc au choix que tout individu s'engouffre dans l'aventure et l'image qui lui conviennent. Tisser sa toile à son rythme ou se perdre dans la forêt en cherchant la lumière... Toujours est-il que du temps où elle était rhumatologue, la psychanalyste qui s'ignorait acceptait de faire des piqûres pour soulager ses patients, mais avant, elle cherchait à tout comprendre de leurs douleurs. Elle posait des questions, palpait les corps, massait les points névralgiques. Elle s'interrogeait aussi sur le pourquoi de la douleur ou de la maladie à l'instant où elle se déclare. Et puis, des événements de sa vie, la Shoah qui a meurtri une partie de sa famille, sa quête personnelle, l'ont orientée vers le soin psychique. Formation, analyse, patience et curiosité l'ont guidée.

– Je n'ai pas tout résolu, il y aurait même danger à tout expliquer, on n'y voit pas toujours clair dans une zone d'ombre, mais tant mieux. Chercher, c'est avancer. Moi-même, j'ai encore des angoisses, par exemple quand j'envisage un voyage, il me faut penser à la valise des semaines avant la date du départ. J'étale mes vêtements sur un lit, je vérifie chaque jour ce que j'emporterai. Je suis incapable de partir en toute légèreté, mais cela ne concerne que moi, je n'entrave pas ma relation avec les autres et je sais pourquoi le voyage me rend anxieuse... Mais je suis heureuse de faire ce métier, d'écouter et tenter d'alléger les autres de leurs traumatismes, les aider à trouver leur chemin. Le symptôme est une énigme à déchiffrer, il est comme un oiseau migrateur qui va suivre des vents, s'arrêter, repartir, l'affect suit les mêmes chemins. La cure psychanalytique peut s'interrompre, reprendre, c'est notre recherche, notre affect qui l'orientent. C'est une connerie de dire qu'elle dure dix ans ou plus... On n'est plus dans le "il faut" ou "on doit", le cadre rigoureux s'est bien assoupli.

– Mais pourquoi est-elle alors si mal-aimée ?

– Parce qu'on déteste souvent quelque chose qui nous a beaucoup apporté, comme un renoncement nécessaire. Mais sans Freud, que serait l'homme aujourd'hui ? De la même façon, que serait-on sans Copernic ou Darwin, et sans ce Moi, réel ou fantasmé ? Ces trois blessures narcissiques de l'humanité pointées par Freud... On a peur de la psychanalyse, mais on n'est plus à l'époque de Vienne, une époque coincée, où la morale et l'hypocrisie pesaient sur la bourgeoisie et la société tout entière. Et où l'individu refoulait tant de désirs inavouables. La psychanalyse est l'expression possible de toutes formes d'angoisse. Quand on prône aujourd'hui le développement personnel, on ne fait pas le détour par soi, la psychanalyse le permet. Si quelque chose ne va pas, si une maladie se déclenche, il est important de se demander pourquoi à ce moment précis ; la cause peut être médicale mais la survenue a un lien avec la vulnérabilité. Je ne sais pas si les gens vont plus mal aujourd'hui qu'hier, mais le mal-être ressort de façon plus virulente.

En psychanalyse, on crée un lien, des liens, avec le thérapeute, autour du transfert. On fait une pause sans jugement, ni culpabilité, on donne aussi un sens aux ambivalences de chacun, à une culpabilité enfouie. Une personne qui se lance dans l'action humanitaire par exemple donne quelque chose de soi, elle travaille sa culpabilité. Une économie psychique nous guide tout au long d'une vie, elle peut se régler en psychanalyse, plus facilement qu'avec un coach ou une thérapie comportementale, limités dans le temps et les mouvements psychiques. Le travail y est utilitaire, il n'emprunte pas tous les chemins du psychisme, on parle tout le temps, or les silences sont importants en psychanalyse. Les thérapies comportementales ne traitent qu'un symptôme à l'instant T, mais le symptôme circule, il émigre et peut se nicher dans une grotte, une crypte, resurgir là où on ne l'attend pas.

– À propos d'économie, que signifie l'argent dans une cure ? La psychanalyse a d'abord été très élitiste...

– On a changé d'époque, l'argent est une libération, sinon les patients seraient redevables, ils ne pourraient pas quitter leur analyste, mais nos tarifs s'adaptent à eux. Et je n'ai pas l'impression d'être élitiste, je fais partie d'un groupe de travail qui est dans la société, je participe à des séminaires, je transmets mon savoir, mes intuitions, j'écris des articles, je ne suis pas silencieuse. J'ai mis au point des groupes de psychodrame, on joue des microscènes plus ou moins improvisées. En distribuant et en redistribuant les rôles, chacun rejoue sa propre histoire avec un personnage choisi par l'autre. Je suis la même psy, mais je dirige le jeu, ce qui me permet d'avoir accès à l'inconscient des patients. Ils sont les thérapeutes les uns des autres. Certains d'entre eux se sentent mieux dans une dynamique de groupe que dans un face-à-face ou allongés ; j'ai des patients qui choisissent les deux formes de thérapie. À l'ère des réseaux sociaux c'est aussi un bon recours, car je constate un nouveau symptôme en train de poindre, l'agoraphobie. Mais d'autres chemins s'ouvrent en même temps, certains les emprunteront autrement.

– Voyez-vous d'autres voies nouvelles pour le psychisme ?

– Le terrorisme a profondément bouleversé les consciences, les angoisses de chacun. On n'a pas fini d'en analyser les ondes de choc, tout comme celles provoquées par le virus. Par ailleurs, je pense que nous devons aborder très vite les nouvelles parentalités, peut-être que dans cinq ou six ans nous aurons des bébés nés d'utérus artificiels. »

Qu'est-ce qu'un bon psychanalyste ?

« Un allumeur de réverbères », comme l'a écrit Jean-Bertrand Pontalis ? Il en allumerait un, puis un autre, essaimant la nuit de quelques lueurs.

Homme ou femme, un bon psychanalyste écoute, regarde, entend... L'altérité est au centre de cet art ou de cette science, au choix. L'autre, le patient, est de chair, d'os et d'esprit, alors oui, il faut du temps, de la patience après une première rencontre. Aucune fulgurance, mais une trame qui se tisse séance après séance. L'invitation au voyage est réciproque, l'adaptation nécessaire, pour reconstruire une personnalité qui s'égare.

On ne naît pas psy, on le devient... On cherche, on apprend à se reconstruire pour aider l'autre. Il s'agit d'une croyance étayée plus que d'une vocation. La technique, basée sur la connaissance théorique, soutient la curiosité du psy, autant qu'elle l'aide à guider les patients. C'est donc l'humain qui prime et rend si fragile la psychanalyse, une vision du monde dans toutes ses nuances. Cette discipline, comme d'autres, avance, recule, tâtonne. Elle fait des erreurs, les corrige, elle s'interroge, organise des groupes de réflexion, en réfère à la supervision des plus chevronnés...

À titre d'exemple, en pédiatrie, on a longtemps conseillé aux parents de coucher les bébés sur le ventre, jusqu'au jour où l'on s'est aperçu que cela pouvait entraîner des morts subites. De même, les psychanalystes crispés sur la rigueur du cadre freudien se sont aperçus qu'ils pouvaient l'assouplir sans porter atteinte à la cure. Les plus jeunes sont inventifs, ils utilisent les outils de leur temps, les SMS, les rendez-vous via Doctolib, les images, etc. SMS qui de plus en plus remplacent les appels téléphoniques dans la vie courante. Ce qui ne les empêche guère d'être de bons psys.

Régine Waintrater, psychologue clinicienne et psychanalyste, bardée de diplômes, a longtemps travaillé à Tel-Aviv, et participé, par ses conférences et ses écrits, aux conséquences psychiques de la Shoah. Après avoir enseigné à l'Université Paris-Diderot, elle exerce en cabinet privé, tout en continuant à participer à des colloques et des séminaires.

Quand on lui demande de définir un bon psychanalyste, elle répond sans hésiter qu'il faut bien sûr s'en référer à Freud, tout en découvrant d'autres penseurs, d'autres théories, et donc ne pas l'ériger en statue du commandeur.

– La France est conservatrice, bien que ça commence à bouger… Nous devons analyser notre pratique à l'aune des événements, nous sommes tous des citoyens concernés par la société. Cela peut sembler anecdotique, mais aujourd'hui j'accepte les SMS, quand un patient ou une patiente est en retard, qu'il, ou elle, est coincé dans un lieu bruyant ou dans le métro… Cela était inconcevable pour moi, poursuit-elle en riant, je m'accrochais au traditionnel coup de fil, mais voilà j'y suis venue, et sans regret. Il m'arrive aussi de faire des séances par téléphone quand il est impossible pour quelqu'un de se déplacer. Et je n'ai pas chômé pendant le confinement dû à la covid-19 ! Toutes les séances étaient effectuées par téléphone ou par Skype… Tous mes confrères et consœurs s'y sont mis. Mais avec Skype, je ne suis pas très à l'aise, l'image bouge, elle est parfois floue, mal ajustée, la conversation ne me semble pas naturelle.

– Comment définiriez-vous un bon psychanalyste ?

– Un bon psychanalyste va devoir dialoguer dans la même langue, le dialecte de son patient, pour l'aider à se reconstruire. Le psychanalyste doit se laisser guider par le patient, tout en gardant la responsabilité de la thérapie. Il n'interprète pas tout, tout le temps, il ne se prend pas pour Dieu. Il ne s'ennuie pas avec la personne qui vient parler, il nous faut être créatifs dans notre cheminement commun. L'analyse est basée sur la rencontre de deux personnes, avec bien sûr quelques invariantes.

J'ai beaucoup travaillé avec des rescapés de la Shoah, ils ont vu des psychiatres et certains ont été déçus par la psychanalyse. Ce sont eux, leurs douleurs, leurs silences, leurs mots, qui nous ont fait évoluer, parce que nous aussi avons été sidérés par ces événements à l'ouverture des camps de concentration, par les récits, les mutismes, les regards de ceux que l'on a vus revenir. Nous ne sommes que des médiums entre leur passé et leur présent. Tous les traumas collectifs nous emportent nous aussi. Un attentat s'invite dans nos séances, dans notre propre questionnement, tout comme le confinement forcé que nous avons connu en 2020...

La Première Guerre mondiale a fait avancer Freud, il constate les souffrances et les chocs psychiques, il travaille sur le malaise de nos civilisations, qui peuvent être réduites à néant, ou presque. Si l'on se retranche dans notre savoir, si l'on refuse l'époque dans laquelle nous vivons, nous figeons la pensée et nos liens.

En revanche, une psychanalyse trop longue est une psychanalyse ratée, mais on n'en fait plus beaucoup. À nous de moduler le travail, sans nous renier, en accord avec chaque patient. Nous expliquons le contrat qui nous lie, c'est un engagement réciproque, courtois, qui ne doit faire peur à personne. Les psychanalystes les plus dogmatiques nous ont desservis par un pouvoir excessif. Certains psys se prennent pour des papes, ils convoquent dix patients au même moment, ces derniers attendent et lui vient choisir celui qui passera avant l'autre ; c'est un manque de respect total, un manque de reconnaissance de l'individu. Et je ne parle pas des honoraires exorbitants qu'ils pratiquent. Tout cela sert nos détracteurs ! »

Chacun cherche son psy !

StopBlues. Bien trouvé, non ?

Avec un grand sourire malicieux, Karine Chevreul, dès ses premiers mots d'accueil, nous fait partager son enthousiasme pour ce qu'elle considère comme une révolution. Un outil, dans le meilleur sens du mot, pour débloquer la relation compliquée que nous pouvons tous avoir, un jour ou l'autre, avec le « mal-être » et toutes ses conséquences, jusqu'aux plus terribles.

La professeure de santé publique nous reçoit dans son bureau de l'université Paris 7 Diderot, au sein d'un gros bâtiment, style « pays de l'Est avant la chute du mur », à deux pas de la gare de l'Est à Paris. Heureusement pour elle, ses fenêtres donnent sur un beau jardin. L'austérité de l'endroit ne les a pas empêchées, elle et une petite équipe, de concrétiser une forte envie, signant une belle avancée de plus pour l'Inserm (Institut national de la santé et de la recherche médicale) qui réunit plus de cinq mille chercheurs.

Au départ, l'obsession de mettre à disposition du plus large public possible une façon simple et efficace d'accompagner celles et ceux qui vont « mal ». Car un chiffre, en particulier, la frappe depuis longtemps. Dans les deux semaines précédant un suicide, ou une tentative, quatre-vingts pour cent de cette population consultent un généraliste. La preuve, selon elle, qu'en allant simplement se plaindre d'un mal de dos, d'un mal de ventre ou de troubles du sommeil, il peut y avoir, parfois sinon souvent, l'expression d'un mal-être qu'on est incapable de verbaliser. L'expression directe et « avouée » d'un trouble psychique étant minoritaire. Hélas. Beaucoup se joue donc à ce moment-là, de façon anodine, autrement dit sournoise.

« Dire un mal-être, même dans l'intimité du cabinet médical, c'est pour beaucoup de personnes avouer une faiblesse. C'est encore plus difficile pour les hommes, car des siècles d'éducation pèsent sur des petits garçons auxquels on a répété qu'ils n'ont pas droit à ce type de souffrance. On leur serine "arrête de te plaindre" ou "tu n'es pas une fille tout de même..." »

Pour construire une réponse, la plus efficace possible, l'équipe s'appuie sur un constat : dans un pays comme la France, quasiment tout le monde a aujourd'hui un téléphone portable, avec la possibilité d'accéder à une application et de la télécharger gratuitement. Le smartphone est donc le territoire idéal pour agir !

La conquête du plus grand nombre commence en 2014, avec, jusqu'à fin 2019, un budget global de six cent cinquante mille euros pour aboutir à ce résultat très concret. « Et pas un centime du privé ! », précise aussitôt Karine Chevreul, car « pour échapper à toute suspicion, nous sommes à cent pour cent dans une action de santé publique. »

Réunions, concertations, discussions et mises au point, le parcours de la création de ce site d'information s'est réalisé avec le concours de psychothérapeutes, pour trouver les bons mots, et en quelque sorte baliser le chemin dès la première seconde, quand on se décide à cliquer sur StopBlues. StopBlues ne stoppe pas le blues, il permet de le définir, de chercher seul, sans être obligé d'en parler tout de suite quand on ne le peut pas, des idées ou des moyens d'en sortir ou de traiter le mal-être.

Retour sur le terme choisi, car le poids des mots est essentiel.

– Stop dépression ? Non, cela aurait pu décourager, faire peur même, car la honte d'être dépressif existe toujours. Ce sera donc blues, explique Karine Chevreul.

Petit rappel : avant de désigner une musique, le blues est un terme qui fait référence aux esclaves noirs, qui souffraient de "*blue devils*", devenu ensuite, dans le monde entier, le blues.

L'application – et donc le site – est lancée. D'un clic, Karine Chevreul affiche son objectif : « Tout le monde peut un jour se sentir triste, malheureux, déprimé, sans énergie, seul... et en souffrir. » En parcourant les informations, les rubriques, on se sent un peu plus motivé pour consulter, « être accompagné et accepté dans sa douleur. Un dessin explicite signé de l'Italien Tommaso d'Incalci illustre parfaitement la démarche : un personnage tout petit entrant dans un cerveau et son immense labyrinthe.

Des adresses de thérapeutes sont indiquées. La possibilité de se géolocaliser, aussi. Comme on recherche une pizzeria ou l'arrêt de bus le plus proche ? Cela y ressemble, si l'on veut être ironique, mais la mission est autrement plus humaine, et surtout pas mercantile. La carte affiche les adresses des professionnels, d'associations adaptées ou de centres médicaux, dans plusieurs villes de France. Avec, au préalable, un quizz pour savoir où on en est, quels sentiments pourraient définir notre état d'esprit... On comprend que StopBlues aurait pu s'intituler « Plus jamais seul », car il s'agit bien de prendre en charge les détresses, jour et nuit, sept jours sur sept.

Plus d'une centaine de courtes vidéos de deux minutes sont diffusées pour orienter le « patient ». Et d'abord, celle de Karine Chevreul elle-même, qui nous regarde droit dans les yeux, mais parle avec douceur.

« StopBlues existe pour tout le monde, vous, ou quelqu'un dans votre entourage. Souvent, on ne reconnaît pas les signes d'un mal-être, d'une baisse de moral, alors nous voulons vous aider, de manière anonyme. Il y a des solutions, nous vous aidons à les connaître, à comprendre le bénéfice de l'aide avec, en même temps, des idées pour vous faire du bien, tout de suite. »

Une façon aussi d'abolir les inégalités sociales et géographiques. En effet, un(e) psychothérapeute laisse souvent sur son répondeur cette phrase : « Désolé(e), mais je ne prends plus de patients ». Comme quoi les « déserts médicaux » peuvent également exister au cœur des villes...

Les témoignages disponibles sur l'appli vont dans un sens positif. Ils donnent de la force pour dominer sa propre timidité et ses réserves, amplifiées par le fait qu'on traverse un épisode difficile, voire insupportable. Et que d'autres ont déjà connu. C'est encore plus vrai la première fois ; il faut réagir alors qu'on n'a aucun point de repère, aucune comparaison possible. La difficulté à faire le premier pas est un blocage à surmonter pour ne pas s'enfoncer dans un mal-être plus profond. Christelle le dit, face caméra : « J'avais perdu ma joie de vivre, je n'avais plus de goût à rien, et je me suis même éloignée de mon enfant de deux ans ». D'autres récits permettent de se dire qu'effectivement, on se reconnaît dans ces dérèglements.

Viennent ensuite les causes, les accidents de l'existence, les petits et les gros bobos, dans la vie personnelle ou au travail. Le baby blues, les conflits. La gêne pour se plaindre, le recours au généraliste, qui n'a pas toujours le temps ou la capacité à percevoir ce que recouvre la plainte. Des solutions sont donc présentées, mais surtout l'injonction de parler ! Le maître mot. Parler à un proche et à un professionnel, l'un n'excluant pas l'autre. Les créateurs de StopBlues insistent : rien ne remplacera jamais un psychologue ou un psychiatre.

Dans son propre message d'accueil, Karine Chevreul tient par ailleurs à préciser : « Tout le monde peut un jour se sentir seul, fatigué, déprimé, découragé et en souffrir, mais il y a des solutions pour soi-même ou pour un proche. » Et de préciser : « Nous évaluons en permanence notre dispositif, et donc vous pouvez nous aider en nous permettant d'étudier les informations que vous pouvez nous laisser. Cela sera fait en garantissant totalement ces sources. C'est évidemment anonyme, avec l'accord et le suivi de la CNIL (Commission nationale de l'informatique et des libertés) ».

Une information essentielle ! Dans d'autres conditions, dans un régime qui se prendrait pour Big Brother, on se dit qu'une utilisation frauduleuse permettrait de mettre rapidement sous surveillance toute une population, et de repérer « ceux qui vont mal », en les fichant. Et en signant le début de la fin de nos libertés. Mais nous sommes en France, en 2021, et StopBlues informe et apparaît comme une réponse au mal du millénaire : l'isolement. En attendant un premier rendez-vous et un contact « humain », le soutien de StopBlues se veut souriant : on trouve des conseils de relaxation, des jeux pour évacuer le stress, des exercices de psychologie positive. Enfin, un « bouton rouge », un rappel des numéros d'urgence.

L'Inserm étant un organisme de santé publique et de recherche, très vite, trente-six villes ont joué le jeu, à Nice le tramway s'est même mis aux couleurs bleu et jaune de l'application. La communication malgré tout ne suffit pas, les coups de projecteur, venus par exemple de la presse, sont jugés beaucoup plus efficaces. Ainsi à l'été 2019 un reportage dans *Le Monde* a déclenché un véritable intérêt.

Puis, en mars 2020, le site et l'appli se sont adaptés, en consacrant une importante rubrique à la covid-19 : des psys interviennent, en vidéo, pour expliquer et rassurer les couples, les enfants, les personnes âgées, trop confinés, parfois en danger en cas de violences intrafamiliales. D'autres expliquent la pandémie, les symptômes dus au virus, les démarches médicales. Tout a été mis en œuvre pour aider pendant et après le confinement.

StopBlues a été salué comme la possibilité de défier, en toute empathie, « la honte, la peur et le déni ». Parce que « c'est simple et accessible à tous ». Anonyme, de surcroît. Les mutuelles semblent intéressées par la démarche, et bientôt un StopBlues spécial ados pourrait voir le jour... L'initiative est heureuse quand on sait que les ados, souvent fragiles psychiquement, sont peu enclins à s'occuper de leur santé.

24 heures de la vie d'une psychologue

Enfants ou adultes, Paris et l'Île-de-France offrent un large choix de psychologues ou de psychanalystes. Mais ailleurs, là où sévit la pénurie médicale, qu'en est-il ?

D'abord une mauvaise surprise. Le message sur le répondeur. Une voix agréable mais ferme : « Je ne prends plus de nouveaux patients. »

Nous n'appelons pas, nous, dans ce but, mais juste pour rencontrer, en « région », en l'occurrence dans le Pas-de-Calais, une jeune psychologue clinicienne, dédiée à son territoire. Notre objectif ? Bien saisir son quotidien. Un choix fait totalement, et volontairement, par hasard. Nous laissons un message. Puis d'autres encore...

Finalement, il faudra plusieurs jours pour enfin se parler, et c'est seulement en rencontrant cette psychologue dans son cabinet, à Lens, que nous comprenons. Après douze ans de carrière, Hélène Vandewalle n'est pas « débordée » comme ailleurs dans le pays, au contraire, elle est organisée, hyperactive, et très consciencieuse. Son obsession : donner le meilleur d'elle-même à tous ceux qui la sollicitent. Ce qui exige une énorme disponibilité. Une jeune femme brune nous accueille avec un joli sourire. Une poignée de main déterminée et chaleureuse de quelqu'un qui semble bien dans sa peau...

Huit patients chaque jour. Elle les reçoit en moyenne pendant une heure. Si nécessaire, un peu plus. À la fin de la semaine cela fait quarante cas, quarante histoires, quarante fois de l'aide à apporter. Des centaines de fois à l'année. Elle les revoit souvent plusieurs fois. Sa spécialité : les TCC, les thérapies comportementales et cognitives. Celles qui sont les plus recherchées aujourd'hui, que ce soit en province ou dans la capitale. Impossible de faire mieux, ou alors –les chiffres sont têtus – il faudrait « accélérer le mouvement », à savoir passer à cinquante minutes par séance, voire moins.

Mais pour la psychologue, cela est hors de question.

« Je sais que beaucoup de psys réduisent la durée de leurs consultations, parfois pour des raisons financières, mais moi, c'est le temps qu'il me faut pour être la plus efficace possible. C'est vrai notamment quand je souhaite voir, ensemble ou séparés, un jeune et ses parents. »

Heureusement, le répondeur retrouve de temps en temps toute son utilité. Pas forcément de façon continue, quelques semaines, ou quelques mois. Explication : quand certains patients, heureux d'avoir trouvé la bonne réponse, ne reviennent plus, cela fait de la place aux autres, tout simplement. Alors le répondeur, après quelques mois sans fantaisie, change de « musique » : un beau matin, il offre des créneaux de rendez-vous ! Cela ne dure pas forcément longtemps, parce que la demande reste immense. « Et difficile, hélas, de répondre moi-même, précise-t-elle, je n'ai pas de secrétariat. » Le jour le plus demandé, c'est le mercredi quand les enfants sont libres. À cela s'ajoute « la fièvre du vendredi soir », l'insistance est forte pour venir ce jour-là, de préférence vers 19 heures. À la fin d'une semaine de travail, et sans doute avant un week-end qui s'annonce, pour certains, angoissant. Impossible évidemment de dire oui à tout le monde. Mais les journées d'Hélène Vandewalle sont toujours longues, et les pauses du midi, expédiées.

Les « chanceux » sont reçus dans un grand bureau lumineux, au deuxième étage d'un petit immeuble moderne, d'où l'on découvre presque toute la ville, bien au-delà du parking de la grande surface au pied du bâtiment. À Lens, ce jour-là sous un beau soleil d'hiver, nous voilà dans cette sous-préfecture de trente mille habitants. Dans les Hauts-de-France, cette ville reste à part.

D'abord, toujours bien visibles, comme s'il avait été impossible de les faire disparaître, les terrils rappellent le temps des mines. Jusqu'en 1990, date à laquelle on a remonté le dernier charbon, elles ont fait battre le cœur de toute la région, dans des conditions souvent inhumaines. Enfer dénoncé dans *Germinal*, le premier combat d'Émile Zola, treize ans avant le « J'accuse » de l'affaire Dreyfus. Les mines du Nord–Pas-de-Calais ont charrié jusqu'à deux cent vingt mille travailleurs en 1947, avec plusieurs vagues d'immigration, les Polonais surtout, dans les années vingt, et après 1960, beaucoup de Marocains.

Pour tous, Français ou étrangers, « l'après-houillères » a été ravageur. Un avenir très incertain et la nostalgie d'un passé où tout le monde trouvait du travail, même s'il fallait vivre aussi de façon très modeste, avec des maladies, comme la silicose, et des catastrophes devenues historiques. Courrières 1906 : mille quatre-vingt-dix-neuf morts. Mais, dans le même temps, un vrai bien commun. Les souvenirs restent vifs, malgré les générations qui passent, la fierté des mineurs et de leurs descendants ne s'estompe pas, au contraire. L'hommage aux anciens est un véritable ciment, comme une incontournable tradition. Une véritable culture, et un patrimoine qui sera finalement sublimé comme « mondial » par l'Unesco, en 2012. Préserver les marques d'hier comme une richesse ineffaçable. À seulement trente kilomètres de Lille qui, elle, a joué l'Europe et l'international, Lens a mal vécu la fermeture des puits, et donc de son activité principale. La ville est devenue très vite pauvre, désertée par les jeunes générations parties chercher du travail ailleurs, avec ce sentiment d'être tout simplement oubliée. Elle a perdu plus de dix pour cent de sa population, jusqu'à passer derrière sa voisine de « banlieue », Liévin !

Mais les choses ont bougé. L'arrivée du TGV en 1993, et le choix du Louvre pour ouvrir un site de toute beauté en 2012, ont recréé un climat de confiance. De nouvelles entreprises se sont installées. Et pourtant, le taux de chômage reste élevé, même s'il diminue lentement : pas loin de 13 % contre 8,4 % pour toute la France (chiffres à la veille du confinement).

Hélène Vandewalle connaît parfaitement ces réalités qui pèsent sur le quotidien de toute une région. Les patients les évoquent encore dans son cabinet. Au travers de beaucoup de récits elle peut sentir leur poids, mais c'est d'abord pour parler d'eux-mêmes que ses patients la sollicitent. Enfants, ados, parents, adultes.

Des adultes, elle le précise immédiatement, c'est 90 % de femmes. « Les hommes ont tellement de mal à parler. À la dureté du travail ou du chômage, s'ajoute une réelle difficulté à exprimer sa réalité et son désarroi. Et quand il s'agit d'accompagner un "jeune", ce sont presque toujours les mères que je vois. Quand la vie bouscule les uns et les autres, on retrouve une longue liste de souffrances. Pour les plus petits, les conséquences de divorces houleux, l'anxiété scolaire, les troubles de l'apprentissage, les tocs. Et parfois des maltraitances ou même des abus sexuels. Pour les ados, il faut ajouter le "vague à l'âme", le mal de vivre sous toutes ses formes, qui sans doute englobe le mal-être des générations précédentes dans une région qui ne les pas épargnées. Cela se traduit parfois par des dépressions, avec souvent des addictions aux jeux vidéo, au cannabis ! »

Les « grands » eux, peuvent connaître des troubles équivalents, avec souvent une dimension sociale. L'angoisse de perdre son travail, la confiance quasi détruite pour le chômeur, et l'isolement par-dessus tout, avec un fort sentiment d'inutilité.

La solidarité réelle des « gens du Nord » reste un immense atout, mais elle trouve ses limites face à trop de difficultés. Les femmes peuvent exprimer, en plus, des peurs liées à la violence conjugale. « Cela survient environ une fois par semaine, explique Hélène Vandewalle. Alors je sollicite une association qui peut les prendre en charge ». Pour toutes et tous, des douleurs personnelles vécues comme telles, et un environnement qui n'arrange rien, la crainte de l'avenir, et, réalité nouvelle, de fortes inquiétudes quant à ce que va subir la planète face aux défis écologiques. Parfois l'actualité s'invite – les gilets jaunes, les violences urbaines, et même des temps forts comme l'assassinat d'un enfant (en l'occurrence, l'affaire de la petite Maëlys, assassinée) –, alourdie par cette réflexion : « Avec tout ce qu'on entend ! »... Autrement dit, la peur d'une société où l'enfant est en danger. Le pire cauchemar pour une population déjà anxieuse ! Les choses de la vie, dans toute leur cruauté.

Rien à voir avec le quotidien de ses collègues qui consultent ailleurs dans le Nord, dans des quartiers aisés, voire riches. L'une des consœurs d'Hélène lui a avoué : « Moi en majorité, je reçois des cocus et des mal élevés », donc surtout des affaires sentimentales, et des couacs avec les plus jeunes... À Lens, bien évidemment, il y aussi, comme ailleurs, des maris ou des femmes trompés, des ados provocateurs ou délinquants... Mais la psychologue fait avant tout dans le « social », le « dur » de la société et de cette ville-là. Elle le revendique, et cela lui plaît.

Après avoir étudié à la fac de Lille 3, en sciences humaines, et obtenu un master 2, Hélène Vandewalle a participé avec bonheur au PRE, le Programme de Réussite ducative. Un plan initié par Jean-Louis Borloo, quand il était ministre délégué à la Ville, avec le soutien de la municipalité de Lille. Pendant cinq ans, alertée sur tel ou tel cas, elle est intervenue un peu partout, au service des trois à seize ans... Ne lui manquait qu'une cape de « psy woman » pour voler encore plus vite d'une école à une autre ! Beaucoup de kilomètres au volant, des journées sans fin, mais une plongée dans le métier qui l'a comblée. De l'action à chaud dans des zones urbaines sensibles, elle éprouve encore le sentiment de pouvoir aider, de chercher des solutions, alors que trop souvent la médecine scolaire reste absente, ou inefficace, car bien loin des réalités. Mais cette belle histoire, cette générosité ont manqué de soutien sur la durée, les subventions ont nettement diminué. Découragement total !

En 2012, un nouveau départ pour sa vocation, elle se tourne vers le libéral, n'importe où mais pas n'importe comment. Le lieu choisi sera donc Lens, qu'elle ne connaissait absolument pas. Elle crée la surprise dans son entourage, les questions sur ce choix risqué la galvanisent. Elle a envie de se confronter justement à une ville jugée « difficile ». Donc pas de quoi l'inquiéter, elle qui connaît bien, par exemple, le quartier de Lille sud qui a une si mauvaise réputation. Et pourtant, dit-elle, « je n'y ai jamais rencontré le moindre problème ». Parce qu'ici, sans doute plus qu'ailleurs, elle travaille en équipe.

Et celle de Medipôle qu'elle rejoint ne cesse de s'agrandir. Aujourd'hui, au même endroit, pas moins de seize professionnels. Des généralistes, mais aussi une diététicienne, cinq orthophonistes, une ergothérapeute... Plus toute l'équipe de la pharmacie au rez-de-chaussée. Quand nous la rencontrons, elle est la seule psychologue, elle ne se sent pas pour autant isolée. Il lui arrive, à condition que le patient soit d'accord, de partager son approche d'un cas avec un médecin de l'équipe, celui qui pourrait alors prescrire, si nécessaire, un antidépresseur. Et toujours, au bout du téléphone, elle trouve sans difficulté un confrère ou une consœur susceptible de l'aider face à un cas complexe. Heureuse, Hélène Vandewalle l'est aussi parce que... ça bouge.

Autour de Lens, dans des villes plus petites, elle constate l'arrivée de psychologues, là où si longtemps il n'y avait personne. Une chance pour la région. En outre, deux psychiatres ouvrent un cabinet à Lens même. Belle nouvelle, pour cette perspective de renfort ! Seul souci, regrette-t-elle, la consultation chez le psychologue n'est toujours pas remboursée. Dans son cas, cinquante euros la séance. Une somme élevée, elle le sait parfaitement, et parfois énorme pour des familles souvent modestes, dans cette ville. Autant dire qu'elle suit de près les expériences de remboursement menées dans quatre départements, la Haute-Garonne, le Morbihan, les Landes et les Bouches-du-Rhône. « Un tel engagement permettrait d'éviter, quelques années plus tard, des dépenses démultipliées et donc démesurées. » Raisonnement logique. De bons psys, disponibles et bien présents sur tout le territoire, voilà un bel objectif de santé publique. Tout le monde peut et devrait se sentir concerné. Dans le Pas-de-Calais comme partout ailleurs.

En attendant, la psychologue lensoise d'adoption reconnaît qu'elle fait son métier comme elle en a toujours rêvé. Même quand les journées n'en finissent pas et que les nuits sont courtes avec, en plus, la comptabilité à gérer.

En ce début d'après-midi, la sonnette a déjà retenti deux fois. Notre rendez-vous est terminé. Ce n'est pas encore aujourd'hui qu'Hélène aura le plaisir de prendre le temps de regarder au loin un étrange... navire ! Ce paquebot, c'est le magique stade Bollaert-Delelis, avec ses haubans lancés à soixante-dix mètres de haut. Ici vogue l'équipage du mythique RC Lens. Le grand bateau, si proche, incarne parfaitement la passion, l'envie de réussir, et, dans les bons comme les mauvais jours, la volonté de croire que tout est possible. Autrement dit, pour Hélène et ses patients, un parfait compagnon de route.

Des maux et des gestes

« Celui qui a des yeux pour voir et des oreilles pour entendre constate que les mortels ne peuvent cacher aucun secret. Celui dont les lèvres se taisent bavarde avec le bout des doigts, il se trahit par tous les pores », écrit Freud dans *Cinq psychanalyses*.

Au commencement donc, le geste ! Pour la jeune psychologue parisienne Morgane Pelerin, c'est comme un credo, encore plus qu'une habitude professionnelle, une conviction. Ses patients, elle veut les regarder, appréhender leur mal-être.

Quand elles ou ils s'assoient en face d'elle, la première fois et après, leur comportement en dit long. Elle est catégorique : « Pour moi, on dit beaucoup plus de choses avec le corps qu'avec la parole, car, ajoute-t-elle, tout n'est pas dicible ». Et d'évoquer comme exemple ce patient, pourtant amené par sa profession à intervenir en public, très mal à l'aise, ne sachant trop comment bouger ni coordonner ses mouvements, et, on l'imagine, soucieux de faire « bonne figure », puisque c'est un commandement de l'époque.

En fait, la jeune femme – moins de trente ans – considère avec prudence ce monde de l'image, Instagram et compagnie, qui est désormais le nôtre, et de tout ce qui fait écran. Elle l'a naturellement fréquenté, puis, assez vite, a pris ses distances. Elle constate que nous sommes tous, volontairement ou pas, « exposés », pour reprendre un terme qui appartient justement à la photographie : lumière et sensibilité, avec au bout des doigts un smartphone qui à chaque seconde met notre en vie en scène. Or cette réalité nous pousse à jouer un rôle. Sauf que, de plus en plus souvent, les certitudes vacillent. Les doutes, le mal-être, ou pire. L'entrée en dépression, sous toutes ses formes.

D'où l'urgence de se confier. C'est le temps de la séance, une rencontre inédite. Chacun arrive alors avec ce qui peut avoir le poids d'une armure. Pas celle qui protège, comme idéalement pendant l'enfance et la jeunesse on a pu l'endosser, mais celle qui est devenue trop lourde à porter. D'où l'importance de ce qu'on maîtrise le moins : le corps et les gestes. Nos attitudes sont langage. Rien n'est anodin. Tout raconte ce que nous sommes, profondément. Morgane Pelerin a particulièrement apprécié ce qu'elle a appris à ce propos pendant ses études à Paris 5 Descartes. Il y a aussi ce livre qui l'a marquée, parmi beaucoup d'autres, *Les Mots pour le dire*, de Marie Cardinal, 1976, le récit d'une psychanalyse.

Pour elle, le besoin de « regarder » celles et ceux qui la sollicitent tranche totalement avec les quelques mois passés avec Stop Psy Urgence qui, à l'inverse, utilise le téléphone pour apporter une première réponse. Elle a joué le jeu, vécu une bonne expérience, mais finalement elle en a tiré la conclusion que cette pratique ne lui convenait pas. Ce qui ne l'empêche pas de saluer l'association, qui rend un vrai service. Elle réunit les compétences d'une dizaine de psys intervenant à tour de rôle, bénévolement, pour donner de leur temps.

Une demi-heure ou beaucoup plus, une participation en quelque sorte « à la carte ». Morgane Pellerin avait déjà, auparavant, apporté son écoute à la Croix-Rouge. Elle a, dans un premier temps, apprécié cette nouvelle opportunité. « Se sentir utile dans l'urgence car l'immédiateté apporte beaucoup. »

Mais après toutes ces interventions, elle a préféré privilégier ce qu'elle considère comme l'essentiel, le face-à-face. Et donc « l'infraverbal », c'est-à-dire la prise en compte des attitudes. Au téléphone, explique-t-elle, on atteint vite les limites, la personne s'efface derrière l'objet de la conversation. On peut alors se sentir plus « objet » que « sujet », avec le sentiment que son identité n'a pas sa place, comme le dirait une psychanalyste. Au contraire de ce qui se joue dans un cabinet, comme celui où elle nous reçoit aujourd'hui. C'est une psychologue sereine qui nous raconte ce parcours heureux. Parce que la complexité de l'esprit humain est

« sans limites », et le contact direct, irremplaçable. Chaque rendez-vous, pour elle, est donc une surprise, une nouveauté.

Suite à cette explication, on l'imagine scrutant, semaine après semaine, les gestes qui changent et les nouveaux territoires gagnés. Une vraie visibilité sur tout ce que peut apporter une thérapie en action. Un thermomètre, en quelque sorte. Juste un regret, les années d'études ne lui ont pas apporté tous les outils nécessaires. Mais depuis, sa pratique, à l'évidence, comble ces vides.

La voilà donc d'abord devant l'angoisse, car pour elle c'est avant tout cela qui domine dans les souffrances plus ou moins exprimées. Le mal d'un siècle qui, entre autres dérives, idolâtre la performance et la compétition. La psychologue précise son diagnostic. Elle parle d'une société qui pousse à vouloir « tout, tout de suite, sans que nous soyons prêts à en payer le prix, et la perversité s'accélère ».

Son jugement est net. Le culte de la performance fait d'énormes dégâts pour les moins armés. D'où l'urgence de redonner une priorité à la parole. Et d'espérer, c'est un exemple, des papas qui tiennent mieux leur place. Sinon le mouvement qui voit le narcissisme s'installer ne s'arrêtera pas. Nous serons de plus en plus nombreux à en être esclaves.

Le discours peut sembler assez pessimiste, mais c'est sans compter avec son engagement personnel.

Après chacune de nos questions, elle prend le temps de réfléchir, de proposer des idées, toujours raisonnées. Elle aime surprendre aussi, quand elle dit avec un grand sourire : « Vous savez, tous mes patients sont forts ! Elles et ils viennent questionner leur vie, c'est donc qu'ils cherchent des solutions. »

Hommage direct à des femmes et des hommes abîmés, voire cassés, mais ambitieux, avides de réponses. Sans en dire beaucoup plus, elle évoque des fous rires plus fréquents qu'on ne peut l'imaginer, des temps forts parce que vrais. Un retour à l'essentiel.

Celle qui a voulu enrichir ses études d'un diplôme de psychologie projective pour adultes n'a pas trouvé, à l'hôpital ou ailleurs, le poste idéal, d'où ce choix de s'installer en libéral.

Le centre qu'elle a rejoint, déjà choisi par différents professionnels de santé, lui apporte avant tout une adresse. Très utile dans une ville comme Paris, où, nous explique-t-elle, les psychologues sont déjà très nombreux. La capitale, en l'occurrence, n'a rien d'un désert. Et donc pratiquement pas d'attente pour proposer un rendez-vous. À la fin de la semaine elle a vu entre vingt et vingt-cinq patients, leur accordant à chacun entre quarante-cinq minutes et une heure. Les tarifs sont affichés sur son site. Soixante-dix euros, cinquante pour les étudiants. Elle ajoute tenir compte aussi de situations plus difficiles.

Il n'empêche, elle n'oublie pas ceux qui ne franchiront jamais la porte d'un cabinet. Elle sait que cette décision reste souvent délicate. La peur d'être éventuellement jugé reste forte. Justement, s'adressant d'une certaine manière à eux tous, elle insiste : « Je suis dans le respect total des sentiments et opinions exprimées devant moi, c'est ce que je dois à des patients qui m'apportent beaucoup. »

Il est 18 heures. Notre rendez-vous se termine. Une nouvelle fois, dans quelques minutes, Morgane Pelerin va enchaîner et plonger dans les méandres d'une vie. Elle a juste le temps de nous parler d'un projet important pour elle : apporter ses compétences à l'association HandsAway, « bas les pattes » en français, pour aider et écouter les femmes victimes d'agressions sexuelles dans tous les transports, comme cela arrive un peu partout dans le monde.

En la quittant, un dernier regard sur cette pièce toute blanche, dépouillée et presque anonyme. On dirait un igloo au milieu de la mégapole. Un grand calme, pas celui des magazines de déco, mais un espace simplement tranquille. Au point de faire oublier le monde extérieur. Nous sommes pourtant tout près de la gare Saint-Lazare et de ses trottoirs envahis par des milliers de Parisiens et de banlieusards, jetés sur la banquise de la ville, marchant vite en se balançant souvent d'un pied sur l'autre comme autant de pingouins. La ville dans ce qu'elle a de plus mécanique et anonyme.

Dans ces conditions, impossible hélas de rêver devant des noms qui pourtant, tout autour, proposent des issues de secours. Rue de

Turin mais aussi de Moscou, Rome, Saint-Pétersbourg, Florence, Bucarest ou Constantinople ! Il y a tant de mondes à découvrir...

Pas surprenant, au fond. Comme si elle pensait justement à une géographie du bonheur et à ces cartes, Morgane Pelerin, pour expliquer son art, a trouvé une belle et forte image : « Mon but, c'est de déplier le problème ». Le début d'un voyage et de tous les possibles. Car chaque psychologue suit sa route, un covoiturage de la pensée, étape après étape.

L'art-thérapie

Cette discipline est peu développée en France, bien qu'un diplôme universitaire soit proposé aux professionnels de la santé, aux psychologues cliniciens. Elle peut aussi être une médiation thérapeutique dans un cadre psychanalytique.

Parce que, des « gribouillis » aux dessins plus élaborés ou à la peinture, les maux surgissent, s'expriment... sans ou au-delà même des mots. Tous les psychologues spécialistes de l'enfant savent qu'un dessin en dit plus, parfois, qu'un long discours. À voir l'attendrissement des parents devant les œuvres de leur progéniture, que l'on garde comme un trésor dans un vieux carton à dessins, on se dit qu'il se passe tout de même quelque chose devant une feuille blanche ! On peut associer des traits, des couleurs, des formes, des matériaux divers pour des collages, comme on associe des idées pendant une cure par la parole.

Dans certains grands centres psychiatriques français, les patients ont la chance de pouvoir passer quelques heures par semaine dans des ateliers de dessin, peinture ou sculpture (parfois de musicologie), puis d'exposer leurs œuvres, d'en parler avec les psys et les visiteurs de passage.

Au Royaume-Uni, l'art-thérapie est dispensée dans treize universités.

À l'origine, Edward Adamson, un chiropracteur qui travaille pour le NHS, l'organisme de santé publique britannique. Durant la Seconde Guerre mondiale, il commence à aider les patients hospitalisés pour de longues durées. Il installe un studio avec plusieurs chevalets et enseigne quelques techniques de base, mais avant tout il laisse les malades s'exprimer librement. Son livre *Art as Healing* a eu une forte influence sur la profession d'art-thérapeute en général et sur celle des artistes. Adamson avait la conviction que l'expression artistique pouvait atteindre des profondeurs que les thérapies verbales n'abordaient pas, et qu'elle s'avérait utile pour certains patients, mal à l'aise avec le langage verbal. Depuis plusieurs années, à cause des coupes budgétaires dans le NHS et surtout dans les services de santé mentale, la profession souffre, mais elle constate aussi qu'il y a de plus en plus de demandes pour travailler avec les écoles primaires et secondaires.

L'art-thérapie est la spécialité de Myriam Senez, qui a été directrice de l'école maternelle Anna-Freud, à Londres, pendant une dizaine d'années, après avoir exercé un enseignement Montessori à Paris et suivi des études d'arts appliqués. Deux passions toujours intactes pour cette Française, installée à Londres depuis les années 80 : l'enfance et l'art...

Cette école était intégrée au Centre Anna-Freud – la fille de Sigmund Freud, arrivée avec son père en 1938 pour fuir le régime nazi. Ouvert en 1957, l'établissement formait des praticiens pour enfants et adolescents, il a fermé ses portes en l'an 2000. Le centre aujourd'hui n'existe plus, il est devenu un institut de recherche et de formation de psychothérapeutes.

De fait, Anna Freud dirigeait cet institut comme on gère une famille, avec bienveillance et attention. Une cuisinière préparait les repas, chaque anniversaire était une fête collective. Peu d'enfants, une quinzaine maximum par classe, des petits entre deux ans et demi et cinq ans, observés, stimulés, accompagnés, autonomisés et soutenus chaque semaine par leurs enseignants, lors d'une réunion hebdomadaire. Anna Freud y assistait, elle apportait ses connaissances psychanalytiques, ses théories sur le développement de l'enfant, à l'ensemble des stagiaires et des psychothérapeutes.

Si nécessaire, une thérapie intensive était offerte aux petits pendant les heures d'école. Anna Freud est morte en 1982.

Myriam Senez, confinée à Londres où le virus a fait là aussi tant de ravages, continue de travailler au moment où nous la contactons. Nous la joignons par téléphone et lui envoyons nos questions par mail.

Elle y répond, entre deux entretiens téléphoniques avec ses patients, avant que ne soit institué un vidéo-call pour mieux mener les séances et en respecter la confidentialité, plus risquée par Skype ou par Zoom. Et pourtant, selon elle, même à distance, des signes de résilience sont apparus, tel ce patient qui a créé un dessin animé « on line » avec un groupe d'amis, ou ceux qui ont photographié leurs dessins pour les montrer à Myriam.

Si elle ne peut plus se rendre au centre hospitalier, elle sait qu'un jour elle reprendra les séances telles qu'elles se déroulaient.

– Pouvez-vous définir l'art-thérapie ?

– Définir c'est prendre un risque de rigidité, d'arrêt dans l'évolution, la découverte du voyage. Mais je vais essayer : je crois que c'est mettre le potentiel d'expression artistique/créative de chaque individu au service de la compréhension de lui-même, pour mieux gérer ses difficultés personnelles. C'est un parcours symbolique, tout comme dans le domaine des rêves en liaison avec l'inconscient. Cette thérapie se concentre sur l'exploration des émotions et des sentiments à travers l'art. Le processus peut donner une forme aux pensées difficiles à verbaliser. La signification de cette "forme" est discutée/explorée avec le patient pour une prise de conscience, l'espoir d'un changement, d'une évolution de l'individu, quand il s'allège de ses questionnements et de ses traumatismes.

– Comment procédez-vous ?

– Je travaille dans un service équivalent à un service de pédopsychiatrie en France, le CAMHS – Child and Adolescent Mental Health Service. Les enfants, jusqu'à dix-huit ans, nous sont adressés par les médecins traitants, les écoles ou les services sociaux.

Une salle d'art-thérapie offre une grande sélection d'outils et de matériaux : pastels, crayons, feutres, fusains, peinture gouache, pinceaux, palettes, acrylique et peinture à l'huile, argile, papier, colle, tissus, etc. La liste est loin d'être exhaustive, mais on dispose de tout ce qui permet un élan créatif. Avoir un point d'eau dans la salle est important, bien que pas toujours possible.

Tous les travaux sont gardés, le temps de la thérapie, dans un classeur dédié à chaque patient, pour en respecter le caractère confidentiel. Le respect de l'individu et de l'espace est de première importance. On ne demande pas que le patient soit bon... Le résultat ne doit pas être basé sur un jugement esthétique, mais plutôt sur le processus créatif, qui fait surgir certaines émotions durant la séance. Le thérapeute est assis en général à côté du patient et la relation se développe d'une façon triangulaire entre le patient, l'art-thérapeute et l'œuvre produite.

– Quel enseignement tirez-vous de "l'œuvre" d'un patient ?

– Les gens pensent que dès qu'ils font un "crayonnage, griffonnage" sur la feuille, ils sont "mis à nu" par le thérapeute, et leur monde intérieur complètement exposé. Mais c'est un peu le but, puisqu'il faut chercher les racines du mal-être. L'interprétation est extrêmement utile, cela ne peut être fait que si l'on tient compte du trajet intérieur, du voyage que le patient a entrepris.

Par exemple, j'ai commencé à voir une jeune fille de seize ans, pour un diagnostic de dépression, avec automutilations et idées de suicide, et qui passait une bonne partie de la séance à peindre des formes abstraites, puis finissait toujours par mélanger les couleurs, ajoutant du noir jusqu'à recouvrir sa peinture. Cela a duré plusieurs semaines. À la fin de la séance, elle poussait sa peinture vers moi d'une manière un peu dédaigneuse, comme pour dire "qu'est-ce que ça dit sur moi". Mes commentaires étaient brefs, décrivant ce que j'avais observé pendant qu'elle peignait, donc assez factuels. Je posais des questions comme si je me parlais à moi-même, mais en espérant retenir son attention. Je questionnais la valeur de cette couleur si sombre qui recouvrait tout. Comme elle avait un diagnostic précis, le noir représentait ce qui est connu de tous comme un signe de dépression. Ou peut-être autre chose... Elle parlait très peu, pour ainsi dire pas. Après quelques semaines, j'observais des changements dans l'épaisseur de cette ultime couche noire, avec un aperçu de couleurs utilisées précédemment.

Un jour, en fin de séance, elle a dit : "Le noir c'est la couleur la plus puissante, parce que ça couvre tout, et comme ça je n'ai pas à penser." Le noir, pour elle, n'était pas "*a dark place*" mais une échappatoire. À partir de là, on a commencé à explorer l'idée de puissance, de contrôle et d'emprise. La confiance était acquise, le travail s'est développé avec une collaboration entre ses peintures, elle et moi. Elle a utilisé plus d'espace, des feuilles plus grandes, au chevalet ou même au sol. On est remontées – ou plutôt descendues – jusqu'à un incident traumatique qui s'était passé l'année de ses sept ans. La couleur noire est restée présente dans toute son œuvre, elle l'utilisait surtout quand elle avait besoin d'un délai pour son voyage émotionnel. Cette thérapie a duré presque deux ans, avec des séances hebdomadaires, puis toutes les deux semaines. Elle va bien aujourd'hui, à la fin de la thérapie elle a passé et réussi ses examens, puis intégré l'université. Elle est la première de la famille à suivre des études supérieures, elle m'écrit de temps en temps pour me donner des nouvelles.

La durée d'une thérapie varie énormément d'un patient à l'autre, selon la complexité de la représentation mentale. Il y a en ce moment une tendance à tout raccourcir, on nous "encourage" vivement à offrir des traitements de trois ou six mois maximum, et à traiter un problème à la fois. Je suis très sceptique quant aux résultats !

– Ce traitement par l'art est-il onéreux ?

– Les patients ne paient pas leurs séances dans les hôpitaux publics. Dans le privé, les prix varient selon le lieu et l'expérience de l'art-thérapeute, mais les tarifs tournent autour de soixante euros ! »

Soigner par l'art c'est d'abord permettre le lâcher-prise. Comme en psychanalyse. Tout le monde ne peut être un artiste confirmé ou reconnu, mais chacun peut s'exprimer, du dessin à la sculpture, en passant par la danse ou la musique. Le jugement n'est pas de mise, chaque thérapeute accompagne, analyse et autorise un patient à être lui-même à un moment clé de sa vie. Le mouvement, le regard, la parole ? Autant de modes d'expression pour trouver en soi la paix, ou une meilleure façon de s'accepter.

Remboursés ?

Les centres médico-psychologiques (CMP) sont débordés, le record de consommation d'anxiolytiques et d'antidépresseurs est toujours tenu par la France, sans parler du coût de ces médicaments pour la Sécurité sociale. Un bon tiers des consultations médicales ont une origine psychologique ou psychiatrique. Forte de ces données, une expérience de remboursement des psychologues est tentée. Pour en savoir plus, nous avons contacté le secrétaire régional du Syndicat national des psychologues à Toulouse.

D'abord une belle pointe d'accent, et c'est sans surprise… Le « territoire » de Patrice Bouchaïb, c'est en effet sa région, l'Occitanie, douze départements. Nous le joignons un jeudi, car il a choisi désormais de concentrer son activité sur les trois premiers jours de la semaine. Après quarante ans de pratique, il commence à peine, et on le sent bien, avec une immense réticence, à envisager de s'arrêter pour de bon. Alors, par amour de son métier, il continue.

Son cabinet, précise-t-il, est au centre de Toulouse, dans le quartier résidentiel des Chalets. N'empêche, il connaît bien ce qui se joue partout en ville, en périphérie, comme dans la campagne la plus éloignée. Avec, comme il se doit, quelques déserts médicaux. Face à des besoins grandissants, il mesure à quel point il y a inégalité sur le territoire, puisque la seule Haute-Garonne regroupe presque la moitié des psys de toute la région !

Raison de plus pour avoir dit « banco ! » quand, il y a trois ans, la Caisse nationale de l'Assurance maladie des travailleurs sociaux lui a présenté son projet : mettre en place, pour la première fois, un système de remboursement à cent pour cent des consultations psychologiques. Idée clairement novatrice mais, sans surprise, très bordurée. Après tout, il s'agit d'argent public avec un enjeu considérable : encourager ceux qui hésitent, pour des raisons financières, à franchir le pas, à bénéficier d'un accompagnement en santé mentale, en cas de troubles modérés. Ou encore détecter des troubles « légers », et pourquoi pas un burn-out au travail.

L'idée l'a séduit tout de suite. Mais tout de suite, aussi, les professionnels ont voulu alerter. Les conditions imposées sont jugées trop strictes, ils l'ont dit avec une pétition nationale. Douze mille psys ont signé, ce qui représente un tiers des psychologues installés en France ! Deux points ont été particulièrement contestés. D'abord, l'obligation de passer par un généraliste avant de solliciter un psy... Ce qui prend du temps et occasionne une première dépense, non indispensable à son avis, bien que ce soit le parcours de soins en place depuis longtemps : passer par le médecin référent pour consulter un spécialiste. D'autre part, les tarifs prévus, vingt-deux euros pour trente minutes ! « Vraiment trop bas ! » s'exclame Patrice Bouchaïb. Réponse des autorités : impossible de faire mieux tout de suite, il faut d'abord organiser l'expérimentation.

L'envie de jouer le jeu l'a tout de même emporté sur les réticences. Impossible de rater une telle occasion. Et voilà comment Patrice Bouchaïb, les confrères et consœurs, qui, comme lui, ont été convaincus du bien-fondé d'une telle expérimentation, et s'appuyant sur de nombreuses études internationales, ont signé la convention. Les volontaires ont été nombreux.

« Il y a, raconte-t-il, neuf cents psys dans les pages jaunes de la Haute-Garonne, mais tous ne sont pas psychologues, avec le titre protégé, et titulaires d'un numéro "Adeli". Finalement, trois cent quatre-vingt-dix d'entre eux ont participé à l'opération. Avec une conséquence qui n'avait pas été imaginée au départ : cela a permis de protéger davantage, en la connaissant mieux, une profession qui a attiré et continue d'attirer beaucoup de monde. Ceux qui ont refusé ont globalement expliqué que ce schéma ne répondait pas à leurs convictions, ni à l'idée qu'ils se font de leur métier. »

Dès le départ, quatre départements français sont concernés. La Haute-Garonne, donc, les Bouches-du-Rhône, le Morbihan et les Landes. À chaque fois, un comité de pilotage est mis en place :

aux côtés des psys eux-mêmes, des représentants de la Caisse primaire, des généralistes, des psychiatres et de l'Agence régionale de santé. Au total, plus de sept cents psys sont partie prenante. Et près de dix-neuf mille « consultants ». Sans compter quatre autres départements en prévision...

Les « consultants », c'est ainsi que Patrice Bouchaïb appelle les patients qui ont déjà bénéficié de cette opportunité. Pour lui, à l'évidence, c'est un succès. Là où il exerce, au cœur de la grande ville, il estime que cette facilité a essentiellement attiré des personnes des classes moyennes. Comme un encouragement à consulter. La prise en charge intégrale peut aussi profiter à ceux qui en ont vraiment besoin. Ils le disent eux-mêmes : « Maintenant c'est plus facile, on peut consulter un psy comme un autre spécialiste. » Une population est également très concernée : les étudiants. Eux qui généralement négligent leur santé.

Reste que vingt-deux euros la consultation, c'est peu, et trente minutes parfois trop court, regrette notre psychologue toulousain...

« Une belle idée, résume-t-il, mais on perd de l'argent ! Nos charges de base, en cabinet de ville, sont déjà très lourdes, à commencer par l'immobilier. Il y a aussi un décalage avec la réalité. La moyenne observée d'une consultation psy étant de cinquante-cinq euros pour quarante minutes. Une indication, car les psys depuis toujours se veulent souples et n'ont jamais refusé un "consultant" en détresse, et sans moyens. Il faut savoir qu'avec ce dispositif, les nouveaux patients peuvent obtenir deux fois dix séances au maximum. »

Ou comment prescrire dix séances chez le psy comme on propose dix séances de kiné pour alléger un problème musculaire. Mais pourquoi pas ? Le consultant pourra toujours continuer dans cette voie, à ses frais.

Pour la suite, car il y en aura une – personne n'imagine qu'on arrêtera tout après les trois ans d'expérimentation prévus initialement –, il y a donc l'espoir d'une plus grande souplesse. Idéalement, supprimer le passage par le médecin, et élever nettement le niveau du tarif. Question de confiance, surtout. Les psys se sentent les mieux placés pour, dès que nécessaire, écouter un mal-être. Alors pourquoi, estime notre interlocuteur, établir une démarche préalable qui pourrait être un frein ou un obstacle, quand, par leur formation, les psychologues ont les compétences pour recevoir directement et écouter une personne qui a besoin d'un soutien et d'un accompagnement ?

À moyen terme, évidemment, l'objectif est d'augmenter rapidement le nombre de départements concernés, mais impossible de faire des prévisions. À quelle échéance toute la France, et pas seulement la métropole, pourrait être totalement concernée ? En combien d'années ? Le défi est là pourtant, puisque « la demande explose ». On comprend aussi qu'une consultation chez le psy, au bon moment, signifie un cas très vite pris en charge, augurant, par définition, des économies à venir, et une meilleure santé mentale pour tous.

Aucun doute possible, Patrice Bouchaïb va se battre, pour toujours mieux aider une population sous tension. Il salue ce qui se fait déjà en Belgique, au Canada et en Grande-Bretagne, en nette avance sur nous, estime-t-il, aussi bien dans l'effort économique global que pour les moyens déployés. Il a, en tout cas, tous les arguments pour convaincre, car l'expérience parle. Celle du quotidien, ou de l'exceptionnel, comme le souvenir de son implication au moment de la catastrophe d'AZF, bientôt vingt ans, pour accompagner les victimes.

Il y a encore tant à faire, il en va de notre « vivre-ensemble », tout simplement.

Le jour même où nous avons appelé Toulouse, une enquête dans *Le Parisien* nous apprenait que 44 % des Franciliens ont abandonné le recours à des soins, pour des raisons financières, ou parce qu'il leur a été impossible de trouver le professionnel recherché. Dans cette pénurie médicale, toutes les spécialités sont touchées, c'est le cas par exemple de 14 % de personnes qui ont renoncé à consulter un psychiatre, et que l'on retrouve bien souvent dans l'errance, parmi les SDF. Preuve que dans la sixième puissance mondiale, dans ce pays qui a inventé la sécurité sociale, il y a aujourd'hui toute une population en souffrance psychique, et qui passe « sous les radars ». Les chiffres sont pourtant connus : un Français sur cinq connaîtra un épisode dépressif dans sa vie. Plus de dix millions de personnes. Un constat à méditer. C'est une urgence nationale !

Le poids de l'expérience

Comment vieillissent les psys ? Spontanément, on aurait envie de répondre : comme les autres… Ils ont un corps, un esprit, une mémoire, une famille ou pas, des amis ou pas. Le narcissisme en prend un coup, les renoncements nécessaires qui jalonnent une vie s'accumulent, de manière consciente et inconsciente. Le temps passe, le désir évolue, la mort se profile… Sauf que pour certains la retraite n'existe pas. Les uns se sentent en forme et aptes à écouter l'autre longtemps, d'autres s'accrochent au patient comme ils s'accrochent à leur santé, physique et psychique, qui les abandonne peu à peu. D'autres encore, plus (ou très) vieillissants, deviennent un poids pour leurs patients. Pourquoi ? Parce que leur déclin est plus visible, que ces patients n'osent pas les quitter, sous-entendu « on ne lâche pas son père ou sa mère quand il ou elle commence à décliner », et donc que ce transfert-là peut être désastreux. Les psys ne sont pas à l'abri des crises psychiques, même s'ils en perçoivent plus finement les causes, chez l'autre…

Régine Waintrater est loin d'être une vieille dame. Elle a quitté récemment l'enseignement universitaire, mais suit encore une dizaine de patients par jour, sauf le lundi pour prendre le temps de lire et s'informer.

Son bureau est lumineux, divan et fauteuils s'y côtoient dans une atmosphère douillette, et surtout de très nombreux livres sont bien rangés sur les étagères. On n'a qu'une envie, lire les titres et les feuilleter un à un.

Souriante et avenante, la psychanalyste précise d'emblée qu'il est de la responsabilité de tout thérapeute de réfléchir à son propre corps, alors que cette question est très évacuée, la cure analytique étant par définition, dit-elle, « hors temps et hors sol, utopie et uchronie ». Autrement dit l'analyste et son patient ne sont pas censés vieillir ensemble, compte tenu de l'inégalité de chacun face à la santé. Leur réalité respective évolue tout au long de leur vie.

Régine Waintrater est bien calée dans son fauteuil, une bouteille d'eau à portée de main. Elle avoue avoir refusé des patients qui se sont inscrits sur Doctolib, parce qu'elle préfère un premier contact téléphonique, un timbre de voix, quelques réponses à des questions de base. Elle a cédé aux échanges de SMS pour des reports ou des annulations de rendez-vous, et note, au passage, qu'aujourd'hui certaines personnes vont jusqu'à appeler l'analyste par son prénom. Inconcevable il y a dix ans ! Voilà pour les outils de la modernité !

Il lui est arrivé de revoir certains patients longtemps après quelques séances, et de s'entendre dire : « Vous n'avez pas changé… » Preuve qu'ils l'ont regardée, et ont observé ses faits et gestes.

– Eh c'est bien normal, notre corps vieillit, il émet des bruits que les patients entendent, nous avons aussi des soucis de santé, des coups de fatigue, ils nous voient marcher, nous asseoir, nous lever, ils perçoivent parfois nos difficultés, nos endormissements passagers. En face à face, ils scrutent nos expressions, nos réactions, c'est une relation à deux, même si nous sommes plusieurs sur la scène psychique. Notre propre psychisme évolue, il a pris des coups, nous connaissons des accidents de la vie, et si nous ne sommes plus en phase avec la réalité extérieure de nos patients, nous devons accepter de quitter la scène, refuser de trop jeunes patients. En supervision, je vois des jeunes thérapeutes mais ils viennent pour apprendre, pour m'entendre parler de cas cliniques et cela me réjouit de transmettre. En revanche, je ne prends plus de personnes qui entament une longue analyse… Bref, nous nous devons d'être contemporains de nos patients, d'être dans le même flux.

– Avec l'expérience, qu'est-ce qui a changé face à vos patients ?

– Je me suis assouplie, je ne m'accroche pas aux dogmes, je n'écoute plus de la même façon, j'ai moins d'inquiétude. Et je ne vis pas qu'en psychanalyste, j'en connais qui ne vivent que pour et par l'analyse. Je réduis le nombre de consultations, je prends plus souvent quelques jours de vacances. Mais je l'avoue, ma terreur est d'oublier un rendez-vous. J'ai une grande mémoire professionnelle, je me souviens de toutes les histoires de mes patients, de leur oncle, de leur grand-père. Mon expérience m'a éloignée de quelques contingences... Je ne peux plus lire de romans, la réalité que me disent les patients, leurs narrations sont bien plus fortes que tout ce que l'on découvre dans la littérature contemporaine.

Je m'arrêterai quand je n'aurai plus envie d'ouvrir mon cabinet le matin, ou quand ma curiosité, mon envie d'aider quelqu'un, se seront émoussées.

C'est sans doute cela que l'on nomme l'hygiène de l'analyste ! »

Chapitre 2

La vie exhibée

Lorsque Dolto paraît...

La psychanalyste Françoise Dolto a été la première à mettre en lumière, ou plutôt en ondes, les mystères des comportements de l'enfant, jusque-là et encore aujourd'hui confiés à des psychanalystes ou des psychologues.

La dame a disparu en 1988, mais nous avons rencontré Jacques Pradel, son complice radiophonique. Il a tout de suite répondu à notre demande, ravi et ému d'évoquer cette période essentielle de sa vie d'animateur.

Il avait vingt-huit ans. Plus de quarante ans ont beau avoir passé, quand il entend le nom « Dolto », Jacques Pradel sort toujours son plus beau sourire. La star de *Perdu de vue*, l'émission choc de TF1, qui lui vaut encore d'être reconnu dans la rue aujourd'hui, donne à jamais une place très particulière à un autre temps fort de sa vie : les années radio, et ce « couple », c'est le mot qu'il choisit, pour célébrer sa complicité avec Françoise Dolto sur les ondes de France Inter.

Quand il rencontre la toute première fois la psychanalyste, il ne peut pas imaginer qu'il va écrire, avec elle, un temps très fort des médias et tout simplement de la vie des Français. Il ne connaît d'elle, sans tout comprendre, que *Le Cas Dominique*, l'un de ses ouvrages qui relate un cas clinique. Mais Françoise Dolto est très claire :

« Je ne fais pas de psychanalyse, je viens donner des conseils, faire du bon sens, et je suis légitime, car je m'occupe d'enfants. »

Nous sommes en 76, au cœur des années Giscard. Pas de gros nuages de crise économique, et même des réformes qui apportent de nouvelles libertés, comme la loi sur l'avortement, ou la majorité et donc le vote à dix-huit ans. En 76 ? Le calcul est facile à faire, huit ans après Mai 68. Autant dire que les étudiants du joli mois de mai ont, pour la plupart d'entre eux, fini leurs études, trouvé un travail et pour beaucoup sont devenus parents.

Alors, quand la grande radio nationale, France Inter, propose un rendez-vous dédié aux enfants, l'intérêt est immédiatement immense.

Pour preuve, nous sommes beaucoup à dire aujourd'hui que l'émission intitulée *Lorsque l'enfant paraît* durait une heure, au moins... Mais Jacques Pradel corrige : « Pas du tout, six, sept ou huit minutes, le temps de traiter une ou deux lettres d'auditeurs ! En fait, c'était comme une page insérée dans le programme de l'après-midi, *Le temps de vivre*. »

Mais quelle page ! Succès total. Plus de deux cents lettres par semaine, venues de tout le pays, de toutes les classes sociales, et donc pas seulement des anciens des barricades qui rêvaient de révolution mais sont désemparés face à leurs « petits », les crises de pleurs, les rébellions au moment des repas, les angoisses quand un couple se sépare. Etc.

Des lettres, parce que Françoise Dolto, qui a hésité avant de dire oui, a posé ses conditions à la direction de la radio. La base, c'est le courrier. Histoire d'obliger celles et ceux qui cherchent des conseils à trouver les mots, puis à les écrire, élaborer leur pensée, avant d'aller poster la lettre. Le contraire de la pulsion. Elle avait même imaginé un auditeur écrivant sur le long terme, relisant sa lettre, et comprenant de lui-même sa problématique. À la grande surprise de l'animateur, cette lettre est arrivée, un jour...

Il est vrai que Françoise Dolto, née Marette, a déjà un passé épistolaire. À huit ans, elle perd un oncle aimé, parti sur le front en 1916. La fillette est triste, elle écrit une lettre grave au Père Noël.

À vingt-quatre ans, Françoise est l'une des rares jeunes femmes à faire une analyse, à raison de trois séances par semaine, qui lui permet de se libérer de la folie castratrice et morale de sa mère, qui la culpabilisait après la mort de sa sœur aînée.

En 1962, Jacques Marette, son frère, nommé ministre des Postes et Télécommunications, lui demande si elle veut bien répondre à toutes les lettres en souffrance que les petits Français écrivent au bonhomme à la barbe blanche. Déjà psychanalyste, Françoise Dolto est vivement critiquée par ses confrères. Le temps passe... La secrétaire d'État à la Famille lui fait la même demande en 1982, qu'elle accepte. Les réponses sont cependant infléchies, plus graves, plus lucides, plus réalistes. Le merveilleux, la magie attendus par les petits n'y sont plus. Françoise Dolto a vieilli, son mari Boris est mort, elle ne veut plus faire semblant d'y croire, même au nom de l'enfance. Il lui restera, de cette expérience de secrétariat du Père Noël, le goût des lettres.

Dans la France de 76, il n'y a ni smartphones – donc pas de SMS –, ni mails, et pas davantage de réseaux sociaux. Même si le téléphone existe, puisque sur l'ancienne Radio Luxembourg, depuis 1967, la vaillante Ménie Grégoire dialogue avec les auditeurs, séduits par millions.

Françoise Dolto défend une conception inverse. Pas de précipitation, un minimum d'émotion, ça tombe bien tant ce mot est aujourd'hui galvaudé. Les après-midi de l'antenne de service public revendiquent leur différence.

Ces lettres sont toutes lues, puis retenues ou écartées. Critère principal : des histoires à la première personne, mais qui ont un caractère universel ; et même si on ne se sent pas directement concerné, ce qui est évoqué peut intéresser tout le monde.

« On ne cherchait pas des moutons à cinq pattes, précise Jacques Pradel, mais plutôt des situations quotidiennes, auxquelles beaucoup de gens étaient confrontés, du pipi au lit jusqu'à des problèmes beaucoup plus existentiels, comme parler de la mort à un enfant. Les seuls sujets interdits : le suicide et l'inceste, parce que ce sont des tabous dont il est difficile de parler, même et surtout en radio.

Et parce que toute société a besoin d'interdits et de limites. Dans ses remarques et ses conseils, elle n'a jamais été moralisante, ni culpabilisante ; plutôt respectueuse de l'enfant... Aujourd'hui certains disent d'elle qu'elle a ouvert la porte au laxisme, à l'enfant-roi. Je ne crois pas. Derrière cette souplesse, il y avait justement une grande fermeté dans ses principes éducatifs. Je me souviens de ce qu'elle m'avait dit à propos de son fils, le chanteur Carlos : elle était très prise par son travail théorique et pratique, son besoin de transmettre. Et son fils devait être en manque de sa présence, car elle l'a trouvé quelques fois, la nuit, couché sur le paillasson, devant la porte de son cabinet, qui jouxtait l'appartement familial... Je me souviens aussi de sa manière de rassurer des auditeurs : dans sa lettre, une femme, qui venait d'accoucher, était très malheureuse de ne pas avoir de montée de lait. Françoise lui a alors raconté que du temps où elle était infirmière, elle avait connu une femme dans le même cas. Elle avait pris la parturiente dans ses bras, l'avait fait parler de sa mère, et cette conversation l'avait déculpabilisée et apaisée. Je crois que c'était une manière de dire à l'auditrice de penser à sa relation avec sa mère... Les vertus de la parole et donc de la psychanalyse ! »

Françoise Dolto, sa fille Catherine, médecin généraliste, et Jacques Pradel. Le trio studieux se retrouve une fois par semaine, le vendredi, dans l'appartement de la psychanalyste, rue Saint-Jacques à Paris, pour enregistrer les dialogues radiophoniques. Car l'animateur qui avait imaginé couper ses questions, pour ne pas apparaître, ou le moins possible, est sermonné. La maîtresse des lieux, solide dans son fauteuil mauve, tient absolument à sa présence. Elle n'a pas besoin d'un speaker, mais d'un accompagnant prêt à intervenir. Comme pour incarner les voix d'un père et d'une mère ou grand-mère, qui dialoguent autour de l'enfant. Et comme il est impossible de traiter tout le courrier, la psychanalyste se permettra souvent de recontacter des auditeurs, pour leur donner un conseil plus personnel, voire les diriger vers tel confrère ou telle consœur. Un annuaire de psychologues et de psychanalystes est d'ailleurs à leur disposition.

Cela tombe bien, Jacques Pradel est déjà papa d'une petite fille de cinq ans, et à nouveau père de jumelles. Les questions des parents sont donc aussi les siennes, et celles partagées par sa compagne. Dès les premières émissions, il chérit ce rendez-vous, se dit « doltoisé ». Hors antenne, il poursuit souvent la discussion, avec par exemple cet épisode qu'il s'est permis de soumettre à Françoise Dolto.

Sa petite fille de cinq ans est très attirée par une fenêtre de l'appartement familial, comme si elle était aimantée par le vide... Frayeur des parents qui commencent par le tout premier réflexe, alerter l'enfant sur le danger qu'elle court, et même lui faire peur en lui disant qu'elle peut tomber. Rien n'y fait. C'est alors qu'intervient Françoise Dolto...

« Changez d'attitude, conseille-t-elle, profitez d'un moment où votre fille est occupée à toute autre chose, pour parler avec votre compagne du danger de cette fenêtre, et de votre crainte pour elle, vous verrez, elle captera. » C'était en effet la bonne idée, la petite n'a plus approché la fenêtre, raconte aujourd'hui Jacques Pradel. Un souvenir indélébile qui, pour lui, nous dit beaucoup sur Françoise Dolto, très soucieuse d'apporter des réponses simples et claires.

Alors tant pis pour tous ceux qui l'ont dénigrée et caricaturée, parmi eux nombre de ses pairs, incapables, à l'époque, d'admettre la démarche médiatique, ne jurant que par des publications spécialisées et souvent confidentielles. Mais à la veille de grands bouleversements planétaires, la place de l'enfant dans la société devient, ces années-là, un sujet majeur. Après tout, ces petits seront les jeunes adultes de l'an 2000 !

Jacques Pradel ne fera hélas qu'un court chemin avec celle qui est devenue son amie, et qui aurait pu être sa grand-mère. Deux ans et demi plus tard, la direction de France Inter exprime d'autres envies. Fin brutale et douloureuse, autant pour tous ceux qui étaient devenus fidèles, via leurs transistors ou leurs autoradios, que pour le « couple » lui-même.

Reste l'essentiel. Ces deux voix mêlées ont apporté beaucoup de sagesse et de calme à des parents souvent désemparés. La psychanalyste, qui ne s'est jamais présentée ainsi à l'antenne, n'avait pas de solution miracle, mais simplement un immense bon sens…

C'était une grand-mère rassurante, aime à répéter Jacques Pradel, qui voit en elle une « Miss Marple de la psychologie », une dame brillante, toujours déterminée à trouver de bonnes pistes.

Tout jeune dans la vie et dans le métier, au moment de cette rencontre, Jacques Pradel ne remerciera jamais assez ceux qui lui ont fait croiser cette « dame ». « Elle m'a rendu adulte, dit-il, marqué à jamais par son empathie, sa façon de faire. Et peut-être, comme elle le souhaitait et l'exprimait, avons-nous évité quelques névroses… »

Mission accomplie ! Pas de doute, dans l'histoire complexe de la France et de ses psys, il y a un avant et un après « Dolto-Pradel ». Magie des rencontres et force de la radio, avec pour seules images celles de notre attention aux voix, pour approcher le plus possible… le bonheur ? !

L'intervention quotidienne de Françoise Dolto a donné le *la* d'une symphonie, puis d'une cacophonie de confidences radiophoniques. Si le besoin de parler est une évidence, l'écoute n'est pas toujours adaptée sur le plan psychologique. La parole, à l'abri de l'anonymat, se répand sur tous les tons, on parle enfants, mal-être, solitude, mais aussi sexe, porno, violences conjugales, harcèlement moral. Un fourre-tout de sentiments et de mots, qui prospèrent aujourd'hui sur des centaines d'antennes. Ce ne sont pas toujours des psychologues diplômés ou des psychanalystes qui apportent des réponses, parfois des thérapeutes à peine formés, parfois des animateurs. Il n'empêche, les antennes ouvertes font florès, avec plus ou moins de rigueur, et n'apportent de soutien que le temps du direct alloué aux auditeurs, entre deux pubs, deux pauses musicales ou deux flashes d'information. On n'est plus dans un début de cure en bonne et due forme, mais dans un exutoire maîtrisé… Heureusement que des psychologues ou des psychanalystes sérieux continuent d'orienter les demandes des témoins, vers des professionnels de la psyché. Pour les autres, c'est sans garantie… Le job est fait, on écoute, on parle, le soutien s'arrête avec le jingle de fin d'émission.

« Françoise Dolto a pris grand soin des petits, grâce à elle l'enfant est devenu une personne, nous avons compris que l'on pouvait communiquer avec lui. Certes l'enfant roi est aussi issu de cette prise en compte, mais cela a échappé à Dolto, et si certains la dénigrent aujourd'hui, c'est hélas le sort des grands théoriciens. Pourtant cette vision de l'enfance a profondément changé la prise en charge psychologique des femmes. »

Celle qui fait ce constat est une spécialiste de l'enfance. Patricia Chalon, à la tête de son association *Enfance Majuscule*, au service des enfants maltraités. « Biberonnée » à la psychanalyse, nantie de son diplôme de psychologue clinicienne et rompue à l'analyse systémique (après cinq ans de formation), Patricia, femme dynamique, brune, cheveux coupés au carré, a été directrice des programmes jeunesse de France 2, puis elle a pris la succession de sa mère Simone Chalon, qui a sorti l'inceste et les violences des quartiers pauvres. Si elle reconnaît que la psychanalyse a été une arme majeure pour combattre les névroses et la découverte de l'inconscient, une véritable révolution, elle est restée sur sa faim en réalisant qu'elle n'apportait pas de réponse satisfaisante aux patients qu'elle recevait.

– La psychanalyse est un sacerdoce, elle a évolué dans un cercle très fermé, instaurant une dictature du savoir, et des rituels impénétrables pour rester entre soi. En psychanalyse, il faut des mots tout de suite, or en cas d'accident grave on ne peut y recourir, elle laisse trop de paramètres de côté. J'ai donc eu recours à la thérapie systémique, une analyse basée sur une méthodologie transdisciplinaire, qui permet d'étudier le sujet dans sa globalité, sa complexité. À la différence de la théorie freudienne, on prend en compte les relations, les interactions qui entourent le sujet. Cela entraîne une dynamique au cœur de l'environnement du patient. Je prends sa vision du monde et je la travaille avec lui… Je m'occupe d'enfants, ils ne sont pas en analyse. Freud a fait du mal pour les enfants maltraités, qu'il a inclus dans le fantasme du père, et en plus il a manqué de courage par rapport aux femmes.

Mais je vous avoue que je ne prends plus de patients, la maltraitance des enfants, l'écoute des violences me rendent malade, au sens propre et figuré du terme. J'ai fait un burn-out, je me suis retrouvée en urgence vitale, j'ai dû tout arrêter un certain temps.

– Que pensez-vous de la place donnée à l'enfant aujourd'hui ?

– On sollicite trop l'enfant, le développement de son cerveau suit son cours, il ne sait pas, ne peut pas gérer ses émotions. Or dès qu'il présente une autonomie apparente, on l'inonde de technologie, on le met devant la télévision, ou devant une tablette, un ordinateur. Les parents eux-mêmes s'y perdent, ils viennent nous voir à l'adolescence, lorsque tant de choses sont déjà jouées. Ils sont débordés par des conseils, des injonctions. Et pendant ce temps-là, les pédocriminels se saisissent de tout, ils traquent les réseaux sociaux. Je suis désespérée par la société dans laquelle on vit, tout s'accélère, on ne prend plus le temps de digérer les stades du développement de chacun. On ne médiatise pas assez les problèmes de la violence faite aux enfants, un peu plus celle faite aux femmes. Je vais passer un diplôme pour l'expertise d'enfants, il y a encore un long chemin à faire… »

À la fin de notre entretien, Patricia Chalon est repartie dans le bureau attenant au sien. Son assistante l'attend, son carnet est chargé de rendez-vous, d'actions à imaginer et à mettre en place. Patricia Chalon continue de s'occuper de ses petits patients, de leurs parents, interrogeant sans cesse une société exigeante qui les malmène, sans tenir compte de la fragilité psychologique des uns ou des autres.

Tous les cinq jours, un enfant meurt des violences commises par sa famille.

Médiatiser encore et toujours relève à ce niveau-là d'une mission de santé publique.

Au cœur de la nuit et des ondes

21 heures. Un soir d'octobre, nous la retrouvons dans un bar très fréquenté, à Neuilly, près de RTL, la station de radio où elle travaille. Elle est pimpante sur ses bottines à talons, habillée de noir, boucles

d'oreilles à peine masquées par sa chevelure brune, qui encadre un visage souriant aux traits réguliers presque mutins. Ce soir-là, nous avons une envie irrésistible de connaître les coulisses de ce qui est devenu une incontournable émission de radio, *Parlons-nous*. Celle qui justement fait parler, et remporte un indéniable succès.

Elle, c'est Caroline Dublanche, célèbre psychologue des médias dans notre pays. Et pour cause. Son métier est unique. Ni journaliste, ni animatrice, elle profite en fait de toute son expérience – son art, sa profession – pour plonger dans des échanges forts avec celles et ceux qui l'appellent, avec, en prime, un immense public à l'écoute. Lors de notre conversation, elle évoque le film *Nuits blanches à Seattle*, avec Meg Ryan, Tom Hanks et la radio qui les réunit par-dessus les fuseaux horaires.

Aujourd'hui à RTL, hier à Europe 1, grâce à Jérôme Bellay, avant-hier à l'écoute des autres dans un centre antidouleur, ou sur une ligne téléphonique ouverte, au Planning familial aux côtés de jeunes filles, puis dans son cabinet. Qu'elle a fermé depuis peu, car incompatible avec sa parole publique quotidienne. Psychologue clinicienne de formation, elle continue de se faire suivre par un psychanalyste, en supervision, pour évacuer les cas qui lui posent question.

Comme elle, il faut dire que depuis toujours les Français aiment la radio, malgré toutes les concurrences. Et, en particulier, celles et ceux qui traversent des moments difficiles savent que pendant deux heures et demie, Caroline sera à leur écoute. Un temps volontairement long, sans aucun artifice. Brut et fort, par définition. Une adéquation idéale pour dénouer une situation, exprimer des doutes, des émotions, des sentiments, et ce dans une enveloppe nocturne, inquiétante pour les uns, apaisante pour d'autres.

Comme l'explique Caroline Dublanche, les appels sont comme des pulsions, des actes courageux ; on n'entre pas dans un cabinet, un cadre thérapeutique, sous le regard du psy, avec à la clé le paiement. La radio, l'anonymat, la nuit, le ton de confidence désinhibent et permettent la catharsis, plus particulièrement, précise-t-elle, dans les parcours de dépendance. « Caroline », c'est ainsi que les auditeurs s'adressent à elle, comme ils auraient eu envie ou besoin de se confier à leur grande sœur ou à leur jeune tante. Avec sans doute ce sentiment assez étrange de déjà la connaître, « depuis le temps... »

Elle aurait pu tenter, nous explique-t-elle, une aventure à la télé mais elle en est certaine, l'image viendrait tout compliquer. Aucun regret.

« Être psychologue dans une émission de télé, c'est antipsy, à cause de la préparation du plateau, de la mise en scène, du formatage de la parole, de la lumière braquée sur les protagonistes et du rôle d'intermédiaire de l'animateur. On oublie qu'à l'origine, la psychanalyse s'attache aux secrets, à l'intime, à la singularité de chacun, c'est de la haute couture. »

À ceux qui la sollicitent, elle montre une extrême attention, puis elle prend sa place dans la conversation... Elle lance alors, avec précision, ses propres mots comme autant de bouées de secours. Voilà ce que nous connaissons tous d'elle. Oui, Caroline Dublanche existe, bien au-delà de la voix que nous sommes si nombreux à écouter, depuis plus de vingt ans ! Un ton doux mais jamais mièvre. Un zeste d'accent du Sud-Ouest.

Pour percer le mystère de ces échanges, nous voilà donc avec elle ce soir d'octobre, juste avant le programme, dans cette nuit installée depuis longtemps.

On approche de l'heure du rendez-vous sur les ondes. Caroline se cale derrière son micro. Un casque sur les oreilles, devant elle un ordinateur et quelques notes, et sur la chaise la plus proche, elle a posé son grand sac en paille, qui témoigne d'un goût certain pour l'évasion et le voyage.

22 heures et quelques secondes ! « Le rouge est mis », comme on dit dans le métier, quand le direct commence. Rouge, c'est la couleur de la radio ! Sur de grands écrans apparaît alors son nom, le titre de son émission, *Parlons-nous*, et le slogan de la station, la plus écoutée de France, « On a tellement de choses à se dire ». Belle harmonie, dans une lumière volontairement adoucie, comme on aime la retrouver chez soi, après une longue journée de travail.

Cette nuit-là vont se croiser Christophe, Estelle, Monique, Marie, Jean-Luc, Bernard...

Chacune, chacun vit un moment clé de sa propre existence, ou veut apporter un témoignage. Les auditeurs qui se sont manifestés ont juste donné, hors antenne, quelques infos sur leur cas, mais pas davantage. Vrai ou faux prénom, ou celui d'un proche. Comment savoir ? Pas de lieu reconnaissable non plus. Pour Caroline Dublanche, tout juste des indices, préparés par Paul, qui lui serviront à aider les plus timides ou les plus confus dans leur tête.

Ce soir, se mêlent les angoisses d'une mise à l'écart au travail, l'obsession amoureuse qui tourne mal et révèle des fragilités, la difficulté d'une jeune femme à accompagner un père malade, décalé dans son existence, affublé de toutes les pathologies, puisqu'il est confus, lent dans sa démarche, victime d'un hématome cérébral, atteint par le syndrome de Diogène, etc. Parce qu'aujourd'hui, l'autodiagnostic est monnaie courante. Les mots-valises de la psychologie et de la psychiatrie sont piochés, sans discernement, sur Internet. Que de fois on entend dire ici ou là « Je suis Asperger », « Il est un pervers narcissique », « Je suis bipolaire », « Elle fait un burn-out »... Et encore bien plus, car derrière chaque histoire, d'autres réalités soudain apparaissent. Elles relèvent du social ou de la psyché, mais toutes restent empreintes de vérité. Le carrefour des émotions fortes et de l'appréhension, voire la peur du jour d'après. Toutes et tous n'ont pas la même facilité à trouver la juste expression, pour expliquer simplement l'épreuve qu'ils traversent, mais Caroline Dublanche encourage le récit, par ses questions et ses silences. Si les plus hésitants prennent rapidement tout l'espace nécessaire, les autres ne peuvent cacher leur trouble. Alors l'hôtesse des lieux s'adapte, elle sait orchestrer les complaintes. Variations nécessaires pour trouver le chemin des solutions. Mais l'attention, l'empathie n'empêche pas un tempo plus directif. En fait il s'agit bien, pour la psychologue, de permettre à chacun de retrouver une autonomie dans la confusion des sentiments qui assaillent. Plusieurs fois le même conseil revient, « ce serait bien de consulter », mais rien de systématique. La priorité : simplifier les termes du conflit, pour retrouver une base et faire le tri entre l'essentiel et le superflu. Nous sommes sur des ondes, à la radio, pas dans un cabinet... On écoute des témoignages, pas des inconscients, quoique... On imagine des visages, des corps et des gestuelles, des solitudes et des ombres dans le salon ou dans la chambre. Mais comment créer un lien plus étroit sans le regard ?

L'assistance psychologique de Caroline Dublanche n'est qu'un début pour l'auditeur, à lui de décider s'il continue de parler ailleurs et autrement. Avec l'un, ce sera court parce que très dense, et finalement assez souriant, avec l'autre, deux fois ce soir-là, Caroline Dublanche ferme puis ouvre des portes, vers des possibles, sans précipitation.

À la fin elle positive, toujours. Et si nécessaire, le dialogue, nous explique-t-elle, se poursuit après, pour les cas les plus délicats, et en totale discrétion. Quelques-uns donneront de leurs nouvelles des semaines ou des mois plus tard, mais ils sont rares.

Ici et maintenant, voilà comment les choses se passent. Forte responsabilité à assumer, en pensant aussi aux auditeurs qui, dans telle ou telle histoire, peuvent trouver des points communs avec leur propre vécu.

Besoin éternel.

« Le monde, dit-elle, a besoin d'écoute, mais davantage aujourd'hui, car la solitude gagne. Encore plus, au milieu de la fièvre des réseaux sociaux, planète que j'ai choisi de ne pas fréquenter. Oui, j'ai un smartphone, mais depuis peu. »

Et comme le rire est le propre de l'homme et de la femme, il est au programme le plus souvent possible. Rire, parce qu'ajoute-t-elle, c'est une belle façon de faire triompher l'humain sur tous les malheurs qui nous poursuivent. Ou en tout cas de les contenir. Rire, pour faire passer le message qu'après la tristesse et les malheurs, le temps de la résilience est possible.

Rire aussi avec l'équipe qui construit l'émission. Ce soir-là, Paul, Marc et une autre Caroline, le trio qui l'accompagne dans son travail... tous s'esclaffent, quand Paul et Marc croient pouvoir passer Monique à l'antenne, mais qu'à chaque fois, boum, le téléphone devient inaudible, et rien ne va plus ! Ou quand Christophe, le chauffeur routier, au volant de son camion, accepte de donner un coup de klaxon, mais pas trop fort « pour ne pas réveiller les voisins » ! Il n'est pas loin d'une heure du matin. Le routier, forcément sympa, lance : « Merci Caroline... Vous êtes là pour ceux qui sont au bord du gouffre. »

La jeune femme écoute avec attention. Elle guide plus qu'elle ne résout le problème qu'on lui expose. Elle pose des questions pour élargir le contexte, elle donne un indice pour ouvrir un autre chemin, ou dédramatiser une situation. Elle sait que tous ces mots lâchés entre des pauses musicales ou des infos ne sont que l'écume des choses. De la psychologie pour permettre d'accéder à plus de profondeur humaine, mais cette parenthèse radiophonique, ce moment de lâcher-prise, conduira l'auditeur à interroger autrement son « symptôme » lorsqu'il aura raccroché. Une confidence peut être le déclencheur d'un travail plus approfondi, à chacun de saisir la perche, ou de la reposer...

Une autre voix, une chanson, envahit le studio et éclaire la nuit. *Les Vieux amants* de Jacques Brel. « Magnifique ! », enchaîne Caroline, « *de l'aube claire jusqu'à la fin du jour...* ». Oui, il y a toujours une bonne raison de se parler.

Parmi toutes les questions que nous avons tellement envie de lui poser, il y avait forcément celle-là : et après l'émission ? Sa réponse résonne comme un aveu.

« En général, j'ai beaucoup de mal à m'endormir, alors je lis, souvent des polars, je repense à tout ce qu'on a échangé, les mots, les histoires, avec parfois des regrets, mais c'est comme ça, la radio c'est le direct... ce qui est dit est dit. »

À quelques mètres du studio, sur le trottoir de l'avenue Charles-de-Gaulle, à Neuilly, nous respirons la douceur de l'air. Rien ne s'oppose plus à une bonne nuit de sommeil. Caroline Dublanche va retourner à son polar de la semaine.

Quant à nous, nous nous retrouverons le lendemain pour une autre voix du silence, qui remplaçait parfois Caroline Dublanche, sur Europe 1.

À la rencontre des patients

Elle est aussi blonde que Caroline Dublanche est brune. Sur Europe 1, les auditeurs ont entendu, par intermittence, sa voix au timbre plus grave, au débit plus concis, plus haché. Écoute attentive, réponses brèves, questions pertinentes pour comprendre une situation. Les psychologues de la radio se suivent mais ne se ressemblent pas.

Premiers jours d'automne et derniers rayons de soleil. Pour en profiter, nous rencontrons Sabrina Philippe à la terrasse d'un café parisien, qui soudain devient très bruyante. La machine à nettoyer la chaussée envahit notre conversation, mais la femme qui parle, aux cheveux longs et aux yeux bleu ciel, est imperturbable. Les jets d'eau sonores et les trépidations du moteur ne la gênent pas... Elle nous confie qu'elle aime les bistrots, qu'elle y organise des séances avec des patients, que parfois la parole se libère plus vite et plus naturellement qu'en face à face, dans un cabinet. Elle marche aussi avec ses patients, dans des parcs, la synchronicité, selon elle, offre un outil pour mieux s'exprimer. Pourquoi pas...

Depuis qu'elle est psychologue clinicienne, son seul credo reste la transmission. Celle qui voulait devenir écrivaine depuis son enfance a réussi non seulement à l'écrit, mais aussi à l'oral. Elle est professeure à l'École de psychologues praticiens, dans l'enseignement privé, pour des étudiants « curieux et passionnés » de troisième année.

En parallèle, des romans, des émissions de télévision à la grande époque de Jean-Luc Delarue, quatre ans de remplacements, en direct, au début de la nuit, à La Libre Antenne d'Europe 1, quelques apparitions « expertes » dans une émission de Jean-Marc Morandini sur les violences conjugales, ou encore des chroniques à propos des relations amoureuses sur le site de eDarling.

Les médias, elle connaît, et jamais ne les dénigre. À une seule condition : qu'on soit diplômé(e) d'État (le diplôme de psychologue clinicien est reconnu depuis 1985), qu'on ait une formation au long cours pour écouter et orienter toutes les âmes en peine de dialogue et d'introspection. Quand on a mal au corps, précise-t-elle, on voit un médecin, pas un guérisseur...

Selon elle, la psychanalyse est une pensée, une théorie analytique fondamentale, même si sa pratique est aujourd'hui dévoyée, jusqu'à ce que ça la fasse peu à peu disparaître. Elle reste une découverte historique primordiale, que Sabrina compare à l'invention du téléphone, qui met en lien les personnes et leurs pensées, leurs voix et leurs paroles.

Sabrina aurait pu continuer à travailler dans son cabinet, mais non, elle veut transmettre l'approche de la psyché, extraire par la parole et l'écoute la substantifique moelle du mal-être. Les médias constituent donc, pour elle, un important vecteur, malgré leur apport éphémère, pour orienter celles et ceux qu'elle écoute vers des psychologues ou des psychanalystes.

Elle sort du cadre habituel certes, un peu pour se chercher, un peu pour vivre des expériences variées, mais toujours rester au service des autres. Après tout, si les gens vont mal, il est important de s'adapter à l'époque, de quitter la mythologie viennoise pour soigner autrement, à l'heure de l'immédiateté. Pour justement préserver le sens originel de la cure analytique. Parce que, s'agace Sabrina, l'arnaque existe aussi en psychanalyse, elle a connu des praticiens qui ont ruiné des patients à raison de trois séances par semaine à des tarifs exorbitants ; alors que le but d'une analyse ou d'une psychothérapie est de les accompagner, de les mener, à leur rythme, vers l'autonomie et l'indépendance, sans leur infliger, en plus, une pression financière.

« Je n'ai pas hésité à travailler avec Jean-Luc Delarue. À partir de 1995, grâce à ses émissions sur France 2, on a pu parler, en famille, des maladies, de la drogue, de la solitude, de toutes les entraves psychopathologiques de la vie quotidienne. J'étais contente d'expliquer la psychologie à des journalistes, de vulgariser des concepts psychanalytiques peu connus. Je n'étais pas dans un rôle de thérapeute, mais de transmission. On répondait ensuite sur Internet, ou par courrier, on orientait les gens vers des thérapeutes confirmés. À l'écran on ne voyait que le résultat d'un long travail d'entretien, avant, pendant et après toutes les émissions. Jean-Luc Delarue a été un formidable moteur pour démocratiser la psychologie, comme Françoise Dolto en son temps, en 1975, sur France Inter. Il a permis de libérer la parole, même si, hélas, il n'a pas pu se soigner lui-même.

J'ai aussi aimé la radio, on y est dégagé de l'image, l'intimité se crée, à l'abri de l'anonymat. Je précise quand même que j'ai travaillé aux urgences psychiatriques de nuit, que j'y ai vu des choses terribles, comme arriver dans un appartement parisien, au sol jonché de paille, où vivaient deux psychotiques, complètement paumés. Alors entendre des voix se confier, exprimer leur désarroi ou leur désespoir, au téléphone, c'est peut-être éviter le pire. Il est vrai que ce n'est qu'un concentré, mais là encore, on oriente vers des thérapies adaptées à l'auditeur, à sa demande. »

Comment marche cette antenne ouverte à toutes les confidences ? Les cinq ou dix appels retenus, chaque nuit, sont filtrés par des assistants, qui écoutent et sélectionnent les interlocuteurs sur leur manière de s'exprimer, éliminant d'emblée ceux qui semblent alcoolisés. Pas de thèmes tabous ni d'indice d'identité des appelants. Les problèmes évoluent, les témoignages aussi : Sabrina est confrontée à plus de perversion, de problèmes d'emprise dans le couple ou la famille, de relations toxiques avouées. Et une augmentation des addictions, surtout à l'alcool, pour une majorité d'adultes entre vingt et cinquante ans. Là encore, une prise de parole à la radio reste une très brève « thérapie », mais elle peut inciter à consulter sur du plus long terme.

Chacun cherche le meilleur moyen de sortir d'une impasse psychologique, mais ne parlez surtout pas à Sabrina des coaches. Oubliés la douceur de son débit, son regard attentif ! Elle s'énerve.

« Je ne supporte pas les coaches à tout faire. Coaches de vie, coaches pour bien manger, pour bien se sentir. C'est terrible, ils se disent thérapeutes après une formation d'un week-end, d'une semaine au maximum. Où sont leurs diplômes ? Les psys ne sont pas des commerciaux, ils ont parfois du mal à s'exprimer dans les médias, à dire en trois phrases ce qui relève des problèmes de toute une vie. Mais les coaches, eux, savent faire, ils paradent et ne résolvent rien, certains sont même dangereux, ils coûtent cher et laissent leurs clients en rade. Ils préconisent le bien-être, pas d'être bien... Pour tout vous dire, l'avenir m'inquiète un peu : à quoi serviront les psys si on continue d'être des enfants éternels, de jouer chacun dans son coin, de laisser des petits le nez collé aux écrans, de s'habiller comme nos ados ? Et de vieillir, longtemps, isolés, de repousser la mort, ses rituels, son image... ? Que deviendront la parole, la relation à l'autre ? Par où, par quoi passeront-elles ? »

Gageons qu'elles continueront de passer par les ondes encore longtemps. Ou par des algorithmes, ou des semblants de thérapies au téléphone, à domicile, tant d'ersatz de la psychanalyse, qui la première a libéré la parole.

Reste que sa démocratisation ne s'est pas faite sans risque. On a connu, on connaît encore, peut-être plus que jamais, des dérives, des excès, des problèmes exposés jamais résolus. Des témoins qui se sont livrés via les médias, puis se sont retrouvés les mains vides, l'esprit confus, le cœur ballant, encore plus perdus après avoir parlé. Personne derrière l'écran ou le micro pour prolonger l'écoute, orienter la personne vers une vraie thérapie.

La psyché ne se réduit pas à « un problème = une solution », un mode d'emploi ou un kit à monter tout seul. Il faut du temps, de la nuance, de la patience, et un guide, pour aller au fond de soi, associer nos pensées, y trouver ce qui nous individualise, nous singularise. Certes, il est possible d'apparaître de temps en temps sur un plateau, de suggérer une solution à un cas très précis, de dispenser des conseils, sans que cela fasse du « psy » un mauvais guide. Encore faut-il être formé, avoir une écoute professionnelle, une « neutralité bienveillante » pour répondre.

Palabrer à tout bout de champ, à propos de tout ce qui touche, de près ou de loin, à la psyché, se faire passer pour un expert, c'est juste flatter son narcissisme, chercher à appâter le client et faire du spectacle. Or le spectacle n'a rien à voir avec la psychologie ou la psychanalyse. Il n'est que bruits et lumières, voire escroquerie intellectuelle.

De l'éthique avant toute chose… Claude Halmos est une psychanalyste qui a accepté des chroniques à la radio et qui répond à des cas précis dans *Psychologie Magazine*. Au cas par cas comme, avant elle, Françoise Dolto, en aiguillant toute demande vers une résolution possible du problème exposé. Selon elle, l'exercice est difficile pour un professionnel, les êtres humains ne sont pas « des objets de grande série, tous semblables, que l'on pourrait réparer (comme dans un service après-vente) pour les remettre en service le plus rapidement possible. » Donner des informations générales, tenir un discours clair, permettre à chacun d'avancer et s'interroger.

« Être psychanalyste dans les médias suppose une éthique. Agir en fonction des conseils d'un autre revient à lui passer le volant sous prétexte que l'on a du mal à conduire. Un psychanalyste n'est pas là pour dire aux gens où ils doivent aller. Il est là pour les aider à prendre conscience de la capacité qu'ils ont à trouver, eux-mêmes, leur route », a-t-elle expliqué dans une interview au *Figaro*.

Trop de médiatisation tue la médiatisation, trop de bla-bla pseudo psychologique embrouille le message et génère des idées fausses, la transmission s'avère alors inutile, voire néfaste. Quand on est un professionnel on ne peut guère avoir un avis sur tout. À trop en dire, les témoins et les spécialistes se mettent en péril et dénaturent le bien-fondé de la thérapie par la parole.

Transmettre encore et toujours…

Lui, il est « tombé dedans » par hasard, en 1993, en acceptant de présenter à la télé une émission sur le sida, aux côtés d'une journaliste. À partir de 23 heures le relais téléphonique marchait à plein régime. Passionné par des thèmes d'utilité publique et les évolutions de la société, Serge Hefez a trouvé une autre manière de transmettre son savoir de psychiatre-psychanalyste, hors des murs de l'hôpital.

Il a ensuite participé à l'élaboration de deux séries d'émissions, « Accro » et « Psyché », sur France 5. Du coup, il a appris un nouveau métier : trouver les mots justes, efficaces, vulgariser sans précipitation, faire de la pédagogie pour le plus grand nombre, sans compter le plateau, les caméras, les micros, les projecteurs, l'agitation avant le « rouge », l'oreillette. Bref tout ce qui brille, tout ce qui fait le spectacle télévisé, mais tout ce qui permet aussi de prendre le pouls d'une société forcément parcellaire dans le face-à-face intime de son cabinet. Il a même joué un psychanalyste dans le film de François Ozon *Jeune et jolie* (2013), sans complexe. Lui qui a suivi l'enseignement de Lacan, qu'il a jugé trop dogmatique. Et puis il aime les rapports avec les journalistes, qui l'aident, par l'échange et l'adaptation, à clarifier ses propos et ses idées. Il veut rester curieux des autres... Quelques-uns de ses confrères s'en offusquent ou ironisent... Mais divulguer un savoir n'est ni une faute déontologique, ni une faute de goût, sauf si la médiatisation devient une addiction (à soi-même) et prend le pas sur la pratique. Ce n'est pas le cas de notre interlocuteur qui explique sans éditorialiser.

En revanche, il a peu apprécié ceux qui ont pris des positions publiques réactionnaires à propos du mariage pour tous.

Son cabinet, au centre de Paris, est vaste, lumineux, le sol couvert de tapis, le divan aussi... Des livres plein les murs, quelques fauteuils confortables et un grand bureau encombré juste ce qu'il faut... Serge Hefez, en jean et chemise blanche, est souriant, aimable, il semble ouvert à toutes les questions.

– Pour *Jeune et jolie*, François Ozon m'a contacté pour me parler du rôle de l'adolescente dans son scénario. Nous avons travaillé ensemble sur le personnage, puis particulièrement sur la scène où je joue... Il m'a demandé de jouer le rôle du psy, ce que j'ai accepté, à condition que mes répliques ne soient pas écrites à l'avance, celles de la jeune fille l'étaient. Je voulais rester psy, entendre une demande comme dans mon cabinet. Quand il s'est agi de répondre sur le paiement des séances, j'ai naturellement rétorqué qu'elle avait gagné son argent avec ses passes d'étudiante prostituée. Quant à la présence de la mère, elle est telle que dans la réalité, je demande toujours aux parents d'ados de venir à la première séance.

– Est-ce compliqué d'être un psychanalyste médiatisé ?

– J'ai refusé beaucoup de propositions, mais peut-être pas assez... De toute façon, avec Internet et la profusion des médias, mes patients savent qui je suis. Ils viennent aussi parce que mes prestations et mes travaux résonnent en eux. En revanche si quelqu'un me dit "je vous ai vu à la télé, j'aimerais vous voir...", je refuse car le transfert serait imaginaire, il m'a d'abord entendu parler, or en séance je ne parle pas ou très peu. Freud me fascine toujours autant, sa théorie a libéré l'être humain, mais ce dernier n'est plus le même que celui du début du XXe siècle, il évolue loin des carcans de la morale, du milieu bourgeois. C'est d'ailleurs dans ces conditions que Freud a pu observer l'hystérie, elle venait justement de conflits entre l'environnement de l'époque et le moi.

Aujourd'hui la réputation de la psychanalyse part à vau-l'eau parce que l'individu se choisit, il s'émancipe de lui-même. Il est libre, a priori dès l'enfance, mais cet excès de liberté précoce génère l'angoisse d'être soi, d'atteindre cet idéal. Il y a aussi un excès de médiatisation qui entraîne des troubles de l'estime de soi. On vend et on cherche à tout prix du bien-être, ce qui est censé renforcer le moi, alors que le nœud de l'histoire de chacun n'est jamais abordé. Cela étant, il est important que nous, psychanalystes, nous nous adaptions.

Je n'ai pas l'impression de faire un vieux métier ringard. La psychanalyse n'est pas un dogme, c'est une pratique. On aide les gens, je n'ai aucun doute là-dessus, même quand on fait de l'hypnose ou des thérapies conjugales. Mais je ne propose plus trois séances par semaine, comme le préconise la théorie freudienne, j'avance au rythme du patient, il arrive avec des bribes de savoir, il s'approprie le cadre de la thérapie. Pour ceux qui souhaitent être allongés pour une analyse, ce n'est jamais trop long, pour les autres, nous décidons ensemble...

– Cela coûte-t-il trop cher ? La diffusion du savoir donne aux gens l'impression d'en savoir beaucoup sur eux-mêmes, ils veulent des thérapies plus courtes, les croyant plus efficaces.

– Aujourd'hui les approches psychologiques sont complémentaires, on nous somme toujours de choisir, d'être ou/ou, moi je préfère et/et... On ne supporte plus que l'on empiète sur notre liberté, cela crée des solitudes.

Pour la psychanalyse, les tarifs ont été, et sont encore, excessifs chez certains confrères. Je suis psychiatre et conventionné, l'argent ne doit pas être un obstacle au soin, il faut que les thérapeutes s'adaptent aussi à la réalité de leurs patients. À ce sujet, je me souviens de l'un de mes premiers patients. L'homme est arrivé avec un attaché-case, des gants en cuir et une arme : il a ouvert sa mallette sur mon bureau et m'a dit : j'ai les preuves. J'avais à faire à un grand parano, j'ai donc annoncé un tarif exorbitant pour qu'il parte. Ce qu'il a fait... »

Vers quelle thérapie s'est tourné ce grand parano ? Mystère...

Le choix est large, depuis que la psychologie s'est emparée des antennes et que les psys sont devenus des « experts ». Experts de quoi ? De la psyché ? Des stress en tout genre ? De l'âme ? Du bonheur vite fait bien fait, en kit et à monter soi-même avec quelques notices divulguées par des gens pas ou peu formés ? Le bonheur ne se décrète pas, il se construit. Et d'ailleurs que signifie le bonheur ? N'est-il pas en chacun de nous, en notre aptitude à le trouver, pas à pas, dans une vie faite de pleins et de déliés ?

Revenons à plus de réalisme, et continuons à prospecter autour de la psychologie à la portée de tous. En se répandant dans toutes sortes de médias, en se « vulgarisant » à outrance, elle a contribué à réduire sa substantifique moelle, et renforcé, malgré elle, les fondations et la force de la psychanalyse, qui continue de suivre les méandres de l'âme humaine pour répondre, peut-être, au « Connais-toi toi-même » de Socrate.

Nous avons ensuite rencontré l'homme qui a permis de vendre la psychologie dans tous les kiosques de France et d'ailleurs. Un homme de presse qui a fait connaître de très bons psys, tout en permettant à d'autres, moins sérieux, d'exister.

La psychologie dans tous les salons

L'homme est en noir. Mais c'est un leurre.

Le vrai noir, celui qui broie les âmes et déchire les existences, il le laisse aux autres, à tous les autres. Quand il nous montre avec fierté son dernier livre, *Avec le temps, tout ne s'en va pas*, c'est justement pour contester le vers chanté de Léo Ferré... Il croit, lui, au sillon creusé dans l'espérance. Le contraire de la dégradation des esprits et des corps qui nous guette, « passé un certain âge ». Autre preuve, la pièce qu'il veut jouer avec sa femme Perla, *Nous aimons vieillir ensemble*, défi assumé pour ce couple où chacun a dépassé les quatre-vingts ans. « Oui, nous sommes vieux, proclame-t-il, elle et moi avons horreur du mot "senior" ».

Vieux, Jean-Louis Servan-Schreiber ?

Évidemment non, en tout cas pas ce jour-là. Il nous reçoit un début d'après-midi ensoleillé, dans le bureau blanc de son somptueux et très blanc appartement, décoré d'objets design, d'œuvres d'art et de tapis moelleux. Si près du parc Monceau qu'il est inutile, pour franchir ses grilles dorées, d'enfourcher une trottinette. La tenue noire de JLSS, on le saisit très vite, n'est là que pour abattre la carte de l'élégance et de la sobriété réunies. Dès les premiers mots, on comprend que l'homme regarde sans sourciller, ou à peine, le monde qui tourne. Son père a vécu la Shoah, alors il suit de loin ce monde où certains croient vivre en enfer, il ne voulait plus faire semblant de croire encore à sa comédie. Il a, reconnaît-il, peu d'amis, parce que sa famille est « grande et belle ». Et puisque « chaque journée devient précieuse », il organise sa vie, comme le mécanisme précis d'une montre unique au monde, puisque c'est la sienne.

Si nous avons voulu l'approcher, c'est pour saisir ce qui le fait encore courir, lui qui a entre autres fait exploser, en 1997, les ventes de *Psychologie magazine* qu'il venait de racheter. Le titre déjà existant était confidentiel, et ses fondateurs soupçonnés d'appartenir à une secte. Résultats : le magazine est passé de soixante-quinze mille à trois cent cinquante mille exemplaires.

Un secret ? L'intuition du businessman, qui l'a emporté sur tout le reste, et celle du journaliste qu'il a toujours été. Ce n'est donc pas un psychologue refoulé qui a agi. JLSS n'a jamais eu besoin de solliciter un thérapeute, affirmant qu'il écrit tous les jours, depuis l'âge de dix-sept ans, et qu'il en est déjà à vingt-cinq mille pages. On comprend ainsi qu'il s'offre une séance d'introspection quotidienne, gratuite, en plus. Écrire, c'est dire, certes, mais l'un n'empêche pas l'autre. On peut consulter, se faire accompagner, puis retrouver la solitude voluptueuse de l'écrivain.

L'amour infini pour la presse semble héréditaire, tant la grande famille a œuvré dans ce secteur. Papa avait créé *Les Échos*, le frère Jean-Jacques, avec Françoise Giroud, *L'Express*, sa première épouse *F Magazine*. Sans compter les Servan-Schreiber présents dans la communication et l'audiovisuel. Tradition familiale oblige, il avait, par nature, des ambitions assumées. Ce sera, en 1967, le groupe *L'Expansion*. Immense succès, qui illustre parfaitement les trente glorieuses et l'après-mai 1968.

Une époque où les gens se libèrent des carcans moraux, du conformisme sexuel. Ils vont bien, ils sont entreprenants et l'argent commence à compter dans une société prospère. Les corps exultent, les mots doivent suivre... Mais un peu avant l'an 2000, JLSS perçoit l'immense demande de sens et de bien-être, déjà constatée lors d'un voyage en Californie, où la psychologie positive fait florès, jusque dans les entreprises, où l'on n'ose pas encore parler de burn-out. Le triomphe pour lui, au moment de souffler ses soixante bougies. Ce sera donc la reprise du titre *Psychologie*, avec une surprise : les femmes, entre quarante et soixante ans, le plébiscitent ! Elles aussi travaillent, elles aussi pensent et comptent dans le paysage, sans rester cantonnées à l'univers strictement féminin qu'on leur impose depuis des lustres. Signe que la société française est en train de profondément changer : avoir, c'est bien, mais être, c'est essentiel, voire vital. Tout faire, tout savoir dans un temps qui se raccourcit. Les psys applaudissent la création du magazine, en tout cas ceux que, très vite, on retrouvera partout dans les médias, Boris Cyrulnik en tête. La psychologie à la portée de tous, de toutes, sur papier glacé, déclinée dans un esprit de service, avec une mise en forme glamour, comme on ne le disait pas encore alors. JLSS s'implique, il écrit et relit tout ce que l'équipe formée lui propose, pour ennoblir le propos et le rendre accessible.

– Pourquoi des "people" en couverture ? Ce n'est pas un féminin, ni un journal "people" ?

– Parce que faire un journal, c'est d'abord vouloir le vendre, nécessité absolue. Je n'avais aucune doctrine personnelle, simplement les questions traitées rejoignaient mes propres interrogations. Au départ, plutôt prudents, les annonceurs se rallient vite à la cause. La psychologie concerne l'individu, le journal concerne un large public, j'ai essayé de conjuguer les deux... Je me suis beaucoup amusé et en plus j'ai gagné de l'argent. Je l'ai revendu pour couvrir mes vieux jours, ajoute-t-il en riant.

La psy, ça marche ? Eh ! bien tant mieux. Autant entrer dans le XXIe siècle, en suivant les grandes tendances : la quête de soi, l'envie de vivre mieux deviennent alors publiques, médiatiques, donc avouables. Pourquoi toujours s'occuper de ce qui ne va pas, s'interroge JLSS, voyons aussi tout ce qui va bien... Écouter la demande, c'est la base. À cela s'ajoute, expression de l'air du temps, l'exigence de solutions rapides. La psychanalyse, à tort ou à raison, paraît trop mystérieuse et lourde. Priorité à l'immédiateté et donc au développement personnel. Jean-Louis Servan-Schreiber, lui, ne veut pas juger. Toute sa vie il a fait des journaux qui répondent à une attente. Vision pragmatique, car pas de lecteurs, pas de journaux.

« Et, précise-t-il, les restos nous engraissent, les journaux aussi. Par nature, l'homme est incomplet, il est en recherche permanente de ce qui peut le nourrir. Et s'il veut des gourous, il faut les lui donner. Le drame de la vieillesse c'est l'isolement, aujourd'hui je ne crée plus de magazines, les annonceurs sont frileux sur le marché des vieux, donc pour des raisons de santé mentale, pour rester ouvert à la vie, je lis et j'écris encore et toujours. »

Autant dire qu'il n'a aucun problème pour expliquer sa présence au salon Zen à Paris. Avec Perla, sa chère épouse, il a répondu à une invitation qui leur a permis de passer un excellent moment en jouant leur pièce. Le public, les visiteurs d'un espace faisant la part belle pendant quatre jours à la méditation sous toutes ses formes. « Agir sur sa vie », JLSS reprend à son compte le sous-titre actuel de *Psychologies*. Il revendique une méthode personnelle qui à l'évidence lui convient. Dans sa salle de sport privée, quarante-cinq minutes dédiées à son corps tous les matins. Une rigueur totale face aux nourritures terrestres. Ensuite, de vraies journées de travail devant son écran et ses bouquins, compagnons indispensables et permanents. Sur le bureau, à côté de l'ordinateur XXL, des ouvrages qui seront bientôt dévorés. Et les propres livres de notre hôte : un par an, depuis le changement de millénaire.

En quelque sorte, une psychophilosophie à la première personne. Se faire plaisir pour mettre à distance les angoisses et les agressions du temps qui passe. Et toujours des joies simples, comme par exemple écouter un quatuor de Beethoven, les yeux fermés bien sûr. Une évidence pour celui qui a eu la lumineuse idée de créer Radio Classique. Depuis, il l'a revendue. Elle aussi suit la tendance, et aujourd'hui elle veut ressembler aux autres stations avec ses matinales tout-info. « *Business and pleasure* », une devise de patron de presse !

Le temps d'achever cette enquête, voilà que JLSS tire sa révérence en novembre 2020, à l'âge de 83 ans, lui, comme tant d'autres emporté par la covid-19…

Les psys sur papier glacé

Et voilà ! 3 + 2 + 2. C'est l'équation du jour, là où nous nous retrouvons dans la lumineuse salle de conférence du magazine *Psychologies*, au nord de Paris avec, au loin, l'imposante colline de Montmartre. De la hauteur donc, pour « agir sur sa vie », puisque c'est la promesse affichée en sous-titre.

Nous voilà donc avec l'équipe qui nous reçoit, Flavia, Patricia et Isabelle, la « mémoire » du journal, son présent et son futur. Trois noms parmi d'autres, mais ils ne sont pas si nombreux à le faire vivre, Flavia Mazelin Salvi, Patricia Salmon Tirard et Isabelle Taubes. Mais en réalité, nous ne sommes pas seuls… Posés à même le sol, deux grands portraits nous regardent, Zinedine Zidane et Monica Bellucci. Le premier, sourire malicieux et énigmatique. Juin 2006. L'icône qui passionne et intrigue la planète est « sur le divan ». Comment résister à l'envie d'en savoir plus ? À ses côtés, le charme total de l'actrice italienne. Elle aussi se livre, on a évidemment envie de la suivre dans les méandres de ses pensées.

Nous y voilà. 3 + 2, et donc nous deux, pour un rendez-vous avec un vrai succès de la presse écrite, si mal en point par ailleurs, un féminin haut de gamme sorti d'une niche d'experts. De longs débats internes ont fait évoluer le journal. Résultat : à la manière d'un magazine féminin, *Psychologies* veut d'abord nous séduire, pas de doute là-dessus, et un titre qui se veut différent, en faisant le pari d'aborder les sujets les plus quotidiens ou les plus intimes. Cela va de « Ces petites phrases qui nous empoisonnent la vie » à « 7 clés pour sortir de la solitude », plus de gros dossiers comme « Le Japon, vitalité et sérénité » ou « Pourquoi avons-nous besoin d'être aimés ? »

En regardant ces couvertures, on se dit qu'après tout, on partage sûrement avec les idoles mondiales les mêmes préoccupations, de quoi nous rassurer, si besoin est ! Ou nous donner envie d'avancer dans la sphère de l'intime, tout en rendant la psychologie moins élitiste. Avoir des stars à la une n'empêche pas de traiter de sujets plus lourds, ni d'avoir de bons psychanalystes en interviews. Les thérapies se multiplient, autant trouver les bonnes réponses pour une majorité de femmes qui achètent le titre. En évitant les recettes et les grilles de tests prémâchés, en basant les articles sur des études et des enquêtes.

Nos trois mousquetaires, complices et complémentaires, ont tous les arguments pour nous convaincre qu'elles concoctent un « journal thérapeute » : le « people » en couverture est incontournable, disent-elles de concert, pour motiver l'achat, il raconte très bien notre époque. Hommage au passage, et il reviendra plusieurs fois pendant notre échange, à Jean-Louis Servan-Schreiber qui a été décisif dans le succès de l'entreprise, à son arrivée en 1997. Les ventes ont été multipliées par cinq !

Psychologies magazine – désormais avec le « s », ce qui n'a pas toujours été le cas – est né en février 1970. Le *Psychologie* des débuts avait d'ailleurs anticipé sur l'actuelle devise « Agir sur sa vie », avec « Comprendre, savoir, agir dans le monde d'aujourd'hui ». Un monde, dans ce premier numéro, représenté par une image forte : une tête stylisée et un cerveau dans lequel se croisent, par exemple, les rouages d'une montre, une pièce d'un franc, la Semeuse, une voiture de sport, ou encore un buste de femme aux « seins généreux » comme on disait encore à l'époque. Du coup, sans doute, davantage les secrets et les pensées d'un homme que d'une femme, mais allez savoir…

C'était il y a un demi-siècle. Les psys parlaient alors aux psys et aux initiés, sans trop se soucier du « vrai monde » ; autrement dit, le risque assumé d'apparaître comme un club fermé, voire une secte pour la quasi-totalité des citoyens. Tout a changé. On a traversé le siècle en évitant le bug, mais en voyant les menaces se multiplier et, aux dires des journalistes, l'anxiété gagner tous les lecteurs. Le credo est clair : se recentrer sur le Moi. La psychologie sous toutes ses formes ne doit plus être réservée à des privilégiés, puisque nous pouvons tous en avoir besoin un jour ou l'autre. Et, si ce n'est pas nous, quelqu'un à côté de nous. Nous sommes tous concernés, même et surtout en période de confinement.

Dans un très beau numéro spécial publié début 2020, le magazine rend d'ailleurs hommage à son lancement qui a été un premier pas décisif pour l'ouverture de ces connaissances à tout un chacun. Une opération transparence, en quelque sorte, pour en finir avec une étonnante – mais pas tant que cela – mise à l'écart, quand le journal se retrouvait encore dans les rayons presse, avec les titres consacrés à l'astrologie !

Preuve du chemin parcouru, ce numéro des cinquante ans réunit le meilleur des figures de cet art, Dolto, André, Cyrulnik, Pontalis, Hefez, Lévi-Strauss, Héritier, etc. Celles et ceux qui tout au long de ces cinq décennies, comme « guides » ou « lanceurs d'alerte », ont un jour ou l'autre témoigné ou répondu à des questionnements. Deux cent dix pages brillantes en effet, avec comme conclusion provisoire cette phrase de Freud destinée à Einstein : « Tout ce qui travaille au développement de la culture travaille aussi contre la guerre ». Nous étions en 1933, le livre, un échange épistolaire entre les deux hommes, autour de cette interrogation *Pourquoi la guerre ?*, avait été aussitôt interdit et brûlé.

C'est aussi pour cela qu'un journal comme *Psychologies* existe, pour nous rappeler que tout est fragile et qu'il est assez utile… de prendre des forces, en soi ! L'anxiété est croissante, le sens du travail fait défaut, les violences menacent notre équilibre. Les drames aussi… Après l'attentat de *Charlie Hebdo*, sous la forme d'un supplément imprimé très vite, ou après le Bataclan, le journal a pris sa part dans l'absolue nécessité d'accompagner une société plus que jamais assaillie de mal-être et de doutes.

Les experts prennent leur part, cela se voit notamment lors des croisières organisées régulièrement par le magazine ! Au programme, par exemple, « les Galapagos à la découverte de soi ». Après tout, le marketing n'empêche guère l'introspection ou l'échange. Au contraire, pour Patricia Salmon Tirard, la rédactrice en chef, « C'est un moment extrêmement privilégié pour discuter avec nos lecteurs, car leurs demandes, leurs attentes sont nos priorités. » Des croisiéristes heureux tout simplement d'approcher les stars de la profession, Christophe André ou Frédéric Lenoir en tête. « Il faut écrire pour la lectrice de Saint-Flour », voilà ce que répétait souvent Jean-Louis Servan-Schreiber ». Et voilà comment des logiques se croisent.

De fait, dans le même temps, beaucoup de « sachants » ont joué le jeu, et apprécié de pouvoir enfin s'adresser au grand public. Une belle harmonie, puisque les psys ont vraiment pris leur place dans la vie des Français. Mais il a fallu éviter des raccourcis faciles et fallacieux, du style « reconnaître un hystérique en trois points ». Le journal ambitionne ni plus ni moins d'accompagner les grandes étapes de la vie, il parle aux ados, à leurs parents et grands-parents, en voulant tout aborder, sans gravité, en toute bienveillance, mais le plus sérieusement possible.

Psychologies regarde la société, avec une limite, la politique, dans sa forme la plus terre à terre, celle des combats électoraux. Voilà pourquoi femmes et hommes ainsi engagés ne sont jamais en couverture. Seule exception, Rama Yade. C'était en mai 2011. Avec cette justification : « Rassurez-vous nous n'allons pas allonger sur le divan tous les politiques, notre invitée, elle est différente, plus atypique que politique, avec des prises de position courageuses ». Sur le ton de la confidence, on nous précise tout de même : « Les couvertures avec des politiques on est sûres que ça ne marche pas. » On salue l'aveu !

Priorité donc à l'intime. Le meilleur exemple, à coup sûr, ce rendez-vous : « la première séance ». Une idée reprise de la presse britannique, avec un objectif ambitieux, nous emmener dans les coulisses d'un premier rendez-vous avec un thérapeute, en l'occurrence le psychiatre et psychanalyste Robert Neuburger. Présentation : face à lui, un lecteur ou une lectrice s'interroge sur la nécessité de suivre une psychothérapie. Par exemple Odile, trente-deux ans, qui « va mal » après la disparition de sa mère six mois plus tôt. Sur trois pages, les échanges rapportés par une journaliste, et quelques photos – le visage d'Odile est bien sûr flouté. Deux lignes à la fin précisent : « Pour des raisons de confidentialité, le prénom et certaines informations personnelles ont été modifiés. » Puis un appel : « Femme, homme, couple, famille. Envoyez-nous un mail pour une première séance. » L'initiative a fait grand débat. Pousser ainsi la porte pouvait choquer, ce fut le cas pour certains dans le journal, mais avec le recul on peut parler de réussite. Les règles sont connues, respectées, et en plus, estiment nos interlocutrices, le but est atteint : désacraliser la thérapie psychique, ce qui est dans la fonction vitale d'un journal qui avant tout « veut rendre service ».

Dans une France qui désormais parle de psy du bistrot au bureau, de l'école à la campagne, et bien ailleurs, *Psychologies* veut répondre à des besoins diversifiés. Ce S ajouté à *Psychologies*.

Au pied de l'immeuble où travaillent dans l'enthousiasme nos consœurs, et quelques confrères, nous découvrons après notre rendez-vous, dans un kiosque tout près du métro Stalingrad, le numéro qui vient de sortir. En couverture, Philippe Katerine, qui sera quelques jours plus tard sur tous les écrans avec *Le Lion*, l'histoire d'un psy et de son patient, Dany Boon, deux grands malades ! Le voilà bien, « l'air du temps », comme l'avait parfaitement senti Jean-Louis Servan-Schreiber !

Sans surprise, sur les traces de *Psychologies*, d'autres titres tentent à leur tour leur chance. Le plus proche, au moins dans le « look », c'est *Psychologie positive*. « Positive » écrit en très gros. Lancé en avril 2015, sur les traces d'un titre néerlandais qui connaît là-bas un énorme succès, le magazine scrute notre quotidien, en famille, au bureau, ou l'intimité de nos pensées.

Petite surprise tout de même : en remontant le temps, impossible de trouver un homme en couverture. Mais les femmes qui occupent cette place ne sont pas forcément des « people ».

Dans ce journal, quelques rendez-vous forts, comme celui avec l'ethnopsychiatre et psychanalyste Tobie Nathan, qui dans chaque numéro analyse nos rêves. Il suffit pour cela de lui envoyer un mail et il fait son choix. Comme l'a fait Caroline, trente-sept ans, de Lille : « Je rêve souvent que je suis nue au milieu des autres ».

Réaction du destinataire : « Les rêves de nudité sont comme le trac, en un mot il s'agit de rêver du pire pour en être vacciné. Vous me dites admirer votre grande sœur, dont les qualités vous impressionnent. Je pense que c'est à son regard que vous êtes nue, une façon de lui montrer votre compétence par un acte puissant. » Tobie Nathan qui, s'adressant à tous ses lecteurs, en profite pour citer Aristote : « Mépriser les rêves, expliquait-il déjà il y a vingt-trois siècles, n'est pas facile, y croire non plus ». Preuve que le psychologue sait aussi être philosophe !

Et puis, un autre nom très connu, Servan-Schreiber ! Dans ce cas il s'agit de Florence, une figure de cette si nombreuse famille ! Elle s'exprime sur une page, dans une tribune volontairement « positive », puisque c'est l'affirmation revendiquée dans tout ce qu'elle a mené jusqu'à présent.

Sans chercher trop longtemps, chez le marchand de journaux ou sur Internet, on trouve ainsi plusieurs invitations à plonger dans nos espoirs et nos doutes. Démarche honorable ? Ou filon mercantile comme la déco ou le jardinage ces dernières années ? Au lecteur de faire ses choix. Quelques exemples : *Happinez*, *Psycho Enfants magazine*, *Cerveau et Psycho*... Ce n'est sans doute qu'un début. Pour quelques euros, et sans avoir à s'engager personnellement, la possibilité immédiate d'un contact avec nous-mêmes.

Quand la France psychote...

« *Business and pleasure.* » Une zen attitude. Car justement, pendant que Jean-Louis Servan-Schreiber échangeait, sur scène, des mots d'amour avec Perla, nous avions visité ce salon comme les autres.

« Zen... soyons zen. » Pour nous, c'était cela la zen attitude, chantée par Zazie en 1995, autrement dit il y a un siècle ! Même le mot nous semblait désormais désuet, jusqu'à ce jour de septembre où *Le Parisien* a annoncé l'événement : un salon Zen, cinq jours de célébration, des stands, des ateliers, pour pouvoir « changer notre vie ». Trop tentant ! Avant de vivre l'expérience, nous avons vérifié sur Internet ce que nous imaginions, vaguement. Effectivement, Zen, c'est un cadeau de l'Asie, d'un pays en particulier, « la branche japonaise du bouddhisme mahayana, la méditation en posture assise ». De quoi avoir envie d'en savoir plus. Mais finalement, pour éviter de faire le tour de la terre, nous avons trouvé plus simple d'aller porte de Champerret, au salon de la zénitude. Annoncé aussi dans *Psychologies* !

Un peu d'inquiétude au départ. À l'entrée, un jeune homme propose à chaque visiteur un bon de réduction pour le fast-food situé à deux pas de là. En fait ce n'est qu'une provocation, une dernière tentation mondialiste avant que l'on pénètre dans le temple marchand.

Et là, le choc. Trois cent cinquante stands, quinze conférences et soixante-quinze ateliers annoncés. Pas bien zen, tout cela, même pas le temps de s'ennuyer une seule seconde, ni même de méditer, tout au long de l'événement. Nous entrons, humons quelques odeurs de vapeurs parfumées, sorties de pierres ou de lampes.

Une petite déception. Nous sommes arrivés trop tard pour partager le repas, voire l'expérience, de la « montagne sans sommet » réservée à vingt chanceux... Une montagne sans sommet ? Ça existe ? Nous posons des questions... Oui, il s'agit d'un déjeuner du silence autour de cinq saveurs de la cuisine zen. Une autre façon de méditer, sans parler la bouche pleine, sans échanger un mot, mais en profitant de musique et de mantras.

Revenus vers les stands, nous déambulons, faisant du coup un grand voyage. Premiers pas devant le stand du « bien-être russe », un oxymore au vu de l'actualité ! Vous, peut-être, mais nous, nous n'avions jamais entendu parler du physicien russe Sergueï Koltsov, l'inventeur de petites plaques, un peu plus petites qu'un smartphone. Or, c'est lui le bienfaiteur qui a imaginé récupérer la force de l'eau des sources mongoles ou sibériennes, en la concentrant. Un jeu de huit plaques pour se protéger des mauvaises ondes. Objectif : « synchroniser les rythmes du corps avec ceux du champ extérieur de la terre ». Et cette promesse, au conditionnel, favoriser le développement personnel et augmenter la résistance au stress et à la fatigue.

Une mamie très souriante se montre intéressée. Nous l'interpellons :

– Bonjour madame... Vous y croyez, vous ? »

Elle hésite à nous répondre, puis se lance...

– Pourquoi pas ?

– C'est mieux que d'aller voir un psy ? »

Elle sourit.

– Le psy... Je n'ai jamais essayé... Je ne sais pas trop comment ça se passe... Au moins ici, au salon, je me sens rassurée, il y a des produits à acheter pour essayer d'être heureux !

C'est compris ! Voilà réunis, tous au même endroit, des marchands de bonheur qui veulent nous séduire et ont absolument besoin de notre confiance, et vite, en plus ! Après tout, pourquoi pas ?, semblent témoigner par leur présence celles et ceux qui se retrouvent ici. Une véritable communauté de nouveaux croyants. Pour les hésitants de la psychologie et pour ses déçus, un tel salon, on l'imagine, a en effet de quoi rassurer. On n'est pas là pour confier ses soucis, voire ses angoisses, mais pour se dire qu'il y a forcément des solutions, très variées, avec en plus ce qu'il faut d'exotisme pour que nous soyons séduits, captivés, en quelques heures.

Les pierres, par exemple. Ou un œuf vert en fluorine : cent trente-cinq euros, la promesse d'un bien-être. Des produits cosmétiques à la bave d'escargot. Des bols chantants pour un réveil musical qui donne sans doute l'envie de se recoucher illico. Le yoga des yeux avec lunettes à trous. La santé par le toucher, et, plus mystérieux encore, des formations en médecine symbolique, pour soigner son âme. Des vacances pour mieux se connaître. Des stages de jeûne en Bretagne, ou des expériences chamaniques au Pérou. Un voyagiste de la félicité revendique d'ailleurs plus de cent voyages en conscience par an. L'inconscient, connaît pas, mais les vacances en conscience non plus. Excusez-nous du peu…

Nous sommes donc bien au salon d'une promesse immédiate, un supermarché du bonheur où chacun espère s'y retrouver, sans avoir à se confier à quiconque. Seul avec sa quête du nirvana. L'important c'est d'y croire, si possible avec sa carte de crédit ! C'est aussi le triomphe du développement personnel, avec des entrées originales comme « l'énergie des couleurs » ou « le féminin sacré en soi ». Le jour de gloire des coaches, en prime. Une « accoucheuse d'âme », ou « les thérapeutes énergéticiens utilisant la loi d'attraction ». Des slogans, tous plus évanescents les uns que les autres.

Au café du salon, nous regardons les visiteurs. Une petite majorité de femmes, des couples, l'allure plutôt « bobo », mais sans exagération. On ne vient pas ici pour suivre une mode. On y croit. À la table d'à côté deux amies, autour de la quarantaine. Nous engageons la conversation.

– C'est votre première fois ici ?

– Non, la deuxième. On vient de Besançon, ce n'est pas si proche.

– Et vous êtes venues spécialement ?

– Oui, il n'y a jamais un tel événement chez nous ! »

Au fil de la conversation, nous apprenons que l'une comme l'autre croient aux vertus du développement personnel, qu'elles sont des fidèles des rayons spécialisés de leurs librairies.

– Et la psychothérapie ?

– J'ai essayé, admet l'une de nos interlocutrices. Après une séparation, ça m'a bien servi, mais très vite j'ai eu du mal à me confier. Donc je me dis qu'avant un nouveau problème, j'ai intérêt à prendre des forces, et ici c'est un bon endroit pour trouver mon bonheur.

– Vous l'avez trouvé ?

– Pas encore, mais il existe plein de recettes, on a le choix, chez un psy la route est longue. »

Ceci explique cela. Si les salons zen attirent chaque année cinq cent mille passionnés, c'est bien qu'ils répondent à un vrai besoin. Vingt-six manifestations dans les plus grandes villes de France, plus la Suisse, avec des variantes, et toujours un mot-clé : « nature ». Reste une ambiguïté. Les ateliers de cette édition parisienne flirtent souvent, de plus ou moins près, avec la psychologie : « Neutraliser mon karma pour vivre mieux », « Le courage d'être soi », « J'arrête d'écouter mes peurs, je cultive mon bonheur », « Libérez-vous de Madame Parfaite ». Aussi incongru que l'immense succès du premier livre de Madame Conasse... Alors, y a-t-il tromperie sur la marchandise ? Il faudrait tout essayer et interroger les utilisateurs. Mais qui va se plaindre si le résultat n'est pas là ? Seule certitude, on ne va pas de sitôt réconcilier psys et coaches. Si les seconds ne se prennent pas pour les premiers, la hache de guerre restera enterrée. Sinon... Côté coaches, outre les points d'interrogation sur leur formation, les enjeux financiers sont énormes. Le marché du bonheur semble en effet sans fin. La demande explose. Les séducteurs sont à la manœuvre, assez malins, on l'imagine, pour ne pas franchir la ligne rouge qui ferait d'eux des hors-la-loi. Les psys, eux, restent sur leurs gardes. Mais face à des besoins de plus en plus lourds, ils auront peut-être du mal à préserver leur savoir et garder leurs positions. Ancien monde et nouveau monde ?

Dimanche 20 octobre 2019. Stade d'Oita, Japon. Petit matin dans l'Hexagone.

Le match retransmis avait commencé depuis six minutes, avec déjà un essai pour la France, face aux Gallois. L'enjeu est immense, un quart de finale de la Coupe du monde de rugby. Pénalité pour les Bleus. Romain Ntamack ajuste son tir, mais le ballon vient frapper l'un des poteaux. Le commentateur s'exclame : « Allez, on oublie vite... il ne faut pas psychoter ». Traduction de ce verbe intransitif : avoir peur. Déception, on l'imagine, pour les six millions sept cent mille spectateurs devant leur poste, en ce jour bien pluvieux. Mais ne psychotons pas outre mesure...

Ceci explique-t-il cela ? Finalement la France perd le match d'un point, dans les tout derniers instants ! Et du coup, autre commentaire juste après la rencontre : « Chaque Bleu va repenser à ce qu'il a pu louper ou carrément rater pendant le match. » Un joueur fait une erreur, et tout un groupe « psychote » ; c'est forcément le doute qui s'installe, et des passionnés qui à leur tour s'interrogent. La France du rugby qu'on implique. Émotion collective. Il y a dix ou vingt ans, le même journaliste aurait simplement parlé de « doute », et de nécessité d'y « croire toujours ».

Mais voilà, nous sommes au temps des psys, et avec plus ou moins d'exactitude, le vocabulaire est aujourd'hui partagé. Le choix du verbe en apporte la preuve, désormais tout ce qui touche à la psychologie fait partie de notre univers mental et lexical, et chacun s'en empare à sa façon. L'un des premiers rappeurs français, Aketo, dans les années 2000, le disait déjà, cash : « Allongé sur mon pieu je regarde mon plafond, à psychoter pendant des heures et c'est le désordre dans ma tête ».

« Tout est psy », en réalité, depuis longtemps, grâce ou à cause – comme on voudra – des médias. Question : Freud se retournerait-il dans sa tombe ? Pas sûr, lui qui a eu tant de mal à imposer sa découverte de la psyché, de l'âme humaine...

Les années ont passé. Après les tourments de sociétés confrontées aux silences de la guerre et à son poids de mensonges, les esprits se sont enfin libérés.

Dans la foulée de 1968, la radio puis la télé vont vite ouvrir leurs antennes aux confidences, avant l'explosion sur les réseaux dits sociaux. Autre reflet de l'âme humaine, ou plutôt de tant de frustrations. Le tout à l'ego, disent les plus critiques. « Et pourquoi pas ? » répondent ceux qui réclament le droit à la déclaration publique. À l'évidence les mots du sport, comme tant d'autres, racontent parfaitement cette évolution. Un joueur de rugby qui frappe les poteaux ou un footballeur qui rate un penalty, désormais l'explication simplement technique est vite balayée au profit d'une considération sans nuance : « C'est dans la tête que ça se passe » !

Un vrai-faux divan

Quel est le point commun entre Mylène Farmer, Jean-Marie Le Pen, Simone Veil et… le mime Marceau ? Apparemment aucun, sauf leur vie intérieure. Ils se sont tous allongés sur un divan, et le même, en plus ! De quoi étonner, puisque a priori cette position reste un moment privé, intime, qui justifie beaucoup de discrétion. Pourquoi faire cette révélation ? Parce que bien caché derrière ce titre – aussi malin que racoleur –, *Le Divan* est la mise en scène d'une pseudo-psychanalyse que la télévision du service public, France 3 précisément, a offerte aux téléspectateurs en avril 1987.

Dans nos étranges lucarnes, un divan donc, en cuir jaune, pour le patient, et un fauteuil rouge pour le psy. Presque comme en vrai… Lui, le psy, est assis sur le côté, la caméra le saisit dès qu'il pose une question. L'invité s'assoit comme il peut. Derrière eux, de grands portraits pour décor, la Joconde, Sigmund Freud, Marilyn Monroe, façon Andy Warhol. Le maître des lieux, un Freud cathodique, est un hôte très branché, cheveux blancs et voix d'un velours particulièrement chic. Un dandy fou du septième art. Henry Chapier a ainsi fait son « cinéma », pendant un septennat, avec une empathie vraie ou feinte mais destinée à recueillir quelques confidences. Extraire l'intime, faire parler des personnalités qui vivent de l'illusion cinématographique et qui sont, en principe, douées pour jouer des états d'âme. Vaste programme ! Résultat : malgré les apparences, les quelque trois cents invités, autant de femmes que d'hommes, ne se sont pas toujours livrés. Un divan ne fait pas tout, et surtout pas la psychanalyse.

Mais l'émission a surpris, puis intéressé et séduit des millions de téléspectateurs. L'explication ? Sans doute la fièvre de l'époque, le triomphe des « people », bien au-delà de leur renommée première. Et puis, en chaque téléspectateur sommeille un voyeur. Dès le premier rendez-vous, il s'agissait surtout de créer la curiosité. Amanda Lear ouvre le bal... Aïe ! « Je suis une cérébrale, confie-t-elle, mes fantasmes sont dans mes peintures ou mes romans. » Autrement dit, nous n'en saurons guère plus que ce qu'elle veut bien dire en conscience. Son inconscient se niche ailleurs, dans ses « œuvres ».

Serge Gainsbourg ne lâche rien non plus : « À sept ans j'étais un bon petit gars ». Alain Juppé, lui, se distingue, il nous annonce : « À sept ans j'étais batailleur ». Rien de bien surprenant dans cet « aveu » quand on fait de sa vie un combat politique.

De fait, la très bonne idée d'Henry Chapier : donner à ses invités « beaucoup plus que les trois minutes habituelles d'une interview télévisée, et les placer dans une position physique qui a de quoi surprendre. Le rendez-vous se limite à vingt-six minutes, et à une seule « séance ». Aucune place pour le direct, comme si le risque était trop grand.

Henry Chapier déclare, avec honnêteté : « Mes invités, je les aime ». Façon de reconnaître qu'on reste dans un entre-soi. Ce qui est dit est parfaitement autocontrôlé.

En 1994, tout s'arrête. La télé prend le pari d'autres aventures. La formule ne séduit plus autant. Ou, soyons cyniques, le spectacle s'arrête faute d'invités consentants...

En 2005, le fameux divan jaune est vendu soixante-cinq mille euros. Tant mieux pour *Reporters sans frontières* qui bénéficie de l'enchère pour poursuivre son travail humanitaire.

Vingt ans plus tard, en 2015, Marc-Olivier Fogiel reprend la formule avec un bonheur non dissimulé, lui qui a tenté l'analyse personnelle. Il offre un fauteuil rouge, un public, des photos-souvenirs pour créer des associations d'idées, une analyse graphologique, mais l'attente a profondément changé, la société est envahie de psychologie, les audiences ne progressent plus. Les médias se démultiplient et offrent des tribunes à tous les « people » qui ont une opinion ou une fausse confidence à émettre. Dans le même temps, les réseaux sociaux prennent le relais. Tout le monde, ou presque, manipule les mots et les postures, chacun croit avoir quelque chose d'essentiel à raconter... Plus la peine d'allumer la télé ! La vraie psychanalyse est restée en embuscade, et préserve ses vertus.

La psychologie sur grand écran

Il fut un temps où c'était chuchoté. On en était à « il paraît qu'il est allé voir un psy », devenu désormais « tu peux me conseiller ? Je cherche un psy ». Clairement, la consultation d'un professionnel fait partie des besoins contemporains et elle est de moins en moins taboue. « Psy », trop longtemps, a résonné comme « dérangement mental », de quoi fortement inquiéter, comme tout ce que l'on ne connaît pas.

Aller voir un psy, c'était franchir une première frontière vers une zone interdite. Et puis les psys sont entrés dans nos vies. Dans notre langage courant aussi, tant on parle de lapsus, de complexe d'Œdipe, de fantasmes, d'inconscient ou de pulsions, sans trop savoir ce que recouvrent ces vocables. La faute aux professionnels ? Peut-être, des psychanalystes plus que discrets et cachés derrière un jargon que des profanes sont incapables de nuancer. Comment comprendre les différences entre le ça, le surmoi, le moi, le préconscient, le conflit psychique, etc. ?

Le langage, la littérature, nous ont donc permis de nous frotter à la psychanalyse. Le cinéma aussi... Parce que créer, imaginer, c'est sublimer, apaiser le symptôme et les tensions intérieures, orienter ses pulsions, sa libido, c'est-à-dire son énergie vers une fonction cathartique, qui satisfait intellectuellement et réhabilite le narcissisme. Si le succès suit une œuvre, alors la reconnaissance fait un bien fou.

Bien qu'il soit complexe de pénétrer les méandres de l'inconscient via l'action et le suspense, le cinéma a l'avantage d'autoriser chaque spectateur à des représentations, à l'identification par l'image, et ce au cœur d'histoires singulières. Le paradoxe est que la psychanalyse se nourrit d'associations d'idées, donc d'images, qu'il est bien difficile de traduire en mots. Or le cinéma a besoin de mouvements visibles par tous, d'actions et de rebondissements spectaculaires, au risque de devenir « verbeux ». Après, tout est question de goût...

Les réalisateurs qui s'y sont frottés, ou s'y frottent encore, cherchent toujours à séduire le plus grand nombre en s'attachant à la partie onirique de l'être humain et aux expressions nuancées du visage des acteurs. Il y a eu des maîtres en la matière, mais aussi des échecs.

Pour la Société Sigmund Freud, « la façon dont la psychanalyse est portée à l'écran reflète les changements de son image auprès de l'opinion publique ». En 2000, elle organise à Vienne un festival « Cinéma et psychanalyse ». Au programme, des films d'Hitchcock, Polanski et bien sûr Woody Allen, avec son divan qui fait sourire et même plus. « Oui, a reconnu le réalisateur, mes films sont comme des psychanalyses... sauf que c'est moi qui suis payé, et ça change tout ! » Reconnaissons-le, son approche était séduisante, caricaturale, très américaine et même plus : new-yorkaise ou carrément cantonnée à Brooklyn ou Manhattan.

Puis l'Europe a suivi. Sans être exhaustifs, citons *Chouchou* (2003), où Gad Elmaleh, devenu homme de ménage auprès d'une psychanalyste, Catherine Frot, est fasciné par une photo de Freud à laquelle il aime souvent s'adresser. Dans *Confidences trop intimes* (2003), Patrice Leconte met en scène une patiente, Sandrine Bonnaire, qui se trompe d'étage et sonne à la porte d'un expert-comptable, Fabrice Lucchini. Lui va « jouer le jeu » et endosser le rôle du psychanalyste. L'italien Nanni Moretti, dans *La Chambre du fils* (2001), incarne un psy confronté à la mort de son fils et à l'épreuve du deuil.

Retour de l'autre côté de l'Atlantique avec deux œuvres complètement différentes, mais finalement emblématiques. Le Canadien

David Cronenberg fait un focus sur les relations entre Freud et Jung avec *A Dangerous Method* (2011). Et dans le délicieux *Mafia Blues* (1999) de Harold Ramis, Robert de Niro montre que même les truands ont besoin d'amour et de compréhension, et qu'ils peuvent aller se réfugier auprès d'un psy entièrement à leur service.

Arnaud Desplechin met en scène la psychothérapie d'un Indien névrosé des plaines, dans *Jimmy P.* (2013), passionné qu'il est par le processus complexe de renaître à soi-même et par l'œuvre de Georges Devereux, psychanalyste et anthropologue. En 2018, Cédric Klapisch, fils d'une psychanalyste, filme dans *Deux moi* le rapprochement de deux jeunes gens à l'épreuve de la solitude, via la cure psychanalytique.

Entre les deux continents, rendons hommage au maître absolu, Alfred Hitchcock. Il a exposé dans chacun de ses films les ressorts psychologiques de ses personnages, en nous interpellant intimement et sans passer par l'analyse. La séduction, le mensonge, le mystère... *Vertigo, Marnie, La Maison du Dr Edwardes*... Le monument, c'est bien sûr *Psychose* en 1960. Trop vite classé comme film d'horreur ou simplement thriller, il est avant tout un voyage vertigineux vers les profondeurs les plus mystérieuses de l'âme et de ses tourments. Au cœur des troubles dissociatifs d'identité de Norman Bates, joué par Anthony Perkins, avec comme lieu de la confrontation un motel décadent et un peu oublié en Arizona. Un lieu banal en apparence, mais d'une violence totale. Un choc pour qui réfléchit à sa propre destinée.

Souvenons-nous aussi du téléfilm de Jean-Xavier de Lestrade, qui met en fiction *L'Affaire Courjault* (2009), où se côtoient les notions très psychiques de l'infanticide et du déni de grossesse. Sans compter les séries à succès, dont « En thérapie », prochainement adaptée pour la télévision, par le duo de réalisateurs Olivier Nakache et Éric Toledano. Ou encore celles qui nourrissent les programmes de Netflix, dont une série qui met Freud en scène, et des récits dominés par des intrigues et des ressorts... psychologiques. Les liens entre cinéma et psychanalyse seraient-ils encore à réinventer ? Peut-être pas, tout est question de forme plutôt que de contenu.

Chapitre 3

Travail, le pire et le meilleur

Pour ne plus « se tuer au travail »

Avec ses faux airs de Christine Lagarde, cheveux argentés et élégance assumée, on l'imagine PDG d'une entreprise du CAC 40, présidente d'université ou avocate dans un cabinet international. Le sens de l'engagement, elle l'a totalement. Sauf que pour elle, le mot « travail » a une signification très particulière.

Si nous rencontrons Catherine Mieg, c'est pour cette double compétence qu'elle revendique : psychanalyste depuis plus de dix ans, et clinicienne du travail, elle est passée au CNAM (Conservatoire national des arts et métiers) dans l'équipe de Christophe Dejours, qui intègre la psychanalyse à la question du travail.

Son dernier livre, *J'ai mal au travail*, porte un titre inspiré des mots des enfants, quand, au moment de partir à l'école, ils viennent dire à maman ou papa « J'ai mal au ventre » ou « J'ai mal à la tête ». Son immense intérêt pour le monde de l'entreprise remonte à loin. Son père avait décidé qu'une fois pour toutes, les femmes ne devaient pas travailler. « Chacun à sa place », lui répétait-il. Elle a suivi le chemin inverse, en allant observer au microscope des mécanismes qui, de plus en plus souvent, blessent, abîment et, parfois, tuent. Alors que pendant si longtemps l'entreprise a vendu du rêve, en faisant la promesse de distribuer le bien-être, quitte à mettre en scène son paternalisme.

D'abord assistante sociale en entreprise, dans les années 80, elle rejoint en 1995 la mairie de Strasbourg, alors dirigée par Catherine Trautmann. Pendant six ans elle est déléguée à l'action sociale, avec une équipe de six cent cinquante agents. Elle préside aussi la maison des associations. Toujours le contact avec le terrain. En 2000, elle est consultante en ressources humaines senior, une activité concentrée sur les managers. Puis ce sera l'ANPE, rebaptisée Pôle Emploi, pour concevoir et suivre la stratégie des formations. Dans le même temps, elle intervient à l'ENA ou à l'INET, l'Institut national des études territoriales. Un long parcours, semé de quelques embûches personnelles, mais la voilà désormais dans son propre cabinet, psychanalyste. Elle se consacre totalement aux « blessés du boulot », en majorité des « estropiés » que lui adressent des généralistes. Le mal-être s'exprime avant tout, explique-t-elle, sous la forme du célèbre « burn-out », et aussi du « bore out », qui signifie s'ennuyer, ce qui arrive quand un salarié est écarté puis ignoré. Expressions qui sont aussi la marque de la mondialisation, et la preuve que l'importation de méthodes anglo-saxonnes a façonné durablement les entreprises françaises.

Un petit bureau d'écolier qui sent bon les années 60, et un divan qui semble du coup bien grand, c'est l'univers rassurant dans lequel Catherine Mieg accueille, dans son cabinet à Paris, celles et ceux qui étouffent dans leur quotidien, et ne savent plus comment s'en sortir. Point commun : tous, et notamment beaucoup de cadres, sont déboussolés, pris dans la tempête. Au moins ont-ils fait un pas décisif en allant la consulter. Combien d'autres n'osent pas, et cachent leur désespoir ? Cette honte peut être égale à celle que ressent une femme maltraitée ou battue dans la sphère privée, souffrance silencieuse derrière les portes et les fenêtres. Alors que sur le terrain du travail, on peut être malmené sous les regards de tous, là où l'on n'a droit à aucune faiblesse.

Première épreuve, reconnaître la réalité de cette nouvelle situation, qui d'une certaine façon rompt le contrat de travail idéalisé. Ils sont bouleversés, dans le sens premier du mot : parce que l'époque où ils ont tellement cru en la valeur travail, et ce qu'elle leur a apporté comme reconnaissance, sont un lointain souvenir. Du coup la motivation salariale, même renforcée par un système de primes, apparaît bien dérisoire. Souvent un sentiment d'échec, voire de honte, vient s'ajouter au mal-être : le regard des autres, la peur de la réputation piétinée. Parfois, pour éviter cette violence supplémentaire, des efforts considérables ont été déployés pour cacher la dérive, rendant si lourde la charge à supporter. Perdre pied dans ces circonstances, c'est ne plus contrôler ses repères. Parce que « le travail est devenu normé et stérile », déconnecté de l'environnement social, collectif, alors qu'en soi il représente un domaine où l'on rejoue sa vie, où il est essentiel de réussir.

Au premier entretien, Catherine Mieg demande « quelle goutte a fait déborder le vase », d'où provient le déficit de reconnaissance, quelle est la réalité familiale de ces patients ? Une réalité occultée au travail, l'individu n'est qu'un élément de la chaîne. Avec les patients se tissent des liens, et certains prennent conscience de la violence de l'entreprise, ils reconsidèrent leur place, leur propre désir.

« Aujourd'hui on ne s'intéresse qu'au résultat, aux objectifs, on individualise les relations et on exclut le groupe, le collectif qui constitue un contre-pouvoir, censé protéger le salarié. Quand les objectifs deviennent la norme, le salarié camoufle ses difficultés, il y a confusion entre la personne et la fonction. En séance, nous revenons à la personne qui a besoin de se renforcer dans son narcissisme. Le travail est indispensable pour trouver une place dans la société et le vivre-ensemble, et la thérapie peut aider à sortir des normes étouffantes. »

S'ensuit la perte de contact avec les réalités : la souffrance commence souvent à cet instant précis, quand on ne comprend plus ce qui est demandé, et que s'ouvre un gouffre avec ce que le salarié ressent lui-même. Or, dans le même temps, de plus en plus souvent, les managers ne sont plus « des gens du métier ». Ils sont parachutés avec leur propre grille de lecture. Leur bible : des chiffres sur leur écran, des tableaux de bord Excel, avec au-dessus d'eux une hiérarchie invisible ou lointaine, parfois à l'autre bout du monde, qui exerce sa propre pression. Comme si ces élites ignoraient complètement le terrain, les interactions humaines, la charge du travail quotidien. Exemple : les hôpitaux, qui ont souvent vu arriver ces dernières années à leur tête des ingénieurs venus de l'industrie, des spécialistes de la comptabilité et de la finance, des élus, mais pas de médecins. Le travail devient une mécanique qu'il faut bien huiler, parce qu'il faut faire vite face aux concurrences, avec comme credo le sacré « retour sur investissement ». La nouvelle religion !

L'écrivain Alessandro Barrico a écrit dans *The Game* (éditions Gallimard) : « Une révolution technologique a donc eu lieu, due à l'avènement du numérique. En peu de temps elle a entraîné une véritable mutation dans le comportement des êtres humains et dans les mouvements de leurs cerveaux. Personne ne peut dire comment cela se terminera. »

Qui plus est, au moment du confinement, lorsque le télétravail est devenu le quotidien pour 40 % de la population en France. Aussi, le psychologue et psychanalyste Mickael Benyamin précise-t-il dans un entretien au magazine *Dr Good* : « Le travail en distanciel ne peut devenir la règle. Mais les salariés victimes de harcèlement, de dépression ou de burn-out peuvent reprendre un second souffle, en évitant leurs bourreaux, sans que cela règle le problème sur le fond. Le travail contribue au bien-être quand il est source de plaisir. C'est le monde de l'altruisme et du sacrifice à un certain niveau. »

Nous pensons à Laura, une jeune salariée, une vendeuse de prêt-à-porter, en charge d'une boutique dans les beaux quartiers de Paris. Elle avait de l'expérience, elle aimait la marque, elle a rêvé de la servir, elle avait envie de réussir. Mais chaque soir, après la fermeture de la boutique, elle passait une heure ou plus devant son ordinateur, il fallait qu'elle rende compte des ventes, et chaque soir on lui élevait un peu plus les objectifs... Un défi sans fin, des relations avec les clientes à traduire en chiffres, en pourcentages. Ou comment exiger le travail parfait et faire de l'idéal une norme. Laura a supporté cette pression quelques mois, jusqu'au burn-out...

Pour Catherine Mieg, les gestionnaires, le numérique ont pris la main, et donc le pouvoir de domination. « Le plaisir, l'expérience qui enrichit, et le développement, ou plutôt l'épanouissement personnel ont de moins en moins de place. En plus, le sentiment d'isolement grandit. Tant pis pour le collectif et la solidarité. Chacun pour soi, avec des évaluations qui ramènent au temps de l'école. Bons points, mauvais points. On note tout le monde, c'est dangereux. Il y a le retour de ce que l'on fait au travail, mais jamais sur un plan qualitatif. La notion de compétition génère du stress, il peut être moteur, mais aussi dévalorisant. Comme les notes à l'école, or de nombreux pays du nord de l'Europe n'en mettent plus. »

Quand la douleur devient trop forte, le rôle de la médecine du travail semble bien limité, d'autant que celle-ci est laissée pour compte, voire ignorée par les employeurs et certains employés qui préfèrent leur médecin traitant. La réponse souvent réflexe du médecin généraliste – prescrire un antidépresseur – ne suffit pas, ou plus. Il faudrait revenir à l'écoute du salarié, privilégier le temps passé avec lui. Alors intervient le psychologue ou le psychanalyste. « Un burn-out c'est très violent, même se lever le matin devient difficile. » Catherine Mieg explique qu'il est important de trouver les mots pour faire retomber l'émotion, afin de mettre à distance le traumatisme. Ensuite, comprendre qu'on n'est pas seul, qu'au bout de l'open space ou dans le bureau d'à côté, des collègues aussi peuvent souffrir.

En fait, l'intimité des cabinets a trouvé depuis quelques années un allié inattendu, les médias, qui ont enfin mis à la une ce qui a été si longtemps caché. La souffrance au travail. Ainsi le procès France Télécom a été suivi et commenté à la machine à café, dans les entreprises de tout le pays, mais aussi dans les familles, avec souvent cette question : « Et dans ta boîte ça se passe comment ? ».

Un intérêt nouveau et bienveillant. Des interrogations qui existaient si peu jusqu'alors. La parole se libère, vraiment. Et le grand questionnement sur la valeur du travail mobilise plus que jamais. Tout comme les nombreux suicides dans les grandes entreprises.

« Le suicide traduit la violence de l'entreprise que l'on retourne contre soi. Dans une société informatique ancienne, et mondiale, des salariés se sont suicidés, car à l'arrivée du numérique personne ne les a accompagnés. De même, les mises au placard sont sadiques et méprisantes. Quant au chômage, il est vécu comme une mort sociale et provoque des décompensations psychiques. C'est en cela que la psychanalyse est intéressante, elle remet l'humain au centre du dispositif. Des patients prennent conscience que le travail n'est plus le seul but de leur vie, ils portent leur réussite autrement ; d'autres renégocient leurs conditions de travail, ou partent ailleurs. Les carrières sont plus morcelées, moins sécurisantes si elles sont subies. L'ubérisation de la société et du travail génère l'isolement, l'évaluation est alors terrible, seules les appréciations venues d'on ne sait où reconnaissent les efforts du salarié. Mais lui, à quoi ou qui peut-il se référer ? »

À leur tour, les managers commencent à comprendre que le bien-être de leurs collaborateurs, tout simplement, a plein de vertus. Bien sûr il ne suffit pas d'installer un baby-foot pour enchanter une entreprise, mais ça peut être un tout petit début. Tout comme les coins cuisine où l'on se retrouve « vite fait », ou encore des coaches en entreprise, qui viennent remettre de l'ordre et pallier les carences managériales. Ou encore des masseurs, des séminaires qui réunissent et satisfont ceux qui y participent. Mais ces gadgets ne changent malheureusement pas l'absence de regard ou de bienveillance d'un chef ou d'un patron sur son salarié, déjà dévalorisé, et surchargé de boulot. Il arrive aussi à Catherine Mieg de recevoir des « chefs » qui finissent par pleurer devant elle, se rendant compte de leurs erreurs et de leurs conséquences.

À coup sûr, les nouvelles générations ayant observé leurs aînés veulent leur part de « bonheur » et de vie privée, ce n'est pas un refus du travail mais une exigence. Travailler en comprenant le pourquoi et le comment. En jouant le jeu à condition que les règles soient claires. Si celles-ci changent, en être informé, et encore mieux, y être associé. Aller vers plus d'actions en groupe pour une saine émulation, se parler pendant la pause-café, le contraire d'une guerre organisée pour diviser. Et ne plus tout sacrifier à son boss... Sauf si on le veut vraiment. Quand on sait, en plus, que c'est d'abord sur le lieu de travail qu'on rencontre sa compagne ou son compagnon, on comprend que tout est lié, si possible pour le meilleur, tout simplement.

Que l'on se rassure, évidemment le bonheur de travailler existe, des vocations naissent encore et la confiance perdure pour une majorité de salariés, ils le disent sondage après sondage, mais il y a toutes celles et tous ceux qui finissent par décrocher. Sont-ils de plus en plus nombreux ? Rien n'est moins sûr, le pessimisme ambiant noircit toujours le présent et « la mélancolie du futur », selon la formule du psychanalyste Alain Braconnier, n'envahit pas tous les esprits. Précisons aussi que selon les spécialistes de la prospective, 85 % des métiers du futur n'existent pas encore. En tout cas, le sujet est désormais sur la place publique. En fait, tout le monde est concerné. Du « moi » au « nous », les confidences sur le divan racontent bien la société France.

J'ai mal à mon job !

Le collectif cher à Catherine Mieg s'effrite, en même temps que le vivre-ensemble et sans doute aussi une forme de solidarité. Gagner son indépendance, monter sa petite entreprise sont certes séduisants et valorisants, une manière de se faire reconnaître et, comme on dit, de se narcissiser. Une manière aussi de combler les carences de la société. Il faut inventer des métiers tout en se réinventant. Mais la médaille de la valeur travail a son revers dans ce que l'on définit aujourd'hui comme l'ubérisation de la société.

Un film emblématique, quelque peu pessimiste, mais universel dans son propos.

« *Sorry we missed you* ». Quand il a plongé, en 2019, dans le monde du travail précaire, cette planète où l'on possède son propre outil de travail, le réalisateur britannique Ken Loach, dans la lignée de ses films précédents, a voulu dénoncer une véritable jungle de pratiques qui concerne désormais tous les continents. La petite phrase en question – choisie comme titre du film – est celle imprimée sur un post-it laissé par le livreur quand il loupe le destinataire, quelle qu'en soit la raison. Là où l'on pourrait simplement voir une marque de politesse et d'efficacité commerciale, on comprend que la formule témoigne d'un monde aux cadences souvent infernales, puisqu'il faut tenir la promesse d'un monde parfait. Donc irréel, et sans pitié pour les « collaborateurs ». En vérité, l'entreprise en question, qui gère les chauffeurs, exploite des travailleurs soi-disant indépendants mais complètement soumis à celui qui donne le travail. Et voilà une catégorie nouvelle et désormais planétaire : les enchaînés aux algorithmes. Car mis à part, dans ce cas-ci, la camionnette qu'il faut soi-même posséder, il y a l'arme fatale, le boîtier électronique qui va organiser, de façon quasi militaire, des journées au rythme d'enfer. C'est aussi l'instrument d'un contrôle permanent ! Big Brother tient aujourd'hui dans les mains. Qui aurait pu y penser ? Et pourtant, le quotidien de toute une famille est bouleversé. Pour acheter l'indispensable fourgon, Rick, le héros du film, est obligé de demander à sa femme Abby de vendre la voiture familiale. Du coup, Abby, aide-soignante, va passer sa vie à attendre le bus, à marcher, à s'épuiser. Les semaines deviennent très vite exténuantes. Abby, victime collatérale de l'autonomie de Rick. La vie avec les enfants se tend aussitôt. Tout se complique, dans la douleur.

Trente ans après Margaret Thatcher, les apôtres d'un libéralisme sans limites se sentent sûrement à l'aise dans cette ville de Newcastle. Les héritiers de leur icône se sont imposés, au nom... de la liberté ! De quoi séduire. Mais la réalité est plus sombre. Les ouvriers non qualifiés, et encore plus les chômeurs, sont prêts à tout donner quand on leur promet une vie en apparence auto-organisée, avec des revenus rapides à la clé. Et son premier commandement : travailler plus pour gagner plus.

La tentation est trop forte. Pour quelques réussites, réelles, combien d'échecs et même de déchéances ? Pour des rentrées d'argent qui peuvent faire rêver, on accepte des objectifs impossibles ; pire, on est prêt à conquérir un territoire, sans s'embarrasser des conventions minimales du « vivre-ensemble ». Les récalcitrants sont vite exclus, quand ils ne partent pas d'eux-mêmes. À l'extérieur, une foule fait la queue pour entrer dès que possible dans la ronde. C'est la *gig* économie. *Gig*, un mot anglais qui veut dire concert, l'illustration d'un système où l'on accepte d'être payé à la prestation, comme les musiciens d'un soir. Sauf pour les plus résistants, ces pratiques épuisent rapidement. Le sens du travail, celui de la production collective s'envolent et la désespérance frappe aussi les proches. Dans l'histoire racontée par Ken Loach, la douleur est extrême quand le fils crucifie son père, devenu à ses yeux esclave du système. On imagine l'identification du fils à ce père si fragile, si crédule, on imagine sa déception face à ce père rêvé-père réel que la société piétine. Tout s'effondre, le chacun-pour-soi est un leurre, il brise, peut-être définitivement, une famille censée protéger des tensions extérieures. C'est le message central : le travail sans règles fait des ravages. Une alerte destinée à toute la société, ses acteurs et, conscients ou non, ses complices – c'est-à-dire nous, les consommateurs, si peu au fait des coulisses du carcan.

Ces travailleurs d'un nouveau type nous font remonter l'histoire, en effaçant tous les progrès et les droits acquis par des décennies de lutte sociale. Les ouvriers agricoles des temps passés étaient aussi isolés et dépendants que ces nouveaux « indépendants ». Et aucun médecin du travail, aucun psy pour les écouter ou apaiser leur désarroi. Après des années de laisser-aller et de complaisance, les réactions pourtant se multiplient. Toujours en Grande-Bretagne, pour espérer imposer un respect minimum des règles du travail, une ville comme Londres est passée à l'action.

La même année que la sortie du film de Ken Loach, Uber a dû suspendre ses activités. L'entreprise californienne, qui s'était mal protégée, avait laissé des centaines de clandestins pénétrer son système informatique. Première conséquence : des chauffeurs sans permis ont pu rouler. Pire, des délinquants en ont profité, ce qui a entraîné, par exemple, un grand nombre d'agressions et de viols, dont les premières victimes ont été des clientes. Des questions qui se posent partout, y compris en France.

À Londres, les taxis traditionnels, c'est-à-dire les vingt-trois mille *black cabs*, ont évidemment félicité le maire, Sadiq Khan, d'avoir ainsi rejoint leur combat pour un métier réglementé et contrôlé. La concurrence étant rude avec deux fois plus de chauffeurs VTC ! Plus que jamais, ils défendent une profession régulée, pilier supplémentaire de stabilité. Conséquence : la pression psychologique due à une concurrence anarchique, si forte dans les villes d'aujourd'hui, peut reculer. Pour le bien commun.

Sans évidemment revenir au temps des monopoles, il y a de la place pour tout le monde, mais à condition que soient gérées toutes les activités avec un minimum de moralité et d'humanité. C'est aussi une protection pour ceux qui, se sentant mal dans l'entreprise traditionnelle, espèrent trouver plus de sérénité dans un travail « indépendant ». Ils font un choix déterminant, c'est leur droit, autant les aider. Ce qu'a fait la Cour de cassation en France, par une décision prise en mars 2020 : elle reconnaît les liens contractuels des chauffeurs de VTC, puisque les entreprises auxquelles ils sont liés les congédient s'ils refusent une course. C'est qu'il y a bien contrat et suivi, et que ces travailleurs indépendants ne le sont plus tant que ça... Ils ont ainsi la possibilité de se défendre en cas de litige. On compte trente mille chauffeurs VTC en France, et beaucoup d'autres emplois comparables. Les syndicats, après la décision de la Cour de cassation, se sont réjouis de cette victoire, pour « les esclaves numériques ».

« Mon travail me rend heureux », oui, c'est possible. Avec toute l'attention nécessaire, et pour tous. Du coup, des millions de boîtes d'antidépresseurs ou d'anxiolytiques pourront dormir tranquillement dans les armoires à pharmacie de tous les pays du monde. Valoriser l'individu est peut-être une bonne intention, dévaloriser sa capacité de travail c'est le faire souffrir.

À moins que... Ils sont de plus en plus nombreux, les travailleurs indépendants ou les autoentrepreneurs qui décident de se débrouiller par eux-mêmes, de quitter le carcan d'une entreprise, ou encore ceux que la société désigne très tôt comme des seniors. Alors ils s'installent, se forment aux méandres administratifs, profitent d'Internet pour se faire connaître. Globalement les premières années se passent bien, la liberté de travailler est comme un vent nouveau, mais certains déchantent, il leur manque souvent une appréciation de leurs efforts, et sans doute aussi une convivialité, un esprit d'équipe. Se pose alors la question de la reconnaissance.

Catherine Mieg l'explique clairement :

– Ne pas dépendre d'un patron, c'est aussi ne plus avoir de retour sur son travail par sa hiérarchie. Ce qui peut être vécu dans un premier temps comme une liberté peut devenir un piège, explique-t-elle, puisqu'on sait que la reconnaissance est le maillon qui permet de transformer les efforts au travail en gain d'identité et épanouissement. Cela veut dire que les autres canaux de reconnaissance marchent bien (reconnaissance horizontale ou transverse) mais aussi que le travailleur est en mesure d'évaluer lui-même la qualité de son travail (cela ne suffit jamais). Le risque d'isolement psychologique est peut-être plus grand, mais chacun réagit selon sa personnalité et son histoire.

Là encore, c'est vraiment un repérage de ses besoins, de son fonctionnement psychologique et de ses relations, qui permet à la personne de choisir le statut qui lui convient. Cela suppose de ne pas être sur un fantasme (ou des a priori), de se donner le temps de se confronter à la réalité, par exemple en rencontrant d'autres personnes qui partagent et vivent ce statut, et que le choix soit fait en connaissance de cause, pas par défaut.

– Comment les aidez-vous quand ils vous consultent ?

– J'accompagne cette réflexion dans la prise en charge. Quand les personnes ont beaucoup souffert en entreprise, elles ne veulent plus en entendre parler. Mais au fur et à mesure, on peut faire la part des choses, distinguer le métier lui-même et les conditions d'exercice du métier ; on peut dégager ce dont la personne a besoin dans un environnement de travail pour aller bien, et c'est souvent possible de repartir sur une nouvelle aventure en entreprise. La médecine du travail est totalement absente pour ces travailleurs, puisqu'ils ne sont pas soumis à une obligation de visites. C'est là qu'il y aurait un intérêt à ce que les médecins généralistes et les psys en général soient formés à la particularité de cette clinique du travail, pour pouvoir prendre en charge les patients sur ce volet-là. Il n'y a pas une grande différence de prise en charge, c'est juste que certains points seront plus explorés que d'autres, mais dans tous les cas, ma boussole, c'est le rapport subjectif de la personne avec le travail. »

Comprendre ce dont on a besoin pour aller bien, c'est se donner une chance de s'épanouir. On aurait envie d'ajouter cette mise en garde de la psychanalyste Claude Halmos, répondant à une interview de *Psychologies* : « Il faut retrouver le sens du collectif. Pourquoi ? Parce que c'est le seul moyen de se battre, de sortir de l'isolement. » Tout positiver dans une confusion sociale permanente, c'est continuer à se voiler la face, masquer une part de la réalité et faire du sujet, l'homme ou la femme au travail, un objet strictement économique.

Les paroles de la psychanalyste ont quelque chose de prémonitoire. Avec la crise sanitaire, le collectif a repris ses droits, malgré quelques ratés. Chômage partiel, aides aux entreprises, report ou annulation de charges, confinement pour tous, une armée de soignants hospitaliers, jusque-là méprisée, au service des milliers de malades, une autre libérale appelée en renfort. Solidarité totale des petits métiers pour faire tenir la population tout entière menacée. L'État providence est revenu en force... Pour combien de temps et jusqu'à quand ? Quand le vent de panique se sera dissipé, que restera-t-il de cet élan collectif ?

Allo coach ?

Ce matin-là, le journal gratuit *20 minutes*, distribué dans le métro parisien, donne le ton. Une page spéciale consacrée à l'entreprise, et ce gros titre : « Des lundis matin qui chantent » ! Nous voilà transportés dans la vie de bureau, avec le sourire, sauf que le bureau n'est plus ce qu'il était. Pour 29 % de Français salariés dans le privé, le bureau c'est le domicile, où s'effectue, en partie ou totalement, le télétravail. Avant la crise sanitaire. Disons plutôt « *home office* » pour être « *up to date* ».

Ce lundi justement, comme toutes les semaines depuis plusieurs années, Anne-Raphaëlle travaille chez elle. Ou « de » chez elle, pour être encore plus précis. La société néerlandaise qui l'emploie est pratiquement virtuelle, avec une quarantaine de collaborateurs disséminés partout en Europe, et même plus loin. Elle a été embauchée en 2011, après un entretien « en présentiel », le seul, et n'a plus jamais revu sa direction. Peu lui importe, le job est à sa mesure, souple et libre.

Nous l'appelons de Paris, au téléphone, dans son univers quotidien. Là où elle est, dans le Sud-Ouest, elle vit donc un dialogue permanent à travers ses écrans. Elle négocie des contrats informatiques, dans plusieurs langues dont l'espagnol, cette culture ibérique qu'elle apprécie par-dessus tout. Et pourtant, ce n'est pas « le meilleur des mondes ».

Avec elle, remontons le temps. Tout avait pourtant bien commencé. Le sentiment de mener sa barque avec un minimum de contraintes, alors que les « *open spaces* » sont de plus en plus décriés. Le monde au bout d'un clavier. L'obsession de l'efficacité. Le calme du domicile, et par conséquent une forte capacité d'autonomie pour s'organiser. Or, très vite, une constatation s'impose : le risque d'isolement gagne chaque jour. Aucune rencontre physique avec l'équipe, peu de relations sociales, peu d'occasions de déceler un quelconque hiatus dans une inflexion de voix. Et dans une tradition bien française, le regret de ces déjeuners qui servent aussi à régler des problèmes pour qu'ils ne deviennent pas conflits. Ou les tête-à-tête, dans un bureau, pour tout se dire ou presque. Les mails font la loi, générant les malentendus, les quiproquos, les frustrations, voire les rancœurs. Cela, accentué par des décalages horaires, des méthodes de travail et des mentalités très différentes d'un pays à l'autre.

« Tout cela a fini par déclencher quelques conflits, chacun dans son coin se croyant incompris. Je me suis sentie très seule, mes enfants ont grandi, mon mari est débordé par son travail. Ma sœur, directrice de la communication dans une autre entreprise, manage des équipes ; je lui ai parlé et elle m'a recommandé de faire appel à un coach qu'elle connaissait. »

Le résultat a été optimal ! D'abord parce que l'entreprise a donné son feu vert en laissant à Anne-Raphaëlle une liberté totale dans le choix de ce professionnel. Elle a joué le jeu, investi trois mille euros pour sept mois d'un coaching correspondant à une dizaine de séances d'une heure et demie chacune.

« Tout a changé ! Et tout d'abord les séances avaient lieu dans ses bureaux, très beaux, très spacieux. Je sortais de chez moi ! Et j'avais un lien, un vrai, il me faisait réfléchir sur des comportements personnels, sur un litige entre deux de mes boss… comme pour un jeu de stratégie. Je pouvais l'appeler entre deux séances, je le fais encore aujourd'hui, même si le temps a passé. C'était concret et pro : il a géré mes mails, cherché les mots justes, évité que j'y mette trop d'affect ou que je dépende de mes émotions. »

Un coach jugé donc très efficace, car disponible en permanence, et répondant exactement à la demande de plus en plus pressante d'aujourd'hui : un problème = une solution !

Quand gagner devient essentiel, quand la « gestion des émotions » a si souvent compliqué le quotidien d'Anne-Raphaëlle. Le jargon entre un coach et sa cliente est sans limites… Il est en général celui de l'entreprise, que s'approprie le coach parce qu'il doit faire en sorte que la personnalité de son salarié, de son client, soit codifiée par le langage de l'entreprise, pour entrer dans les normes requises. Ce langage relève souvent de la combativité, au risque d'obturer sa vraie nature, ses remous intérieurs et la paix en soi. La fameuse « conduite du changement » devient une obsession dans le monde de l'entreprise. Parce que la psychologie des salariés est avant tout fondée sur leur adaptation à leur poste. À peine s'inquiète-t-on de leurs états d'âme, encore moins de leur vie privée qu'il est préférable de laisser à la porte de la boîte. Un souci, des soucis au boulot ? Le patron est très occupé, le ou la DRH (direction des ressources humaines) aussi… Allo coach ! devient la meilleure solution pour se pencher sur le cas problématique.

Nous posons à Anne-Raphaëlle la question qui nous taraude : une psychothérapie classique ne vous aurait-elle pas aidée davantage ? Autrement dit, travailler en priorité sur le fond ? La réponse fuse : « En fait j'ai commencé par là, et ça a été très utile pour régler des questions très personnelles, liées à l'histoire de ma famille. En revanche ce dossier pro était d'une tout autre nature, pour moi les deux sont bien distincts. En psychothérapie, on creuse, on creuse, mais quand on a compris, plus besoin de continuer. Nous en avons parlé avec mon coach pendant la première séance, mais nous ne l'avons plus jamais évoqué ensuite. J'avais digéré les questions familiales. Le coaching est plus efficace, plus rapide dans le travail. Et d'ailleurs l'entreprise a mis en place le procédé avec d'autres collègues… Le monde change très vite, il faut suivre, et les nouvelles technologies nécessitent de nouveaux comportements personnels plus adaptés. »

Avant de contacter le coach en question, nous avons parcouru son site. La phrase mise en exergue saute aux yeux : « La personne n'est jamais un problème. » Aïe !

L'histoire d'Anne-Raphaëlle est banale aujourd'hui, elle le sera plus encore dans les prochaines années. Le développement personnel inonde nos librairies de titres et de lectures positives, efficaces, utilitaires. Non, la personne n'est jamais un problème, parce qu'elle ne doit pas l'être pour les autres. Ce qui lui appartient peut rester enfoui, l'important est de la resituer dans le contexte socioprofessionnel, sans jamais entraver la bonne marche de l'entreprise, voire de la société tout entière. Qu'elle y sacrifie sa singularité, sa personnalité et son moi, c'est son problème, pas celui des autres.

C'est le « ça » qui compte. À l'inconscient de se taire, de se faire oublier.

Être autoentrepreneur est un gage de tranquillité pour la bonne marche de l'entreprise, le salarié doit déjà s'estimer heureux d'éviter le rush et les distances à parcourir dans les transports en commun ou en voiture, les conflits relationnels avec les collègues, des logements trop chers en centre-ville. Reste que la solidarité aussi en prend un coup, le réconfort de l'entourage professionnel également, en cas de litige.

Ce qui n'a pas été pris en compte, ce sont les mails qui partent et arrivent à toute heure du jour ou de la nuit, l'isolement social, la place que prend le travail au cœur de la famille et de la vie privée. Au plus fort de la pandémie, le télétravail s'est répandu largement, mondialement, s'imposant en quelques jours à la vie privée, compliquée par le confinement. Autant dire que les coaches d'entreprises ne vont pas manquer de clients.

Oui, c'est moi...

Psychologie ! Dans notre conversation téléphonique avec ce coach installé à Bordeaux, c'est nous qui avons les premiers prononcé le mot, pas lui. Chaque terme compte en effet dans un entretien, Christophe Belud le sait parfaitement, après tout son métier repose sur le récit, l'approche narrative, selon ses termes.

En face de lui, des clients. Il insiste : « À chacun son métier, jamais je ne dirai que ce sont des patients. » Et pourtant, quand il nous décrit son activité, les différences avec le psychologue « traditionnel » ne sont pas si énormes. À première vue, en tout cas.

Il est prudent, Christophe, mais après tout ce n'est pas un défaut, il sait que nous enquêtons sur le monde des psys. Et, comme il nous le dira très vite, les coaches se sentent souvent accusés d'ambiguïté, en créant une certaine confusion. Reproches souvent faits dans la presse, il tient donc absolument à être précis, d'abord lorsqu'il décrit ses méthodes.

« Le terme coaching est galvaudé, parce que tout le monde se veut coach de tout. Or ce que je propose, c'est un accompagnement de personnes ou d'équipes, dans des organisations ou dans l'expertise des processus, au sein d'une entreprise. Je travaille en réseau avec des associations d'organisations positives pour la gouvernance, le management et les relations de l'entreprise à son environnement. Aujourd'hui les salariés n'acceptent plus les mêmes contraintes, les entreprises ne sont plus aussi protectrices qu'avant, les directions des ressources humaines n'ont plus le temps de se consacrer à l'humain, elles sont sous la pression constante du système, tout devient urgent. D'autre part des tabous sont tombés, on mesure mieux les risques psychosociaux, tel le burn-out. »

Ancien responsable de la communication d'un grand groupe de presse régional, Christophe Belud voulait lui-même depuis longtemps une nouvelle orientation. Coïncidence, il y a eu une rencontre avec un coach, puis une année sabbatique, et la décision d'investir dans l'accompagnement de cadres en changement professionnel. À son image. Voilà son parcours, avec, il le reconnaît, la tentation pendant quelque temps de devenir... psychologue ! Mais la passion pour le monde du travail a été la plus forte.

Il admet volontiers que son métier n'est pas réglementé, seulement régi par trois associations reconnues et un code de déontologie, mais cela lui permet aussi de rester à distance des systèmes très organisés des entreprises qui le sollicitent. Et, ajoute-t-il, il existe un diplôme universitaire qu'il enseigne à l'IAE (Institut d'administration des entreprises) et à Paris 8.

Tout commence par un mal-être dans l'entreprise, une interrogation, une envie de changer de positionnement pour repartir du bon pied. Ce n'est pas toujours la personne en question qui fait la démarche pour elle-même, cela peut être son entreprise, soucieuse d'investir dans l'avenir de son salarié. Rentabilité oblige. Mais l'objectif reste le même : que chacun se retrouve à sa place, au bon endroit, au bon moment, dans la bonne organisation. Cet objectif est tacite, il n'est pas forcément verbalisé, mais on comprend qu'il s'agit avant tout d'obtenir les meilleurs résultats. On saisit le sous-texte, « au prix que valent les cadres », il est important d'emmener tout le monde dans la même direction, sans jeu de mots.

Notons au passage que de nombreux gadgets managériaux fleurissent, des massages, des séminaires-détentes, des coaches bien sûr. Les entreprises cherchent le bien-être de leurs salariés, mais les arrêts maladie, les suicides se multiplient. Autrement dit, le bien-être est avant tout une question personnelle, et non pas un produit certifié conforme, serait-ce par le meilleur des coaches…

On en revient ainsi à la psychologie, à l'effort nécessaire pour se connaître, s'aimer, et être attentif aux autres. Psy, Christophe Belud l'est forcément un peu, à sa manière, au moins lors du premier rendez-vous, quand il s'agit de bien comprendre ce qui doit être réglé. Faire parler le client, et si ce dernier l'accepte, aller un peu plus dans la sphère privée, voire intime. « Notre identité est ce que nous racontons et ce que les autres disent de nous. » C'est cela l'approche narrative, sur le modèle de ce qui se pratique beaucoup en Australie et en Nouvelle-Zélande. « Dis-moi qui tu es, et ce qui se raconte autour de toi, et je te dirai, non pas qui tu es, mais comment je peux t'accompagner, avec ce qui a motivé ta démarche. » Tel est le principe.

C'est par exemple un fils, héritier programmé de l'entreprise de son père, qui exprime une difficulté : le poids de ce père, qui par sa réussite sociale se révèle encombrant. Après une première rencontre, le coach lui propose de réfléchir, de revenir si le terrain professionnel lui pose problème.

« La frontière entre le privé et le professionnel n'est pas étanche, je reste à l'écoute, mais je ne peux pas traiter tous les terrains, je n'en suis pas capable. Ma formation a pour cadre l'entreprise, le travail. Parfois il est plus facile d'exprimer un malaise dans le contexte professionnel que de reconnaître un problème intime sous-jacent, le travail révèle des fragilités dont on n'a pas toujours conscience ; quand je les perçois, je propose à mon client de consulter un psy de son choix. Il arrive d'ailleurs qu'un client soit déjà patient ailleurs. Il a déjà identifié son problème personnel et nous nous occupons donc de son travail. »

Dès le deuxième rendez-vous, il s'agit de revenir à la question centrale, bonheur et efficacité dans l'entreprise. On comprend mieux, et c'est là que psychologues et coaches divergent.

Pour ces derniers, le problème c'est le problème ! Par exemple, cela revient souvent, un souci avec l'organisation d'un service ou un choix de carrière… La liste est longue. C'est cela qu'il faut cerner, traiter, comme on enlève une dent qui fait mal, sans se soucier de la personnalité du patient, de son enfance, de ses peurs et de ses espoirs.

Un suivi-type peut se résumer en quelques chiffres. Un accompagnement dure entre six et huit mois, une dizaine de rendez-vous sont organisés et, en plus, si nécessaire, des échanges au téléphone. Facture quatre mille euros. C'est le tarif pour une entreprise. Moitié moins pour un particulier. Un investissement qui a parfaitement répondu aux attentes d'Anne-Raphaëlle que nous avons déjà questionnée.

Le terrain, on le voit, est bien balisé, sans vrai risque d'échec. Après le premier contact, une fois l'affaire engagée, le coach sait parfaitement où il va, preuve supplémentaire que nous sommes aux antipodes des inconnues d'une séance chez le psy, le vrai.

Et puis, après des années d'euphorie dans les entreprises, les « nouveaux cadres » notamment ont pris leurs distances. Ils veulent, sans trop patienter, trouver la place qui correspond le mieux à leurs attentes. De quoi renforcer l'envie de proposer ses services. Au total tout le monde s'y retrouve, grâce en partie aux bienvenus et généreux budgets de la formation. Des perspectives qui ont logiquement encouragé les candidats au coaching sous toutes ses formes. Aujourd'hui c'est la fièvre. Rien qu'à Bordeaux, entre soixante et soixante-dix « diplômés » chaque année, même si au bout du compte, ils ne seront que dix ou vingt coaches à vraiment exercer. Activité toujours très ouverte. N'importe qui peut accrocher à sa porte une plaque « Coach ». Comme les psychanalystes, d'ailleurs. Les marchands de bonheur, ou d'efficacité, ou de performance pour employer les mots de notre société, ont compris le filon. Principe de base, dédramatiser. Promettre des solutions qui ne demanderont guère d'efforts... On en fait déjà assez dans la vie de tous les jours.

Encore aujourd'hui, le terme anglais « coach » n'a pas été traduit. Par fidélité au monde anglo-saxon ? Ce mot est pourtant né dans notre langue, le cocher d'autrefois qui menait ses chevaux à la demande de son client. Un coach pour nous entraîner à gagner, pas forcément à mieux se comprendre.

Le rappeur Soprano le scande même dans une chanson, *Le coach* : « Toujours se relever, interdit d'abandonner, on a des rêves à soulever...

Sophie, coach mais pas trop

En ce jour de grève des transports, qui désorganise le trafic urbain, nous attendons Sophie autour d'un café. Elle s'assoit, s'excuse en souriant de son retard, elle qui habite tout près du bistrot. Une grande et jolie brune, entre quarante et cinquante ans, qui, nous le sentons d'emblée, ne survendra pas son métier de coach et de sophrologue. Elle a longtemps soutenu une femme SDF qui venait de sortir de la rue, rencontrée lors d'un colloque sur les violences faites aux femmes. Elle l'a écoutée, beaucoup, orientée souvent, pour ses démarches administratives, rassurée sur sa prise de parole pour témoigner. Elle l'a accompagnée quelques mois durant pour lui permettre de tenir le coup, en attendant des jours meilleurs. Elle a aidé des jeunes adultes à préparer leurs examens, d'autres à maîtriser l'oral, ou leurs émotions lors d'entretiens professionnels, des femmes et des hommes en état de stress ou en panne de sommeil.

Nous retrouvons là l'équation « un problème = une solution » !

Sophie est coach de vie. Qu'en termes grandiloquents ces choses-là sont dites... Aujourd'hui, une entreprise sur deux recourt à un coach, pour le « bien-être » de ses salariés. Sous prétexte qu'un salarié heureux produit mieux... Sauf que le coach lui-même, ce n'est pas le cas de notre interlocutrice, a toutes les chances d'avoir été un salarié malheureux, indocile ou frustré, qui décide de se sentir « au top », de se libérer et d'être un modèle pour les autres... Nous trouvons sur Internet plus de deux milliards sept cent dix millions d'occurrences, y compris des enseignes commerciales ! Quand même... Certes, nous savons tous les maux engendrés par la solitude ou l'isolement, les conditions de travail de plus en plus inhumaines ; et les conséquences des familles éclatées, décomposées puis recomposées, qui forcément affectent des enfants et rendent fragiles des adultes. Ainsi va notre société, alors on trouve les remèdes qu'on peut.

Samuel Lepastier, psychiatre et psychanalyste, écrit à ce sujet : « Les coaches sont le résultat de la perte du lien traditionnel dans l'anonymat des grandes villes. Ils ont pris le relais des parents, des amis. »

Il est vrai que Sophie est avenante, on aimerait l'avoir pour amie. Pour assurer cet accompagnement ponctuel qu'est le coaching, elle suit une formation d'un an, avec un suivi psychologique et une psychothérapie personnelle. Un superviseur l'aide aussi à prendre du recul par rapport aux émotions de ses clients, à travailler sur son ressenti.

Un sentiment d'incomplétude la pousse peu à peu vers une formation de sophrologue. Ses clients sont debout ou assis, à leur gré, avant de s'allonger sur un fauteuil relaxant, pendant une heure. La première séance est consacrée à l'anamnèse de chacun, le temps du dialogue et de l'échange, sans musique ni encens... Puis chacun pointe le problème qui le préoccupe et qu'il lui faut résoudre en sept à huit séances, à raison de cent euros pour le coaching et soixante-dix euros pour la sophrologie. Sophie reçoit ses clients dans son bureau, leur donnant ainsi la possibilité de se déplacer, de « sortir de leur zone de confort. »

Dès les premières questions, elle avoue qu'elle ne souhaite pas s'installer dans cette carrière, ces deux activités lui paraissent insuffisantes pour aider les gens qui la sollicitent. Pourtant, elle continue par besoin de donner quelque chose à l'autre, de partager une empathie naturelle, ce qui, précise-t-elle, est déjà thérapeutique, pour elle-même et ses clients.

– Oui, j'ai dit "clients", ce ne sont pas des patients. Ces deux activités ne constituent pas des soins, plutôt des techniques d'appoint à un moment précis de leur vie. Nous partons d'un point A pour arriver à un point B positif. Je donne des armes, des outils, pour surmonter une situation sans reproduire les mêmes schémas. Entre deux rendez-vous, il faut continuer de s'approprier ses outils, faire des exercices, entretenir la motivation. Le coaching, la sophrologie sont plus proches de la thérapie comportementale que de la psychothérapie. Des méthodes Coué, issues de la psychologie positive. On dissocie un problème de l'histoire d'une vie, forcément plus complexe. Même s'il existe des liens, ce n'est pas à moi de les trouver ou de les dénouer. À eux de revenir sur leur passé, de consulter un psy, s'ils le peuvent ou s'ils le souhaitent. Je n'offre que la possibilité d'enjamber ce passé pour mieux vivre le présent, sans promesse de trouver le bonheur ni l'épanouissement. Ceux qui optent pour des thérapies analytiques peuvent trouver un allégement de leur cheminement dans des séances de coaching, mais ces clients-là sont rares. C'est d'ailleurs cette dimension analytique qui me manque le plus dans ce travail, je mets du baume sur un mal-être qui ressurgira, pour certains, ailleurs et autrement.

– C'est la mode des coaches en tout genre, mais leurs limites sont souvent dénoncées, qu'en pensez-vous ?

– Ces coaches-là sont dénoncés à juste titre, tout le monde peut être coach, aucun diplôme ne définit leur travail, leur qualité. J'en connais qui font n'importe quoi, ils manipulent les esprits, pour des raisons purement mercantiles. On est dans une époque où il y a trop de tout : on vend du rêve et ceux qui vont mal se ruent sur de fausses promesses. On y perd notre capacité de réflexion et d'analyse, on la délègue pour notre propre économie psychique, mais on ne résout rien de ce qui est profondément enfoui et qui tournicote en nous. Cela étant, s'il y a de l'offre, il y a aussi de la demande, si les gens se croient heureux par ce biais, pourquoi pas ? »

Et Sophie s'agace de savoir que l'on trouve des coaches à tout faire, ce « *how to do* » à l'américaine qui ne vaut pas un « *how to be* ».

Faire, toujours faire, assurer, être à la hauteur pour oublier ou pallier la fatigue ou l'incapacité d'être soi. Freud écrivait dans *Malaise dans la civilisation* : « L'homme devient névrosé parce qu'il ne peut supporter le degré de renoncement exigé par la société, il devient déprimé parce qu'il doit supporter l'illusion que tout est possible. »

Bien sûr que non, tout n'est pas possible, même avec des béquilles mentales, physiques ou pseudo-psychologiques. Il y a une notion de toute-puissance qui se déploie dans la relation entre le coach qui affirme et met en scène cette notion, et le client qui y croit et fait tout ce qu'on lui demande pour y parvenir. La profusion de coaches, de thérapies supposées ou inventées est inquiétante. Pour être réaliste, on ne coache pas la vie, c'est elle qui nous coache, qui nous oblige à nous adapter, avec nos résistances, nos renoncements, nos accommodements... Choisir des thérapies courtes, dirigées mais sérieuses, convient à celles ou ceux qui ont besoin d'action, nous ne sommes pas tous enclins à l'introspection ou à l'analyse.

Une jeune femme nous raconte qu'elle se sent mal dans la vie, trop seule, trop instable dans sa vie amoureuse. Elle trouve l'adresse d'une thérapeute, qui dès la première séance lui procure une réelle relaxation, elle s'est intéressée à elle, a pris le temps (et l'argent) pour la regarder et effectuer une petite séance d'EMDR, de l'anglais « *eye movement dezensitization and reprocessing* ». Cette thérapie, très en vogue, consiste en l'intégration neuro-émotionnelle par les mouvements oculaires ou des tapotements sur les bras, les genoux, elle est censée prendre en charge le stress post-traumatique. À condition que ce traumatisme n'en cache pas d'autres... Car pendant une séance d'EMDR, ces mouvements ténus sont des outils qui, selon plusieurs psys, « enferment le trauma dans un coffre » et créent une addiction hypnotique pour trouver l'apaisement. Le stress post-traumatique reste la partie visible de l'iceberg, les garde-fous, tapotements et mouvements oculaires sont répétés pour ne pas faire d'appel d'air de ce qui est enfoui. Autrement dit rien n'est réglé, mais le symptôme s'apaise...

Donc la jeune femme en question, appelons-la Laurence, s'entend dire en fin de séance qu'elle a subi deux traumatismes sévères, l'un vers quatre ou cinq ans, l'autre à vingt ans. Laurence n'en revient pas, elle est sûre de n'avoir rien vécu de tout cela. Comment cette sophrologue sait-elle ce que Laurence ignore et qu'elle est sûre de n'avoir jamais subi ? Une psychologue l'éclaire quand elle décide enfin d'aller en thérapie parler d'elle et de son mal-être plutôt diffus, tant elle est loin de sa famille et toujours dans le deuil d'une petite sœur, décédée après une maladie, quand elle avait douze ans. Sans entrer dans les détails de l'histoire de Laurence, son expérience de sophrologie prouve le danger de s'accrocher à des thérapies effectuées par des charlatans (ils seraient 68 % à tromper leurs patients et donc à les mettre en danger). Il fut un temps, dans les années 80, où une vague de viols inventés par des imposteurs américains a déferlé...

Au premier rendez-vous, la « thérapeute » fait endosser à Laurence des traumatismes inventés de toutes pièces, de manière intrusive, autoritaire et alarmiste. Une formidable prise de pouvoir sur cette jeune femme qui n'en demandait pas tant, et une exploitation de sa vulnérabilité, qui pourrait induire des névroses au lieu de les mettre au jour.

On n'est plus en thérapie, mais dans la sphère de la voyance, de la médiumnité ou de l'imposture ; on est loin du savoir, de la psychologie humaine, mais dans la perversité et l'obscurantisme. Là est toute la différence avec un vrai thérapeute, bien formé, qui lui ne sait rien du sujet, qui jamais ne décèlera quoi que ce soit dès la première rencontre, et qui au contraire découvre l'univers de son patient en même temps que lui, à ses côtés, sans préjugés.

« Avant de vous suicider, appelez-nous ! »

Bonheur obligatoire ou malheur interdit, c'est comme on voudra. Les lycéens et les étudiants de 68 ont en effet décidé, jusqu'au bout, de garder leur place à part dans la société française. À l'époque, ils ont été contestataires ou pas, sur les barricades ou tranquillement réfugiés à la maison avec papa maman. Passé le bug de l'an 2000 qui n'est jamais arrivé, les nouveaux seniors ont décidé de ne plus trop s'interroger.

A-t-on voulu faire peur, à eux et à leurs parents ? Guerre froide, menace nucléaire, faim dans le monde, sida, et maintenant coronavirus et disparition supposée de la planète. La théorie de l'effondrement n'en finit jamais. Mais rien n'y fait, elles et ils continuent tranquillement à vouloir jouir ! Émotions, émois.

Bien sûr, les trente glorieuses ne sont plus qu'un lointain souvenir. Mais pas pour eux. Ils surconsomment, et après avoir bien dévoré le gâteau, ils savourent la cerise. Ce sont eux qui achètent le plus de voitures neuves ! Plutôt que de comprendre le pourquoi et le comment de leurs choix, ils plongent dans l'immédiat. Un seul exemple. Le taux des divorces après trente-cinq ans de vie commune a été multiplié par neuf depuis quarante ans. Et ça s'accélère. Depuis dix ans, les plus de soixante ans divorcent deux fois plus. À l'origine de la décision, davantage de femmes que d'hommes. Des séparations qui ne s'embarrassent plus trop d'un temps de réflexion pour « comprendre ». D'autant que l'exemple vient souvent de leurs propres enfants, de plus en plus prompts à se séparer, ou à ne pas s'engager, si nécessaire.

Les SMS et autres tweets ont précipité le mouvement. Les seniors ont été particulièrement habiles à se promener avec bonheur au milieu des nouvelles technologies. Les moyens de dire au monde qu'ils existent. Alors, il est de plus en plus difficile de préserver un espace de pensée. L'envie d'y consacrer un minimum de temps et d'énergie diminue d'autant. On fuit la confrontation avec soi-même. Sauf à la salle de sport, rassurante, puisque le corps exulte...

Andy Warhol avait promis à chacun de nous un quart d'heure de célébrité. Défi relevé au-delà de tout, désormais on se fabrique sa propre aura. Instagram, dis-moi que je suis le plus beau, que mon plat est savoureux, ce pull si tendance, cette plage superbe, et en fin de compte ma vie brillante ! De quoi rassurer les plus fragiles, souvent au lendemain d'une carrière professionnelle en fin de compte décevante... Ah le manque de reconnaissance ! Reste, comme le disait John Lennon, que « la vie, c'est ce qui arrive quand on attendait autre chose ». Un sombre jour de décembre 1980, il a payé lui-même très cher cette vérité. Nous ne décidons pas de tout.

Oui la vie apporte ses sorties de routes et pire, de vrais malheurs qui traversent le ciel comme de sombres oiseaux noirs. Mais nous préférons l'ignorer. Alors, parfois, en quelques heures, l'urgence s'impose. Trouver un territoire d'écoute. Souvenir de cette femme totalement désemparée cherchant une première aide. Un psy.

Son « aveu » résonne encore : « Je n'en ai jamais eu besoin jusqu'à présent ». Traduction : « J'allais bien jusqu'à ce matin, le psy, ce n'était pas pour moi. » Sous-entendu, j'étais au-dessus de ça. La réplique n'est pas si difficile à formuler : « Tu sais (ou plutôt non, tu ne sais pas), c'est comme pour un bras cassé, il faut un bon spécialiste, c'est lui qui décidera si plâtre ou attelle, et le temps nécessaire pour t'accompagner. »

Encore faut-il avoir un ami à qui parler pour échapper à la vraie menace, éternelle celle-là, la solitude. Encore plus lourde dans les villes pourtant si peuplées. L'isolement ou la solitude sont de bonnes indications pour chercher un thérapeute. Ce peut être un psychologue, un psychothérapeute ou un psychanalyste, recommandés par des proches ou des amis, une manière d'éviter les imposteurs. Nous avons trouvé un petit guide publié par les éditions Déclics, écrit par le psychologue clinicien Mickaël Benyamin, qui aide les lecteurs à comprendre les différences entre tous les psys qui fleurissent ici ou là.

Un constat se confirme nettement, la société française se morcelle et donc se fragilise de plus en plus. On peut se sentir seul(e) dans la campagne, verdoyante et apaisante, mais désertée par les soignants et les services publics ; on peut éprouver le même sentiment au milieu de dizaines de barres d'immeubles.

On sait aussi qu'en France, dix millions de personnes vivent seules, c'est également la situation d'un quart des Parisiens. Évidemment, il y a ceux qui en ont fait le choix et revendiquent ce mode de vie comme un privilège. Mais tous les autres le subissent. Cette distance avec le reste de la société, beaucoup de patients en parlent à leurs psys, ces derniers nous l'ont tous dit. Ne pas avoir à sa portée la personne capable au moins d'écouter accentue fortement le mal-être. Se décider à consulter est évidemment plus facile quand quelqu'un de confiance peut témoigner, « cela m'est déjà arrivé », tant cet univers peut paraître mystérieux, de loin.

À côté des montagnes de guides passe-partout pour trouver sa voie, il existe pourtant depuis longtemps une solidarité qui a fait ses preuves. Un coup de fil peut parfois faire du bien, avant de plonger dans le grand bain de l'exploration intime.

Dans les années 50, en Angleterre, une adolescente s'était donné la mort car elle pensait souffrir d'une maladie sexuelle. En réalité elle venait d'avoir ses premières règles. Des bonnes volontés se sont alors retrouvées pour imaginer une action et créer une association, The Samaritans, qui a publié cette petite annonce dans le *Times* : « Avant de vous suicider, appelez-nous », suivie d'un numéro de téléphone.

En 1960, en France, un pasteur et son épouse lancent à leur tour S.O.S. Amitié. Sept mille cinq cents appels la première année, sept cent mille aujourd'hui, un chiffre qui augmente régulièrement. Mille six cents bénévoles répondent et écoutent. Vingt-quatre heures sur vingt-quatre, sept jours sur sept ! Avec toujours les mêmes principes, c'est gratuit, anonyme et confidentiel. Un monument de la solidarité, et même les honneurs du cinéma. Toute la France rit encore devant le film *Le Père Noël est une ordure*, qui commence le soir du réveillon dans les bureaux de S.O.S. Détresse amitiés. Un hommage populaire, avec un grand clin d'œil à la disponibilité des « écoutants », comme ils s'appellent eux-mêmes.

Les vrais écoutants sont toujours là, formés pendant quatre mois par un professionnel. Celles et ceux qui dialoguent ne jouent pas pour autant aux psys. Ils ne proposent pas non plus une thérapie, même artificielle. Pour eux, il s'agit surtout d'apaiser et de mener une conversation qui, au bout du compte, permet de souffler au propre comme au figuré. Un premier pas destiné tout simplement à faire du bien. Parfois cette confidence survient : « Ce que je vous dis, je n'ai pas osé le confier à mon psy ». À coup sûr, le message de celles et ceux qui se sentent gênés lors d'une séance « en chair et en os », mais plus libres de leur parole au téléphone, sans avoir à se montrer.

Ce sont sans doute les mêmes qui tous les soirs appellent Caroline Dublanche ou Olivier Delacroix, à la radio. Dans la foulée, compte tenu des situations nouvelles, de nombreuses associations spécialisées ont vu le jour. S.O.S. Drogue info service, S.O.S. Papas,

S.O.S. Addictions, ou encore Agri-écoute, lancé par la mutualité sociale agricole, face à une détresse grandissante à la campagne. Des associations non lucratives, protégées par la loi de 1901. Sans compter celles qui ont surgi le temps du confinement pendant la crise sanitaire et la panique générale. Des repères devenus indispensables.

Quatre siècles avant Jésus-Christ, Eschyle, le dramaturge grec, disait déjà : « La parole apaise la colère ». Mettre des mots sur les maux, c'est un premier pas, il est décisif. La parole dans toute sa force, loin des SMS et des tweets.

Chapitre 4

Vies privées

Les galériens

Mais il y a ceux que les mots effraient...

Voir un psy ? « Moi, jamais... ». Nous les avons rencontrés séparément, nous les avons interrogés. Nous leur avons cité des cas résolus, d'autres moins, d'autres en cours, juste pour comprendre leur résistance face aux psys, qu'ils respectent mais qui leur restent étrangers. Ils sont des millions à les tenir à distance, des millions à vouloir en finir avec leur inconscient, avant même d'avoir commencé.

La société leur offre pléthore de solutions, des dérivatifs, des pilules miracles, des thérapies en tout genre, concrètes, bien installées dans l'air du temps. En vertu de ce bon cliché, qui a la vie dure, « La parole est d'argent, le silence est d'or », cela convient à une majorité de nos contemporains. Ils choisissent d'autres voies, des chemins de traverse jalonnés d'échecs et de réussites. Ils trouvent une solution pour chaque problème posé. Ou bien ils font avec, jouent au yoyo avec leurs états d'âme, et trouvent le plaisir, le bonheur là où ils peuvent. Ont-ils raison, ont-ils tort ? Est-ce bien ou mal ? Là n'est pas la question, chacun est encore libre de disposer de son corps et de l'appréhension de sa psyché. La psychanalyse n'est pas la voie royale pour aller bien ou s'accepter, et les petits tourments intérieurs ne sont pas forcément signes de grandes souffrances. Chacun a sa propre capacité de résistance, l'essentiel est de trouver des arrangements avec soi-même.

La cure par la parole ne convient pas à tous, elle prend un peu plus de temps, un peu plus d'argent, elle mobilise l'énergie et nécessite une bonne dose de lucidité. Pour certains, une séance de yoga, de sophrologie, de rebirth, d'hypnose ou d'acupuncture offre des résultats plus probants. Après une intense partie de tennis, ou un dîner bien arrosé avec des amis, on peut aussi se détendre et chasser des pensées encombrantes.

Reste à savoir ce que l'on recherche... La détente ? Les causes et les méandres d'un mal-être ou le dépassement d'un traumatisme encombrant, récurrent et déstabilisant ? Préfère-t-on le court terme ou le développement durable ? Le cheminement de chacun varie, non seulement en fonction de l'objectif fixé, mais aussi de l'environnement, l'âge, le mode de vie, les moyens financiers et le temps que l'on souhaite accorder à soi-même. Bien que, mises bout à bout, des visites médicales répétées pour une hypocondrie installée ou une dépression coûtent plus cher qu'une psychothérapie... Plus nombreux sont ceux qui préfèrent vivre intranquilles, plutôt que d'ouvrir le champ intime des possibles. Ou ceux qui cèdent à la consommation d'une pléthore de médicaments, mis à disposition dans notre société où la performance reste un maître-mot, plutôt que de cliquer sur pause, histoire de prendre un peu de distance, de souffler pour se retrouver et mieux repartir.

À propos des médicaments, Jacques André, psychanalyste et philosophe, écrit : « Le médicament nourrit l'illusion d'un possible, l'économie du traitement psychique », ce qui n'empêche pas son efficacité ponctuelle pour alléger le symptôme organique.

Nous avons donc rencontré des femmes et des hommes qui tergiversent, essaient, se ravisent, pour finalement renoncer. Des récalcitrants, qui ont décidé de « se soigner » autrement, comme on choisit de vivre plus intensément, dans une fuite en avant jouissive et efficace. « Chacun son truc », dit-on pour faire taire une discussion, ou encore « chacun ses goûts, il en faut pour tout le monde ». Là on n'avance plus, mais nos antipsys ont tout de même parlé...

Certes, les psys ont eux aussi, à leur insu, une parole magique. Elle opère parfois de la même façon que lorsqu'on décide de prendre rendez-vous avec le généraliste et que le jour où l'on s'y rend la douleur s'est envolée. Toutefois, elle n'est pas suffisante pour les personnes que nous avons interrogées, même si leurs amis, leurs enfants, leurs proches en fréquentent, et même si ça marche !

Mais alors pourquoi pas eux ? Parce que justement, ils prétendent avoir ciblé leurs problèmes, « un psy ne nous apprendra rien... » Ils jurent y être allés, pour tenter le coup, ils ont demandé des adresses, suivi des recommandations, ils ont vu « quelqu'un », pendant une ou deux séances et ils sont unanimes. Ils répondent, en substance :

« J'y suis allé, gonflé à bloc, je me suis assis. J'ai surmonté ma timidité, ma pudeur. Et puis, au bout d'une demi-heure j'ai compris... Raconter mon enfance, mes parents, mes coups de cafard, mes blocages, mes pensées secrètes, mon pipi-caca serait inutile. Une perte de temps. Je me connais, je sais ce qui ne va pas, à quoi cela me servirait de parler de tout cela ? Un psy ne peut pas tout résoudre, ni recoller les morceaux de toute une vie. Et en plus ça revient cher, ça peut durer des années. Donc non merci, ce n'est pas pour moi... »

Ils ajoutent être restés crispés sur leur fauteuil, sans un mot, juste à s'agacer des silences du thérapeute, de son regard interrogateur. Certains avouent avoir parlé de la pluie et du beau temps, énoncé quelques banalités, regardé le plafond pendant que le psy prenait un air concentré. Au moment de payer : des dizaines d'euros, pour rien ou si peu. Sans promesse de retour, ni « retour sur investissement ». Ils ont renoncé. Trop « statique », trop « lent ». Ils ont préféré passer leur chemin, se confier de temps en temps à un proche. Rengainer leur velléité de consulter pour un petit coup de blues.

Et pourtant ils savent que la fatigue chronique, les bobos à répétition, ou, entre autres, les problèmes de peau, sont des symptômes éloquents qui révèlent un corps sous influence. Ils en parlent, utilisent même des vocables psy, somatiser, narcissisme, lapsus, etc., entrés dans le langage courant. Ils savent tout cela, et même que « c'est dans la tête », mais ils se soignent à leur manière !

Deux hommes, une femme, trois personnalités en quête d'apaisement. Nous avons retenu leurs témoignages, parmi d'autres, ils sont assez représentatifs. Quand on les approche, rien ne transparaît, les manifestations de leurs angoisses sont invisibles ou très bien camouflées.

Ils ont entre trente-cinq et soixante ans, autrement dit leurs « problèmes » traînent depuis quelques années, sans les empêcher de vivre, travailler, fonder une famille, réussir et « s'épanouir » d'une autre manière, quitte à vivre en crédit illimité.

Ils affichent la même véhémence dans le rejet, emploient presque les mêmes mots à l'égard des psys. Ils y sont allés pour les mêmes raisons, ou presque.

L'une souffre d'un eczéma ponctuel, les deux autres de psoriasis. Problèmes de peau en guise de cicatrices qui gratouillent, démangent, comme pour signaler des tourments enfouis. Problèmes d'ordre aussi : en allant les voir chez eux, on sent bien que tout doit être et rester à sa place, à la maison comme dans la tête. Leur emploi du temps est cadré, laissant peu d'espace à l'improvisation. Oui, mais le retour du refoulé existe bien, alors quand on baisse la garde, le corps parle, la peau s'enflamme. Ils s'interrogent vite fait... Les mots restent bloqués à la surface de leur épiderme. Peu leur importe, ils colmatent par une nouvelle consultation médicale.

Après trois séances avec une psy, qui l'ont bien énervée, la jeune femme est allée chez son généraliste qui lui a prescrit un traitement médicamenteux à base de cortisone en cas de « crise ». Quand elle flanche, elle brique, nettoie son domicile, range ses placards, avec une application maniaque, sans faille. Responsable d'une équipe, elle retourne à son travail qui la passionne, se paie une toile ou quelques jours de vacances, elle s'occupe de ses enfants, devance leurs désirs, le temps et la pommade font le reste. Elle a réfléchi et conclu qu'il vaut mieux « faire avec... » que passer des heures à creuser son passé, remettre en question des habitudes et des rituels rassurants. Rassurants comme autant de garde-fous pour que la digue psychique ne cède pas. En psychanalyse, on appelle cela l'évitement, d'autant que ses crises sont déclenchées à des moments précis où le sujet est plus vulnérable. Mais elle ne saurait dire à quelle occasion les démangeaisons surviennent... Elle les subit et les traite aussitôt.

Le deuxième, un homme grand, mince et musclé, pratique le sport à outrance, il est marathonien. Il doit s'entraîner chaque jour, à l'heure du déjeuner ou après son travail, pour que son corps déploie toujours plus de résistance, et que le psoriasis se dilue dans un effort massif qu'il répète inlassablement, pour éloigner le conflit psychique qui, lui, tourne à vide. Il est « un galérien volontaire », comme disent les psys : se dépasser pour mieux faire taire un cri inconscient, intérieur, qui monte comme une vague, puis se retire. Il y pense, il oublie. Et pourtant son métier le guide pour prendre soin des autres... Il est taiseux, son sport en solitaire lui convient parfaitement, nul compte à rendre, à personne. Ni à lui-même. Il se satisfait du plaisir immédiat, d'une jouissance narcissique et réelle, de l'évacuation temporaire de la tension. Il opte pour l'endurance, court plus vite, plus longtemps. Et quand tout s'arrête, quand un événement le tourmente, quand il ne peut ni courir, ni s'entraîner en salle de sport, les plaques rouges reviennent... Jusqu'à la prochaine fois. Jamais vu de psychothérapeute, il n'en a pas besoin, dit-il, pour clore toute conversation.

Quant à notre troisième homme, « *Cigars, whisky and no sport* », dit-il, en citant la formule de Winston Churchill. Lui aussi s'occupe des autres, lui aussi gère une équipe. Des eczémas ici ou là, il consulte son dermatologue plusieurs fois par an, les tubes de crème s'accumulent dans sa salle de bains, et sur sa peau. Parfois il pose sur son visage une légère couche de fond de teint couvrant, pour cacher les rougeurs et oublier ses insomnies. Il s'octroie de longues marches, calculées sur son smartphone, ou une bonne soirée d'ivresse avec ses copains. Tous les jours les mêmes gestes, le même temps devant le miroir, mais ses yeux regardent son reflet, ils ne se tournent pas vers son conflit psychique intérieur. On ne s'arrête pas, on continue... Lui aussi a vu un psy. Le temps d'une séance...

« C'est mon dermato qui m'a conseillé de consulter. J'ai pris deux adresses, j'ai dû tomber sur le mauvais, je crois. J'y suis allé, il m'a vite énervé, en posant des questions pour lesquelles je ne trouvais pas de réponse. J'avoue que je n'ai fait aucun effort, j'étais très tendu à me demander pourquoi j'étais là. À la fin de la séance, il m'a demandé de le payer en espèces, je n'en avais pas, et ça m'a bien gavé... Il m'a dit, la prochaine fois... Nous avons repris un rendez-vous, mais je n'y suis pas allé ; j'ai eu un empêchement. Le type m'a rappelé deux fois pour que je paie la séance manquée et que je reprenne une date. Je n'ai pas supporté, même si j'étais en tort de n'avoir pas payé cette dette. J'avais envie d'une relation plus simple, plus fluide, j'en conviens, je suis de mauvaise foi, mais je n'ai pas eu envie de poursuivre dans cette voie. Je reconnais que je suis trop timide, trop pudique pour me dévoiler à un inconnu. »

La dermatologue très expérimentée que nous interrogeons, mais qui souhaite l'anonymat, affirme fermement que la peau est un organe qui parle, même si ceux qui subissent les problèmes épidermiques ne veulent pas toujours entendre ces voix. La spécialiste aime à rappeler que le fœtus, dans une première étape de sa formation, lie la création du système nerveux et celle de la peau. Voilà pourquoi cette dernière est à elle seule une langue qu'il faut « écouter » pour saisir ses messages et savoir les interpréter.

« Dans une société où l'on hésite encore à aller voir un psy, la peau donne à réfléchir. C'est d'ailleurs la raison pour laquelle j'ai choisi cette spécialité. Avec chaque patient il y a une histoire à comprendre, et au-delà des soins, une aide, un échange à concrétiser. La peau raconte parfaitement notre époque. Celle, entre autres, d'un univers très agressif, celui du travail, la difficulté à s'y insérer et à y évoluer. Pour beaucoup, les temps sont durs. Il règne une angoisse générale très préoccupante. Même si nous n'avons pas réponse à tout, nous avons à écouter avec attention celles et ceux qui ont le plus de mal à s'exprimer. Le confinement a été une lourde épreuve, avec de vraies pathologies, telles des "acnés monstrueuses" et des formes de psoriasis que je croyais disparues depuis longtemps. L'enfermement, pour beaucoup, a été vécu comme une condamnation. Je recevais sur le smartphone, avec sa fonction photo, le cliché des bobos pour solliciter un premier avis, avec ensuite un suivi fondé sur la confiance. »

Or il est évident que soigner un organe, prescrire un remède ne prend pas en compte la globalité de l'individu. Hippocrate enseignait : « Les maladies qui échappent à l'âme contribuent à dévorer le corps », ou encore : « La santé est un état d'équilibre, c'est un compromis permanent ». « Une consultation médicale dure en moyenne dix minutes », écrit encore Mickaël Benyamin dans son livre *La Psychosomatique* (éditions In press), « l'essentiel pour le praticien étant de soulager une souffrance, sans se soucier de la personnalité ou de la vie de son patient. »

De ce fait les spécialistes se multiplient, chacun s'occupant d'un bout de corps, d'un symptôme unique. Mais l'être humain est un animal pensant, pourquoi négliger, occulter le psychisme et le caractère de chacun ? Pourquoi ne pas essayer de comprendre la raison profonde d'une crise d'eczéma ou de psoriasis, son surgissement à l'instant T, qui réveille le sujet et le focalise sur la réalité de son symptôme ? C'est le processus classique, récidivant, de toutes ses affections cutanées, digestives ou respiratoires. Les psys sont formés pour comprendre et orienter le patient vers lui-même, ils écoutent et regardent un corps autant qu'un état psychique. Tout symptôme est pour eux une énigme à déchiffrer. En démêlant les fils de son histoire, le patient accède, à son rythme (trop lent pour certains), aux causes de son symptôme. Affaire d'équilibre, ainsi que l'a écrit Einstein : « La vie, c'est comme la bicyclette, il faut avancer pour trouver l'équilibre ».

En psychanalyse, le sujet est aidé par le transfert, à savoir ce qu'il exprime face à son thérapeute, ce qu'il lui délègue et qui lui reviendra autrement élaboré par le contre-transfert. Nos interlocuteurs antipsys, en restant aux portes de leur psychisme, se privent d'une relation thérapeutique durable ; ils choisissent des traitements ponctuels, quitte à en accepter les effets boomerang. D'autres multiplient des consultations en tout genre, offrent une parcelle de leurs problèmes à des praticiens plus ou moins confirmés ou s'engagent dans des techniques à court terme, histoire de poser un sparadrap sur une plaie. Le propre du sparadrap étant de se décoller au bout d'un certain temps, sans avoir traité la plaie... Nicole Kac Ohana, psychanalyste, écrit dans un article sur la psychosomatique qu'elle voit « de plus en plus de patients qui ont guéri de leur symptôme, grâce à des médicaments, des thérapies comportementales ou cognitives, et qui au bout de quelque temps, viennent nous voir car le mal-être refait surface, souvent sous une autre forme. »

Courir, jusqu'au bout de soi...

Pascal Silvestre, journaliste et écrivain, se reconnaîtrait-il en nos galériens ? Lui qui a publié un recueil de dix nouvelles, *Marathon* (éditions Lattès). Lui qui, à trente-cinq ans, a commencé une vie de marathonien, pour l'arrêter à cinquante ans... Quinze années de course effrénée, cinquante-six marathons dans le monde entier, accomplis sans se poser de questions, sinon courir pour « entrer en soi » et battre quelques records. Pas de musique dans les oreilles, pour mieux entendre sa respiration, les battements de son corps.

Pour tenir, l'homme, fervent catholique, prie. Il n'a jamais abandonné le parcours, se sentant bien cadré, heureux. Pourtant, à chaque départ, il se remémore la phrase du grand champion Emil Zátopec, « Il est l'heure de mourir un petit peu... » Mourir de quoi ? À soi ? Aux autres ?

Pascal commence le « running » pour échapper aux injonctions d'une mère autoritaire et directive, nous dit-il. Il veut être libre, s'en émanciper, sans changer toute sa vie. Alors les foulées de la course lui offrent une « bonne tranche de vie », les coureurs qui l'entourent ne comptent pas vraiment. Non c'est lui, son bien-être intérieur, les médailles qu'il récolte et qu'il garde jalousement, et fièrement, dans un grand saladier en verre transparent. Il tient à rester amateur, pour ne pas se faire « endoctriner par des agents, des équipementiers, l'argent, les soi-disant préparateurs mentaux, les vrais ou les faux coaches ». Et toutes ces applis qui ne sont que « masturbatoires et égotiques ». Pour lui la course est un sport, gratuit, réparateur, social aussi… L'argent dévoie tout cela. Lui, il a le piano pour se reposer, pour atteindre d'autres bonheurs, et tenter de fuir cette addiction au running.

13 novembre 2015. Il perd un membre de sa famille dans l'attentat du Bataclan, il vit une rupture amoureuse, il court encore deux marathons. Et puis s'arrête !

« C'est bouleversant d'arrêter. J'ai dû faire une croix, je n'avais plus les sensations euphorisantes qui me portaient pendant plus de quarante kilomètres. Aujourd'hui je nage, je fais du vélo, je cours encore, mais plus de marathon. Quand j'ai arrêté je me suis senti perdu, la solitude me glaçait… En course, on clarifie ses pensées, on se remplit d'air, de soi, jusqu'à s'oublier. C'est une drogue. Je me suis tourné vers l'analyse. Je traversais Paris en courant, pour aller chez le psychanalyste, et je revenais en courant. Ce monsieur était tout le temps en retard. Je suis resté quatre ans avec cet homme que je détestais, nous étions dans l'affrontement. Quatre ans ! Et puis j'ai changé, j'ai trouvé une femme non loin de chez moi, ça se passe mieux, mais franchement cela ne m'apporte rien. J'ai arrêté. J'en suis là, ne sachant que faire de moi, n'ayant plus le recours de la course pleine et entière ! Le travail le plus efficace pour moi se faisait pendant mes courses, cela comblait tous mes besoins, même ma libido. »

En lisant les nouvelles de Pascal Silvestre, nous reconnaissons notre hôte. Du tunnel de l'Alma au bois de Boulogne, on le suit pendant les derniers kilomètres d'un marathon de Paris, dans ses douleurs, mêlées au cauchemar des attentats du 13 novembre. Deux univers qui se croisent, les souvenirs qui reviennent et la douleur de l'épreuve, « quand tout devient lent et compliqué ». Sa réponse, courir un kilomètre de plus, un autre encore, un seul avant d'envisager le suivant, ne penser qu'à ça… « Penser petit » ! Mais rien n'y fait.

Les jambes se verrouillent, la nécessité de raccourcir les foulées s'impose. Parce que, lors des derniers kilomètres, le marathonien « se bat pour sa vie ». Seule pensée, en finir, le plus vite possible. Mais cette fois la réussite est hors de portée. La souffrance s'invite, le mot échec fait peur. Alors il continue de plus belle jusqu'à la ligne d'arrivée, tant l'hypothèse de l'abandon le terrorise. Dernier marathon, mais pas dernière course...

Des marathons, des heures de piano, du biathlon, Pascal cultive l'endurance, il galère jusqu'au bout de lui-même. Histoire de ne pas s'y confronter ? Il s'appuie sur son corps, refoule un peu plus ses désirs et ses pensées. À la fin de l'entretien, chez lui dans un vaste appartement des beaux quartiers, meublé avec goût et une once d'austérité, il nous a quand même demandé si nous ne connaissions pas un bon psy... Rien à ajouter !

Cette volonté de dépassement de soi-même, de compter sur son corps pour mettre l'esprit en pause, les champions sportifs en sont pétris. Bon nombre de disciplines, le foot et le tennis entre autres, comptent dans leurs équipes d'encadrement un coach mental. Écouter la femme ou l'homme qui entre en compétition, pointer ses faiblesses et ses forces, mais l'injonction est là, continuer sans ciller. Pour d'autres, l'accompagnement mental, oui mais sans pour autant lui donner trop de place.

Sur les océans, ou en haut des montagnes ils sont forcément solitaires, ils savent que dans les épreuves les plus difficiles, ils doivent d'abord compter sur eux-mêmes.

Le premier, Francis Joyon, a remporté la route du Rhum en 2018. Alexis Pinturault, lui, la même année, était médaille de bronze aux Jeux olympiques en Corée. On les regarde, on les admire et on n'arrête pas de se dire : mais comment font-ils ?

Bien sûr, le navigateur et le skieur ne se battent pas exactement contre le même chronomètre. Le premier choisit de se retrouver seul en mer souvent longtemps, par exemple soixante-douze jours pendant un tour du monde. Le second se bat pour arracher quelques centièmes de secondes à ses adversaires, qu'il retrouve au même moment au même endroit, après ou avant lui.

François Joyon avoue se sentir souvent « très vulnérable » pendant l'épreuve, et devoir vivre alors avec la solitude, ce qu'il n'avait pas réellement appréhendé au début de sa carrière. Pour autant, il n'a jamais fait appel à un préparateur mental, même s'il confirme que « c'est beaucoup plus avec la tête qu'avec les bras qu'on gagne une course ». Disons que c'est la sienne, point. Son obstination : ne pas craquer, car tout peut alors être compromis, très vite. L'erreur ne pardonne pas. En mer on joue sa vie.

Même raisonnement pour Alexis Pinturault. Lui, en revanche, a pu profiter des conseils d'un « spécialiste » du mental, puisque l'équipe de France en compte plusieurs, mais seulement de temps en temps, « pour régler un problème ponctuel ». Il n'en dit pas plus. Ses meilleures alliées, ce sont en effet « l'expérience » et forcément l'endurance. Avec les mêmes données, à lui de défier la vitesse pour espérer l'emporter. Souvent à la limite du possible.

Voilà leur point commun. À ce niveau de talent et d'engagement, on comprend que de toute façon, à l'instant T où il faut se surpasser, l'un et l'autre sont seuls. Exactement comme le marathonien, au milieu de milliers de compétiteurs ! Et même si un psy a pu un jour les écouter, il est évident que l'appel du record les laisse toujours face à eux-mêmes. Le corps doit l'emporter et l'introspection, la quête du moi viendront ensuite, sans doute pour pallier un vide bien organisé.

Les taiseux

Eux aussi courent tout le temps. Après le travail. Du lever du jour à la tombée de la nuit. Dévoués à leur terre, ils nourrissent leurs compatriotes, s'occupent des animaux, font vivre leurs familles. Ils ne se plaignent pas, jamais, même en cas de grosse fatigue. Quand ils sont en couple, leur compagne les soutient, en restant sur place ou en gagnant sa vie hors de leur exploitation. Les plus riches s'agrandissent, doublent leurs heures de travail. Les moins chanceux vendent leur terrain à contrecœur. Ils ont des dettes, des obligations administratives, des normes à respecter, à n'en plus finir.

Les plus jeunes doivent aussi s'occuper de leurs vieux parents. Leur vie est dure, leur esprit en sommeil. Leur éducation et leur culture les rendent taiseux. Certains d'entre eux s'octroient quelques loisirs, plus souvent la chasse ou la pêche, des plaisirs où il n'est guère besoin de mots.

Parler d'eux leur est impossible. Les psys ? Connais pas. Il en va de leur dignité.

Quand ça ne va pas, c'est le corps qui parle, et c'est le généraliste qu'on consulte.

Séverine Beauvais-Garin et Patrick Romary sont médecins à la campagne. Ils voient peu les agriculteurs, sauf accident. Plus que les hommes, ce sont les femmes qui expriment le mal-être de leur mari, quand la déprime les gagne et que le couple en pâtit. Et pourtant, à l'occasion de rendez-vous ou de visites à domicile, les deux praticiens constatent de nombreuses colopathies, des dépressions latentes, une forte anxiété, de l'hypertension, du diabète. L'un d'entre eux s'est plaint du dos, de longues investigations ont révélé un cancer des os. Il en faut du temps pour les faire parler, c'est tout juste s'ils prennent leurs médicaments.

Séverine Beauvais-Garin essaie, en vain. Elle a bien tenté de les orienter vers un psychologue ou un psychiatre, mais la réponse fuse : « Je ne suis pas fou. J'ai pas le temps ! » Sans compter que consulter un psy, c'est aller en ville perdre deux ou trois heures en voiture...

Ce que confirme le Dr Patrick Romary.

« J'en ai reçu qui ont parlé, ils ont aussi pleuré. Je prolonge les consultations, leur plainte ne vient pas tout de suite, ils tournent autour... Leur anxiété est profonde, ils sont responsables de leur terre, de leur famille. Psychiatriser est inutile, cela amplifierait leur mal-être, ils en ont honte... Je leur prescris des psychotropes pour les apaiser, c'est difficile à entendre, mais on n'a pas d'autres moyens, ils somatisent beaucoup et cela nous permet de les prendre en charge. Et non, les agriculteurs ne sont pas plus alcooliques que le reste de la population. Ils sont plutôt en manque de convivialité, ils retrouvaient leurs copains au bistrot de temps en temps, mais les bistrots ferment, alors oui quand ils boivent, c'est chez eux... »

Même opinion de cet agriculteur et maire (successeur de son père) d'une petite commune dans la Nièvre. En fin de mandat, il reconnaît aussi que parler est difficile. Pas pour lui, habitué à l'exercice et très fin connaisseur du monde paysan. Mais eux, les agriculteurs, ont tant de pudeur et d'amour-propre qu'ils sont avant tout combatifs contre eux-mêmes.

– Parler de leurs maux est pour eux un signe de faiblesse. Ils ont mal ici ou là, ils supportent… Tout cela est lié à la rigueur de leur métier. Ils sont dans le concret, jamais dans l'introspection. Oui, ils souffrent en silence, et s'il arrive qu'ils voient un psychologue, ils ne le diront pas. Entre eux ils racontent les difficultés de la ferme, de la terre, le milieu est bien structuré, ils ont des recours, ils évoquent les problèmes de leur travail dans les structures qui les accueillent, telles les chambres d'agriculture, les syndicats. Le regard des autres les accable un peu plus, ils se sentent abandonnés, abattus, d'autant que la désertification est galopante. L'isolement les atteint, ils regardent la télé mais ne s'y reconnaissent pas… Les jeunes y croient encore, je ne sais pas si cela durera.

– Mais le film *Au nom de la Terre* ne les a-t-il pas touchés ? On y évoque leurs difficultés ? Et maintenant ils ont une ligne ouverte pour pouvoir s'exprimer…

– Je ne crois pas que les lignes ouvertes marchent beaucoup, les discours psy leur semblent déconnectés de leur réalité, ce sont des discours de bobos et de bien-pensants. Aujourd'hui, ils sont meurtris par la PAC et la paperasserie administrative, ils ne sont pas faits pour affronter tout cela. Quant au film, il ne les aide pas vraiment, ils sont pris par leurs propres difficultés et leur pudeur.

– Et vous, quand ça ne va pas que faites-vous ?

– Je prends sur moi, je marche, je reste en famille, elle est fondamentale pour nous, c'est notre psychanalyse !

– Pourtant le nombre de suicides augmente chez les agriculteurs ?

– C'est bien la preuve qu'ils ne parlent pas de leurs maux, ils se taisent et vont jusqu'au bout de ce qu'ils peuvent supporter. La solidarité aussi se délite. Alors, ils en meurent… plutôt que de s'épancher. »

Difficile d'en dire moins. Le statut des agriculteurs est ainsi fait que loin de la ville, ils ne sont qu'eux-mêmes. Taiseux parce que pudiques. Taiseux parce que la terre reste leur alliée. Pas les autres, pas la parole. Faut-il s'étonner de leur isolement quand la ville et ses corollaires ne sont vus et appréhendés que par le prisme déformant des médias ? Et que la psychanalyse appartient à une autre culture, celle de l'esprit qu'ils préfèrent ne pas entrouvrir, de peur de s'y perdre...

Le silence, au nom de l'amour ?

Elle n'est ni agricultrice, ni taiseuse, ni addict aux thérapies brèves, mais elle a quand même souffert en silence, portant son traumatisme en bandoulière, se laissant cabosser sans savoir pourquoi... Jusqu'au jour où elle participe enfin à un groupe de parole qui lève des tabous et efface le jugement dans le regard des autres.

Celle que nous appellerons Fanny a succombé, comme elle le dit elle-même, au syndrome de Stockholm, celui qui vous met en empathie avec un bourreau, qui vous emprisonne dans une cage plus ou moins dorée. Elle a été amoureuse d'un homme, un pervers narcissique, un vrai, père de deux enfants en bas âge d'une première union ; enfants qu'elle a pris en charge avec plaisir et affection. Elle aime cet homme, supporte les coups, enjambe le balcon pour lui échapper, se laisse agonir d'injures, et subit ses sautes d'humeur en rengainant sa peur. Elle résiste, elle est dépendante de lui d'autant qu'après chaque scène, il jure l'aimer et ne pas pouvoir se passer de sa présence. Elle s'en va, mais revient trois jours après, en cachette de ses amis auxquels elle a commencé à raconter son calvaire.

Un jour, cet homme qu'elle aime l'insulte haut et fort sur le palier de leur appartement. Il la traite de salope, de pute et d'incapable... Les voisins entendent, Fanny a honte, elle a envie de se cacher sous terre. Elle s'en va, se réfugie chez une amie. Cette fois c'est la bonne, elle décide de le quitter. Elle l'en avise, se rend chez lui pour dire au revoir aux enfants et récupérer ses affaires. C'est fini. Mais les réflexes de la peur sont encore prégnants, elle ne marche pas dans la rue tranquillement, de peur de le croiser.

La jeune femme de trente-quatre ans cherche enfin, et trouve, une psychanalyste.

« À cent vingt euros la séance de cinquante minutes, je ne peux y aller que deux fois par mois, alors qu'il me faudrait au moins une séance par semaine. Mais je n'en ai pas les moyens. J'ai essayé quelques séances de sophrologie, ça se passait bien, mais en rentrant je retrouvais le même enfer. Ma relaxation était partie en fumée. J'ai acheté cinquante bouquins de développement personnel, pour chercher à m'en sortir seule, en vain ; en quelques lignes je croyais m'y retrouver mais évidemment je ne grattais pas l'essentiel.

Je dois aussi vous avouer que j'ai de l'endométriose, que les douleurs ne me quittent pas. Je dois me faire opérer, je ne sais pas s'il y a un lien, mais ce qui fait ma féminité me fait souffrir, les règles, l'homme... Suite à ma rupture j'ai perdu beaucoup de sang et des cheveux. Cela peut paraître du prêt-à-penser, mais voilà je crois que quelque part tout se tient... J'ai mis du temps à franchir le pas de la psychanalyse, le groupe de parole où m'a entraînée une amie m'a aidée. Avec la psy, je commence à comprendre ma dépendance affective, mes échecs répétitifs. Parce qu'à part le pervers narcissique avec lequel j'ai vécu, l'homme que j'ai quitté avant lui m'humiliait en permanence, mais sans les coups.

Je crois que ma dépendance affective vient de loin, et d'abord de longues années de silence, qui n'ont fait que l'aggraver. Et puis d'une mère fusionnelle, qui m'a collée en thérapie depuis toute petite, à cinq ans, car je dessinais des cercueils ; elle n'a jamais cru en moi, et elle se targuait d'être très "Dolto". Je précise, depuis que je suis en thérapie je ne la vois plus, je crois qu'elle est bien toxique. Mon père était absent tout le temps, il draguait toutes les femmes qu'il croisait, il a fait des enfants ailleurs. Ma mère s'est tout de suite posée en victime, en acceptant les tromperies, elle était enseignante et cachait tout ça. Nous sommes tous en thérapie, avec des vies un peu bizarres... Et comme par hasard, ce qui prouve que je ne suis pas encore guérie, je travaille pour mon père que je n'ai pas vu pendant des années ! Mais j'ai besoin d'argent, j'ai besoin de bosser pour au moins payer mon loyer et ma psy... »

Les violences conjugales sont un véritable fléau de notre société. Elles ont considérablement augmenté pendant le confinement forcé de 2020 ! Elles tuent des femmes, en abîment des milliers, se répercutent sur les enfants, dévastent des familles entières. Elles ne sont pas le propos de ce livre, mais il est évident que la seule voie possible pour en guérir, après avoir quitté l'homme qui frappe, humilie ou torture, est de comprendre pourquoi ces femmes ont tout accepté, hors impératif financier. Passer sous silence cet enfer quotidien, par honte ou par peur, est une réaction fréquente. Partir au premier coup est une question de sauvegarde. Mais quand les violences se répètent, le traumatisme s'installe et s'enkyste, il est plus long à traiter, car on ne peut pas faire semblant pendant des années, voire toute une vie. Les dérivatifs en tout genre ne changent rien, ils ne sont que cosmétiques. Seul un travail au long cours, un retour sur soi et à soi viendront à bout de ce syndrome de Stockholm, comme le dit si bien Fanny. Il nous semble que l'accompagnement psychanalytique est une solution pérenne, une ouverture à une vie plus apaisée, parce qu'on ne naît pas victime, et parce que, comme l'a dit Boris Cyrulnik, neuropsychiatre et psychanalyste qui en sait beaucoup sur la résilience, « on peut agir sur l'héritage du malheur ». Autrement dit, se taire c'est souffrir deux fois, or la souffrance n'est pas une fatalité.

Antipsy, mais tellement addict !

Plutôt qu'un long parcours, certaines personnes décident d'emprunter des voies plus courtes, plus adaptées à leur tempérament, d'où l'avantage de vivre dans une société où la liberté de choix est possible.

La démarche d'une recherche personnelle est en soi un premier pas vers le mieux-être. Mais tant de thérapies existent que les énumérer et les présenter est quasi impossible, elles se développent, s'installent ou disparaissent selon les modes, leur médiatisation, leur coût ou la preuve de leur efficacité. Avant d'en arriver au développement personnel, bon nombre de psys prônent la méditation. Pourquoi pas ? Elle nous vient principalement d'Asie, des moines tibétains, mais elle a vite franchi les frontières des pays occidentaux. Dans le bruit et la fureur des grands centres urbains ou périurbains, elle offre du silence, cinq ou dix minutes de paix en soi, et agit comme un rituel de prière laïque, rarement comme une quête de soi.

Pour Laurent, scénariste et réalisateur confirmé, pas besoin de méditation. Quoique... À quarante-sept ans il écrit beaucoup, parle de ses films, moins de lui. Sa mère, disparue depuis quatre ans, était ce qu'on définirait aujourd'hui comme toxique. Elle était abusive, ne faisait rien sans lui, ne le laissait rien faire sans elle. Comme si elle ne l'avait jamais fait naître, malgré un accouchement aux forceps. C'est ce que lui ont raconté d'autres proches, sa naissance difficile... Lui a l'impression de n'avoir pas vécu l'acte de naissance, il sait seulement qu'il n'a pas aimé sa mère, qu'elle pèse encore sur sa vie affective. Elle a même fait une tentative de suicide, et quand Laurent est arrivé de Paris, à la maison, en urgence, pour la voir, les pompiers l'avaient réanimée ; elle l'a regardé et lui a lancé : « Tu as vu ce que tu m'as fait ? »

Quand il prend conscience de son désarroi, de ce sentiment « honteux » de détester sa mère qui l'avait « chosifié », il décide de consulter un psychanalyste, puis un autre... Ou plutôt, une autre. Le problème est qu'en étant allongé sur le divan, il a la mauvaise idée de tourner la tête, et là, il voit la thérapeute avec un livre dans la main... Et de ce livre glisse soudain un petit recueil de mots fléchés. Il se relève et interrompt la thérapie. La jeune femme s'en défend, mais il s'en va... Depuis cette déception, suivie d'une altercation, Laurent choisit les thérapies courtes, piochées sur Internet jour après jour.

Laurent l'avoue, il est addict aux expériences psy de toutes sortes. Il passe de l'une à l'autre, sans trouver la paix en lui-même. Il se croit *border line* ou atteint du syndrome de Peter Pan, qui fait référence à un enfant qui ne veut pas grandir et préfère vivre dans un monde imaginaire. Cela tombe bien, il écrit des histoires, il réalise des films, mais ne croit pas à la cure par la parole.

Après la psychanalyse, il essaie la thérapie comportementale et cognitive, une TCC, pendant six ans. Cela ne suffit pas, il trimballe sa blessure de l'abandon avec des séances de rêve éveillé, puis d'EMDR... Rien de nouveau.

Il se rend en Suisse, les week-ends, pour voir un thérapeute spécialiste de l'OGE (l'anagramme d'ego) qui lui donne des bâtons pour taper sur des arbres et faire sortir sa colère, car selon cet homme, les émotions secondaires accumulées provoquent des maladies... Toujours pas de répit.

Laurent essaie un coach, qui lui déroule des évidences telles que la pluie mouille, le feu brûle, et qu'il doit cesser de se sentir une victime. Quelques séances et puis s'en va...

Voilà que Laurent opte pour « la dynamique émotionnelle » décrite dans la biographie d'un comédien connu. Ils sont une dizaine à se réunir le jeudi pour pleurer, « gueuler », gémir, évacuer leurs émotions encombrantes. Ils répètent des phrases en les criant et en se regardant dans les yeux. Ils font aussi des jeux de rôles. Ces réunions lui font du bien, mais restent insuffisantes.

Résultat : Laurent s'inscrit en parallèle à six séances d'une thérapie de « l'enfant intérieur », pour revivre ses émotions de l'enfance, les abus affectifs de sa mère.

Il aimerait aussi tenter le rebirth...

Près d'une dizaine de tentatives thérapeutiques pour « reprogrammer son inconscient ».

En 2020, il voit deux fois plutôt qu'une le documentaire d'Alejandro Jodorowsky, *Psychomagie*, où le cinéaste chilien, multiforme, amateur de tarot divinatoire et de la psychologie « poétique » et ludique, est censé débloquer les émotions par des actes et non par la parole. « Sigmund Freud a inventé la psychanalyse, Alejandro

Jodorowsky a inventé la psychomagie. » C'est en toute humilité que cette phrase en exergue ouvre le documentaire. Dans le film, un patient adulte se sent-il encore enfant ? Il le déguise en gamin, et l'emmène à Eurodisney pour qu'il joue et profite de tous les manèges. Un autre en veut à ses parents ? Il le fait taper dans des citrouilles sur lesquelles il a collé les photos de son père et de sa mère, puis il envoie les morceaux à qui de droit... Autrement dit, si l'on n'est pas poète et si les émotions sont encombrantes, on s'en débarrasse par les actes ! Pourquoi pas, la fiction peut aussi sublimer les traumatismes... Laurent rit un peu des facéties du metteur en scène, mais il y croit aussi, un peu...

« Oui je suis addict aux thérapies, surtout en groupe, j'ai besoin de béquilles pour avancer, pour m'autoriser à être un homme. Je souffre de ne pas m'en sortir seul, mais je vis quand même, je ne suis pas désespéré ! J'ai tout conscientisé, je sais tout de moi, mais je suis incapable de me défaire de mes émotions, je les vis comme un handicap.

– Pourquoi lutter à tout prix ? Peut-on vivre sans émotions ?

– Non, bien sûr, mais si elles me renvoient toujours à ma mère, c'est insupportable. Je ne m'aime pas, je me trouve moche, j'ai l'impression que je ne sais pas aimer. Parfois je me dis que tout vient de mon physique ingrat, mais quand je discute avec une très jolie femme, je constate qu'elle aussi a des désastres dans la tête. Mon problème majeur c'est le lien, j'ai du mal à le rompre avec qui que ce soit. Cela peut paraître idiot, obtus, je ne veux pas retourner voir un psy, mais on ne sait jamais, quand j'aurai fait le tour de toutes ces thérapies-gadgets, je m'y résoudrai peut-être, ou bien je serai guéri... On verra. »

Et là on cite Elisabeth Roudinesco, grande historienne de la psychanalyse : « Il faut arrêter de psychanalyser la société de façon très psychologique. A-t-on vraiment besoin de la psychanalyse pour affirmer ce que tout le monde voit ? » Non bien sûr, mais ce qui ne se voit pas est aussi essentiel à l'évolution de l'humain qu'à celle de la société.

Méditons... il en restera toujours quelque chose !

La voix est douce, presque réservée. Il y a même dans les mots, le ton un soupçon de timidité, ce que reconnaît volontiers celui qui pourtant fait figure de star : Christophe André, psychiatre, désormais icône incontournable de la planète psy.

Les livres, la radio, les conférences avec des milliers de passionnés... Quand nous le rencontrons il est en couverture d'un hors-série de *Psychologies*, et même sur une appli « de référence » comme elle se présente. Le personnage est désormais partout, mais rien n'y fait, il reste profondément modeste. C'est peut-être là le fruit de sa propre exigence : la méditation qu'il prône à longueur d'ondes et d'interviews, il la pratique au minimum trente minutes chaque jour. Parfois plus s'il est en colère ou contrarié. Dès le matin, s'asseoir et prendre conscience de son état intérieur, puis, dans la journée, trouver un espace pour recommencer « des petites parenthèses », explique-t-il. Avant de s'endormir, un nouveau temps de pleine conscience. Selon lui, une excellente opération puisque ses efforts sont « payés au centuple ».

Et pourtant, il s'agit là d'une vieille histoire, qui existe depuis deux mille cinq cents ans, mais lui a su la relancer dans un grand moment de doute de la société française. La bonne idée au bon moment. Une opportunité supplémentaire, alors que longtemps le monde de la psychiatrie a pu faire peur.

Christophe André rappelle ainsi qu'à ses débuts à Toulouse, en 1981, il n'a pas voulu faire graver sur sa plaque le mot « psychiatre ». Il a préféré « spécialiste du système nerveux », la profession, à l'époque, pouvant troubler, car trop synonyme du traitement de la folie.

Beaucoup plus tard, en 1995, un premier livre concrétise les propositions de notre interlocuteur. *La Peur des autres* (éditions Odile Jacob).

Succès surprenant et immédiat : « Ce livre parlait de psychiatrie, tout le monde le comprenait, comme quoi on peut être psychiatre et pédagogue. On pouvait publiquement parler de dépression, les gens n'en avaient plus honte, je crois qu'ils ont perçu la psychiatrie à visage humain. J'étais content car j'avais fait psychiatrie pour devenir psychanalyste. »

En 1999, sur un plateau télé, le psychiatre croise Matthieu Ricard qui le pousse à approfondir son attrait pour la méditation. Souvenons-nous : la frénésie autour de l'an 2000 booste alors, à l'excès, des générations avides de réussite, avec tous ses marqueurs, l'argent, la surconsommation, la vie à toute vitesse, la provoc' !

À contre-courant, Christophe André préfère retenir le conseil du moine bouddhiste. Cela va changer sa vie. Après une formation en Suisse, il organise des groupes de méditation à l'hôpital Sainte-Anne, là où il travaillera pendant près de quarante ans. La proposition intrigue, ses collègues ne sont pas tous convaincus. Il affronte la méfiance ou, pire, des soupçons de dérive sectaire. Prudent, il parle plutôt « d'entraînement intentionnel », et en même temps il ouvre les portes de ses travaux aux soignants et aux patients. « Venez donc voir ! »

Le bon sens finit par l'emporter, avec une première reconnaissance universitaire à Strasbourg, en 2012, puis Paris-Descartes en 2014 : un diplôme « méditation et neurosciences », et un enseignement désormais partout en France.

Entre-temps un nouveau livre va tout bouleverser et confirmer l'attente d'un très large public. *Méditer jour après jour*. Déjà six cent mille exemplaires vendus. C'est-à-dire bien plus que beaucoup de prix Goncourt. À coup sûr une belle prime à la sincérité de l'auteur, qui est fort de sa propre expérience. En effet, la méditation qu'il a choisi de vivre au quotidien l'a « sorti du pétrin. J'ai traversé moi-même des moments difficiles, et elle m'a aidé ».

Pour nous convaincre, Christophe André plonge dans ses souvenirs. D'abord la disparition de son meilleur ami, mort dans ses bras après un accident de moto. Nous sommes en 1987. La violence de l'événement le pousse à chercher le calme, le silence, à la manière d'une « oraison ». Terme parfait, car c'est dans un monastère bénédictin qu'il décide de faire une retraite pendant quinze jours.

« J'y ai découvert l'univers du silence, du retour en soi, de l'immobilité. Cela m'a aidé en cette période de deuil. Quand je suis sorti j'ai lu de nombreux articles sur la méditation, mais ils n'avaient rien à voir avec le côté folklorique de la mode californienne ou des Beatles. »

Une deuxième fois, plus récemment, il vit une nouvelle épreuve. Alors qu'il ne fume pas, précise-t-il, il est victime d'un cancer du poumon. Une fois de plus le recours à la méditation lui permet de surmonter anxiété et dépression.

« Cela m'a aidé à traverser cette période de manière apaisée, j'ai pu affronter l'adversité de la maladie et j'ai appris à profiter de la vie. Il est important de prêter attention à soi, de se mettre pendant quelques minutes à l'écart du monde. Mes parents étaient très dépressifs, j'ai aussi un terrain fragile, c'est cela sans doute qui m'a entraîné vers la psychiatrie. »

Ce retour à soi ne dispense pas, précise-t-il, de suivre, pour ceux qui le souhaitent, une thérapie par la parole. Dans l'urgence la méditation n'est pas forcément la meilleure réponse, elle est un outil de plus à notre disposition. Autrement dit, pas question pour lui de survendre cette façon d'être et d'agir. Rien de spectaculaire, c'est un peu comme « se laver tous les jours », un acte d'hygiène de vie psychosomatique et émotionnelle, exactement comme marcher, activité qu'il tient à célébrer puisqu'elle aussi permet de se connecter à son corps en même temps qu'à son esprit. En fait, méditer, pour lui, c'est parfait pour les gens qui ne vont pas trop mal.

Il admet avoir été personnellement tenté par une analyse, mais « ce n'était pas mon truc ». Pourtant, il estime qu'il y a des points de convergence avec l'enseignement de Freud qu'il vénère. C'est une même recherche : « comprendre ce qui est en train de se passer en nous ». Oui, mais, faisons-nous remarquer, d'un côté, la parole, de l'autre le silence ? Bien vu, répond-il, après tout ce sont deux voies d'accès proches, même si en méditation on se détache des mots, mais en psychanalyse, il y a aussi des silences !

Christophe André a quitté Sainte-Anne, il n'est plus au contact quotidien des patients, il parie sur une méditation encore plus banalisée. Auprès des enfants notamment, dès l'âge de trois, quatre ans, « ils la vivent avec bonheur ». Il rêve également que les médecins généralistes en parlent plus facilement à leurs patients.

Il y a urgence. Selon lui, la société est très marquée par l'angoisse, celle que chacun peut éprouver en cherchant sa place dans le monde d'aujourd'hui. Difficile de ne pas être troublé par les incertitudes dans tous les domaines, cela va de l'instabilité des couples aux inconnues du monde de l'entreprise !

« Nous avons plus d'offres de soins, moins de mensonges sur les souffrances psychologiques car les gens s'expriment. Pour autant l'instabilité de la société est plus angoissante, elle est contaminée par des valeurs matérialistes. Dans l'écosystème humain, je ne peux pas être bien si mon environnement vit de valeurs corrompues ou dans le culte de la performance. Nous sommes passés de la génération de l'enfant-roi à l'enfant-tyran, nous avons grandi et nous ne supportons plus la frustration. »

Pour autant, il ne dira jamais que « c'était mieux avant ». Il a le souvenir en effet, là où il a grandi, d'une éducation rigide, avec des petits qu'on frappait volontiers, autant que « les femmes et les animaux ». Et en prime, le silence pour tout cacher. Lui-même a préféré partir à l'âge de seize ans, pour construire son destin et trouver le bonheur, tout simplement.

Certes, il vit avec les jalousies et critiques acerbes réservées à ceux qui ont réussi, telle la remarque du *Canard Enchaîné* qui le qualifie d'« acteur du business de la méditation ». Oui, il fait payer ses ateliers, il écrit des best-sellers, mais « est-ce mal de gagner de l'argent ? », demande-t-il ? Il reste philosophe et répond que c'est aussi le prix de la notoriété, qu'il n'a aucune gêne à avoir partagé ses convictions avec le grand public, celui qui dans les années 90 regardait avec passion les « Delarue ou Dechavanne ». Christophe André aime avant tout partager et convaincre. Et puis les besoins sont là. Il constate que la demande de soutien psychologique a explosé ! Tant mieux s'il peut aider des gens perdus, isolés, souffrant de TOC ou de troubles émotionnels, et tous les autres, à retrouver une forme de quiétude. C'est important, alors que la mondialisation et le téléphone portable nous éloignent souvent de nous-mêmes. Il est essentiel de se préserver pour ne pas se faire happer par la fébrilité qui nous entoure. La méditation, répète-t-il, n'est sûrement pas un remède miracle, elle ne règle pas tout, mais cela reste un choix de bon sens, tout simplement. Christophe André, l'antigourou, le « pro » pacificateur des cœurs et des âmes ? Pourquoi pas, l'époque est à la provocation agitée, un peu de silence fait du bien.

Et moi, et moi et Moi ?

Le développement personnel ? On ne devrait pas l'évoquer dans ce livre, mais on le fait quand même, car à force de grignoter les esprits, il pourrait bien « ringardiser » et donner un coup de vieux à ce qui fait la raison d'être et le bien-fondé des psychologues et des psychanalystes... Au profit d'une psychologie de bazar ou d'étiquettes à l'emporte-pièce.

Le bonheur et la réussite, en devenant des enjeux sociétaux, voire politiques, ont donné naissance à une véritable industrie, avec une cohorte d'experts américains, de start-up anglo-saxonnes et européennes, d'applications pour smartphone, de conseils prêts à l'emploi et de bouquins. Atteindre le bonheur est une fin en soi. Or comme l'a dit Boris Cyrulnik, « le bonheur est un goût ». Par quel subterfuge va-t-on nous imposer le goût de la pomme, alors qu'on préfère savourer une pêche ? Eh bien en nous martelant que l'une est meilleure que l'autre, qu'elle provoque l'extase et que pour notre santé il vaut mieux aimer la pomme, même si elle additionne de multiples pesticides. Imposer le bonheur c'est la même chose, alors que notre vie est difficile, laborieuse et souvent semée de tristes événements. On aimera un jour la pomme, peut-être, mais cela prendra du temps. Le développement personnel rationalise le goût et l'utopie du bonheur, le « ici et maintenant », le « carpe diem » à tout prix, tant pis pour le réel, la vie personnelle et collective. Il dit ce que l'on doit être, pas ce que l'on est ! Il ne s'occupe guère de nos névroses, il les camoufle.

Ce n'est plus un rayon mais des tables entières en librairie qui attirent immédiatement notre regard. Normal, tous ces ouvrages nous promettent la lune, le nirvana, le bonheur, en moins de deux cents pages. Ils parlent à mon moi, votre moi, notre moi... Comme si le Moi, notre être le plus intime, était interchangeable et duplicable à l'infini, normé pour des millions et des millions de personnes. Comme si fatigué de se chercher il pouvait se contenter d'une recette, avec les mêmes ingrédients pour celui qui naît orphelin, l'enfant unique ou celui qui se trouve au milieu d'une famille nombreuse... Le même potentiel pour tous, à exploiter jusqu'à l'ivresse, jusqu'à la lie. Comment se reconnaître dans ces reflets démultipliés, si notre ADN est unique et notre psyché si peu uniforme, quand nos histoires se ressemblent si peu ?

En quelques années, les livres de développement personnel se sont envolés vers des pics de vente. On compterait environ plus de vingt huit mille références, aux titres accrocheurs, avec un design parfait. Le bonheur en kit, le Moi à monter en quelques pages sont d'une grande efficacité commerciale. Et si on a un petit doute, on se dit que s'ils ne font pas forcément du bien, ils ne font pas de mal. C'est exactement ce qui est arrivé d'abord au Japon, puis dans le monde entier, avec *La Magie du rangement* de Marie Kondo (éditions Pocket). Un coup de cœur des libraires (sic) ! Deux millions et demi d'exemplaires ! Une vieille histoire qui se répète. En 1936, l'Américain Dale Carnegie a rédigé une véritable bible, *Comment se faire des amis*. Plus de quarante millions d'exemplaires à ce jour. Une ode au développement personnel, pour une équation simple, voire simpliste : Moi et les autres. Sans compter les ouvrages, les influenceurs et autres auteurs, qui conseillent sur la façon d'arroser son ego, de bien maigrir, dormir, aimer et s'aimer soi-même, séduire, avoir des amis, réussir sa vie professionnelle, s'entendre avec les voisins, se tenir en public, réussir sa retraite. Il y en a pour tous les goûts, pas sûr qu'il y en ait pour tous les Moi...

Face à ce véritable phénomène de société, qui témoigne d'un besoin créé de toutes pièces, quand même, Julia de Funès, docteur en philosophie, est partie en guerre. Dans son enquête, *Développement (im)personnel* (éditions L'Observatoire), elle démonte ce qu'elle considère comme un système, dénonçant même « le succès d'une imposture ». Aujourd'hui on n'est pas loin d'un record, un Français sur trois lit au moins un livre de développement personnel chaque année, soit deux fois plus en seulement cinq ans.

Sa première accusation : il ne s'agit pas de délivrer un savoir, mais d'accompagner le lecteur, et, au fond, de lui donner ce qu'il attend, d'aller dans son sens. Une façon d'exploiter son narcissisme naturel, le fameux « parlez-moi de moi, y'a qu'ça qui m'intéresse ». Ensuite, une obsession de la rapidité, des solutions en trois, cinq ou sept jours... Un peu plus, parfois : « Une année pour tout changer ». Le sous-entendu est clair. Un objectif est défini, pratiquement garanti, et pas de temps perdu. Et dire qu'on met toute une vie pour être un peu heureux, additionner les petits bouts de bonheur, et trouver la paix au moment du dernier soupir ! Donc, la même promesse pour tous, la félicité à la clé, « puisque je vais me débarrasser d'un défaut, je vais gagner en confiance et cela se verra, forcément, et donc je serai davantage apprécié ». Le mot est caché, mais il s'agit bien de se sentir très vite séduisant et performant, dans une société qui a tellement mis en avant le « moi ».

« Gadget mental », accuse Julia de Funès. L'auteure vise aussi les coaches. Elle leur reproche leur « verbiage », leur « bricolage » permanent du « moi ». Pour elle, il s'agit le plus souvent de personnalités qui ont souvent rêvé de devenir psy, sous une forme ou sous une autre. Selon elle, ces coaches ont manqué de persévérance pour mener les études de psycho, ou plus simplement, ils n'ont pas eu les qualités de base. On comprend que leur discours ne peut être que bas de gamme. Un « prêt à penser », le fast-food de la pensée, à emporter chez soi. Autre reproche de la philosophe, ils jouent au psy, en avançant masqués. Les patients deviennent en réalité des clients, prêts à dépenser des sommes énormes pour acheter un bonheur rapide. Le jugement est bien sévère, car après tout ils répondent aussi à une demande, induite certes par des émulations collectives... Au bout du compte, pour Julia de Funès, cet univers du développement personnel est aux antipodes de la philosophie, qui, elle, existe depuis trois mille ans ; son accès est sans doute difficile, mais au bout il y a la liberté. C'est le dernier mot de son livre.

L'injonction d'être heureux est telle que des pays comme les Émirats arabes et l'Inde, dont on sait la pauvreté de leurs peuples et le mépris pour les Droits de l'homme montré par leurs dirigeants, ont décidé d'adopter la mesure du bonheur pour évaluer les progrès de leurs politiques publiques. Edgar Cabanas et Eva Illouz, le sociologue et la psychologue auteurs de *Happycratie* (éditions Premier Parallèle), s'en inquiètent et s'en émeuvent dans leur ouvrage.

Où l'on apprend qu'en 2014, l'émir de Dubaï, Premier ministre des Émirats arabes unis, souhaite que sa ville soit « la plus heureuse du monde ». Alors il distribue aux habitants des tablettes numériques pour qu'ils répondent en temps réel à des questionnaires sur la qualité de leur vie. Mieux, en 2016, il réorganise les institutions du pays et crée le « ministère du Bonheur », dont la représentante déclare sur CNN, la chaîne d'information américaine, que son pays a pour mission de « créer un environnement où les gens puissent prospérer et s'épanouir, atteindre leur potentiel maximal – et choisissent d'être heureux ».

Même discours et même objectif en Inde, qui institue le bonheur pour tous, la positivité pour chacun, et qui, à en croire ces nouveaux gourous, n'ont rien à voir avec le contexte économique, tout est question de volonté et de mesures politiques incitatives. On en sourirait volontiers, si ce n'était une pression phénoménale qui pèse sur chaque individu, au risque d'annihiler son psychisme et ses aspirations propres, tout en dédouanant les politiques publiques, les entreprises au management impitoyable, les injustices sociales. La valeur individuelle ne vaudrait qu'en répondant aux diktats d'une société technocratique, pour la paix de tous.

Pour en revenir à la psychanalyse, un livre de Jacques André, *L'Inconscient est-il politiquement incorrect ?* (éditions Stock, 2018), évoque lui aussi le développement personnel, dans son introduction

« L'heure de la psychanalyse est-elle passée ? ». À ces questions, l'éminent philosophe et psychanalyste est tenté de répondre par l'affirmative, parce que dans la plupart des librairies, les livres sur la psychanalyse héritent d'une portion congrue. Il écrit à ce sujet : « Le désespoir c'est bon pour le monde chaotique dans lequel nous vivons et le secret des vies de malheur, mais très mauvais pour le lecteur, l'éditeur et le libraire. » Voilà, c'est dit ! Positiver, tout le temps et à tout prix, est le revers de la médaille d'une vie en gestation permanente, à laquelle on met un point final, en quelques recettes… Tout ce qui a trait au moi aujourd'hui valorise l'instant, rien que l'instant. Sans contexte, sans environnement psychique, sans état d'âme. La méthode Coué, en quelque sorte : Émile Coué, considérant, au début du XXe siècle, que toute idée qui s'imprime dans notre esprit peut devenir une réalité. L'autosuggestion encore, toujours. Heureusement, Jacques André nous invite à plus de réalisme et de nuance : « La psychanalyse dit : angoisse, détresse, conflit psychique, infantilisme de la sexualité, ambivalence des sentiments, blessures narcissiques, refoulement, clivage… Le développement personnel dit : estime de soi, comment s'aimer soi-même, réaliser ses aspirations, force de caractère, devenir ce que l'on est, positiver, et bien sûr méditer. »

C'est en cela que l'inconscient, selon le psychanalyste, est politiquement incorrect, il lutte contre les exigences du Moi et celles, extérieures, de la performance, il refoule, mais fait un jour ou l'autre un retour intempestif, parfois violent.

Les meilleurs livres sur le développement personnel n'y pourront rien ! À moins de passer son temps, voire sa vie, à vouloir colmater les brèches intérieures, ce qui est le cas de la majorité d'entre nous. Pour cette majorité et les millions de lecteurs de cette littérature de la happy thérapie, ou du « *feel good* », les meilleurs psychanalystes ne pourront rien non plus !

Quand on incite au développement personnel on oblitère l'échec, ou plutôt on en fait une bonne raison de rebondir, de l'accepter et d'être différent. Quand nous avons interrogé la psychanalyste Nicole Kac Ohana sur cet engouement pour le développement personnel, elle a attiré notre attention sur les conférences sur les échecs, les « *failcom* » organisées dans la Silicon Valley, aux États-Unis. En dévoilant leurs échecs en public, les grands patrons, tels Steeve Jobs, Bill Gates ou Marc Simoncini, ont toujours une belle fin, un happy end à raconter, comme dans les contes de fées. Comme si leurs échecs, tous les échecs, étaient des trophées à brandir pour appuyer un peu plus sur l'accélérateur de la réussite. Pourquoi pas ? Tout le monde tombe et se relève, tout le monde prend une leçon de ses erreurs, cela s'appelle l'expérience. Le problème est qu'on a de moins en moins droit à l'échec, il nous fait honte au milieu de tant de leurres, notre développement personnel est notre enjeu, le totem de notre vie entière.

« Les psychanalystes ne voient pas l'échec sous cette forme idéalisée », répond Nicole Kac Ohana. « Se remettre d'un échec exige du temps pour l'accepter. Dans nos cabinets, nous observons des douleurs tenaces et culpabilisantes, voire insupportables, elles ont besoin de temps et d'espace pour être métabolisées, au rythme de chaque personnalité. Un échec est vécu comme tel dans un après-coup plus ou moins lointain. Miles Davis le faisait remarquer avec humour : « Quand vous jouez une note, seule la suivante permettra de dire si elle était juste ou fausse. »

C'est joli, assez séduisant, mais parfois il faut beaucoup de temps et de souffrance avant d'atteindre la deuxième note, savoir si elle est juste. Positiver un échec sans le comprendre, c'est comme le nier, ou prendre le risque de le répéter. En le comprenant, en l'évoquant en thérapie, on fait la part des choses, alors on peut s'en relever et aller de l'avant. »

Jouir, tout de suite…

… Et de préférence, sans entrave aucune. Comme en 1968, date de ce slogan, comme il y a cinquante ans, alors que la société a tellement changé. Comment ignorer la crise qui sévit en France, depuis des années, nourrie par des colères populaires, des revendications affirmées, des réformes aussitôt proposées, aussitôt contestées ou rejetées. Comment revivre avec la menace permanente d'un virus meurtrier, suivi d'un autre, demain ou après-demain ?

Il est banal de l'évoquer, mais avec la révolution numérique, il nous faut tout, tout de suite. Et si nous osions dire merci après le grand confinement de l'an dernier, pour les liens maintenus, les visages aimés pixélisés, sans que nous puissions les voir en vrai ? Les réseaux sociaux devenus très sociaux... Alors le chemin fléché de la psychanalyse, pour guider l'individu vers son propre désir et sa quête intérieure, semble bien long, dépassé, au regard du clic sur le clavier pour trouver le coach idéal, le thérapeute rêvé, la technique parfaite, pour répondre à l'exigence du bonheur.

La vie s'allonge ? Formidable ! Oui, mais elle peut s'arrêter... Certes, ce n'est ni un scoop, ni une raison valable pour lui demander l'inaccessible étoile, l'hyper jouissance immédiate. Quand on obtient tout d'un claquement de doigts on satisfait des désirs, mais on éloigne le désir. Un produit génial trouvé sur un site à l'autre bout de la planète ? Un clic et il est à nous... Une voyante pour nous dire l'avenir à distance ? Un clic et elle nous balance ses prédictions, les mêmes pour tous... Un coup de blues ? Un numéro de téléphone, et hop un psy qui vous écoute, qui vous lit ou qui vous donne un rendez-vous. C'est bien de trouver, mais le propre de l'homme n'est-il pas justement de chercher, de se chercher, de se poser des questions auxquelles la vie prendra le temps de répondre ? On joue petit bras à trop vouloir braver l'instant et accumuler des certitudes. Une indignation chasse l'autre, une affirmation s'oppose à l'autre. On appauvrit la pensée comme le langage, or chercher ses mots, associer ses idées c'est partir en voyage, vers l'inconscient et aux risques de la conscience ; c'est aussi rencontrer son imaginaire, tout le contraire du développement personnel qui, lui, le réfute.

À force de faire des dizaines de selfies à la minute, on ne sait plus qui on est à l'instant T, on ne voit plus sa propre image, on la partage en rafales. Dans Instagram, il y a Insta, l'instant... À force de répéter des exercices pour être zen, ou devenir le meilleur de sa catégorie, eh bien on finit par ne faire que des exercices, on se stresse, on oublie carrément la quête du Graal, et surtout le Graal lui-même.

Freud a toujours cherché « l'inhumain dans l'humain », il ne se doutait pas qu'au siècle suivant, il faudrait chercher l'humain au milieu des algorithmes. La psyché ne se contente pas d'un like ou d'un clic, parce que les réseaux sociaux, le e-commerce et le e-psy n'ont quand même rien à voir avec l'humain. Une relation humaine est un moi qui rencontre un autre moi, qui s'enrichit d'échanges, d'accords, de divergences, d'amour et de haine. Sans affronter l'autre, qu'en est-il de l'héritage et de l'hérédité ? Comment savoir qui on est, si l'on ne sait pas de qui et d'où on vient ?

Une rencontre amicale, amoureuse, filiale ou familiale, c'est une construction à deux ou plusieurs, or l'adaptation à l'autre passe par une déconstruction psychologique, souvent inconsciente. C'est une affaire de temps, mais notre société n'a plus le temps. La psyché n'est pas normée, le monde le devient. Grandir, mûrir, sont un travail de longue haleine qui requiert des renoncements, des séparations nécessaires, des ajustements ; un accompagnement bienveillant pour contourner les traumatismes enfouis, les empêchements masqués. Mais l'hyper modernité renforce notre « narcissisme social », en nous laissant seuls face à nous-mêmes, ou plutôt en nous évitant ce face-à-face. Les liens humains sont des leurres, et les amis de Facebook ou Instagram, les followers de Twitter ne sont que des signes ou des images. Les conquêtes amoureuses sur les sites en tout genre peuvent stagner, rester virtuelles, satisfaire des fantasmes, bien que quelques-unes s'avèrent aussi très positives, et très concrètes.

Mais l'illusion, ce n'est pas la vie, les like et les cœurs qui ponctuent les réseaux sociaux ne sont ni des mots ni des preuves d'amour. Il suffit de le savoir pour en profiter pleinement, les laisser à leur juste place, comprendre que ces petites icônes, pardon ces émojicônes, créent des dépendances, mais qu'on peut les utiliser sans s'égarer ou sacrifier sa singularité. N'oublions surtout pas que cette singularité est fabriquée de toutes pièces par des algorithmes et qu'un torrent de boue ou de haine peut la couvrir, jusqu'à en faire mourir, quand on regarde de près les effets du cyberharcèlement sur les jeunes ou sur les plus fragiles.

Des milliards de personnes se lovent dans les réseaux sociaux, croyant être les plus belles en ces miroirs aux alouettes.

La psychanalyse, à l'origine, a sorti la psyché des carcans moraux et religieux, elle a permis la compréhension de la science appliquée à l'homme, elle a donné du temps au temps et cru à la force de l'esprit... Mais pour naviguer sur les réseaux sociaux, il faut désormais être pour ou contre quelqu'un ou quelque chose, appartenir à un clan, un groupe, affirmer haut et fort des idées qui ne sont que des opinions, appauvrir son langage, sa pensée pour tenir dans les cases dévolues aux commentaires. La violence « verbale » des réseaux sociaux dissimule la violence intérieure de chaque individu, celle qui justement fait de lui un humain unique en soi. La question primordiale est donc d'apprendre à se protéger, pour continuer à réfléchir aux problèmes existentiels, c'est-à-dire des problèmes entre moi et moi, moi et les autres, et ce, sans l'entrave de la jouissance immédiate et illusoire.

Chapitre 5

L'intime de la vie

Sexe, genre et nouvelles parentalités

Hétéro, homo, lesbienne, gay, asexuel(le), transgenre, transsexuel(le), polysexualité, polyamour... À chacun de choisir l'objet de son amour, son camp, son genre, et de le revendiquer haut et fort. Papa-papa, maman-maman, papa-maman, maman porteuse, mariage pour tous. N'en jetez plus ! La famille nucléaire classique se transforme à toute vitesse, les désirs et les liens se libèrent... Certaines théories sur la sexualité humaine se révisent à l'aune de la réalité, tandis que la morale bien-pensante en prend un coup.

La problématique est vaste, complexe, elle relève de spécialistes que nous ne sommes pas.

Néanmoins, il est évident que la sexualité est liée aux interactions avec d'autres personnes, donc à l'époque, à l'environnement du sujet, aux interdits, au refoulement ou à la sublimation du désir.

Chez l'enfant, la sexualité est un ensemble de sensations, de sens et de représentations mentales, elle est d'ordre psychosensoriel, et dépendante de la personne qui prend soin de lui. S'il aime les caresses et le toucher c'est parce que son corps est une zone érogène qui lui procure de la tendresse, du plaisir et de la sécurité. Pour l'adulte, la sexualité est génitale, c'est-à-dire que ses organes génitaux (bouche, sexe) sont érogènes, le plaisir ressenti vient de l'échange physique avec un ou une partenaire. Il relève aussi du fantasme, dans sa définition la plus vaste et dont l'individu n'est pas conscient.

Reste que selon le psychanalyste Jean-Bertrand Pontalis, « l'anatomie c'est le destin », on ne la choisit pas, même si on peut la transformer. Et, ajoute-t-il, « la psychanalyse nous libère de nos entraves ». Par ailleurs, grâce aux travaux d'anthropologues, Malinowski ou encore Claude Lévi-Strauss, le mythe œdipien ne fonde pas toujours les relations hommes-femmes, d'autres organisations familiales, ni nucléaires ni conjugales comme en Occident, existent dans le monde. Et on ne parlera pas ici des religions !

Ce qui n'empêche guère les identifications et les fluctuations de la sexualité humaine. Les pratiques sexuelles sont multiples voire infinies. Les récits sur les maisons closes d'hier, autant que ceux des prostituées ou des *escort girls* en témoignent, les clients ont des demandes diversifiées, inimaginables pour certains… C'est dire l'arbitraire ou la fragilité du désir, alors que la pensée et les fantasmes bougent en même temps que soi et les mouvements de la société.

Rappelons-nous qu'en d'autres temps, les liens sociaux étaient exclusivement définis et établis par les hommes ; les femmes, subordonnées, restant dans la sphère privée, cachée… L'Église, l'armée, la politique, et tant d'autres domaines illustrent bien cette « homosexualité » de façade ou réelle. Rappelons-nous aussi que les homosexuels étaient mis en prison, à l'instar d'Oscar Wilde pour « grave immoralité », à la fin du XIXe siècle, et que pendant la Seconde Guerre mondiale ils ont été déportés… Sans parler de la censure qui a touché des œuvres majeures ou des artistes libertins (à ne pas confondre avec les artistes dits « pédophiles »). Ou ces soixante-douze pays qui, en 2021, pénalisent encore les homosexuels, les bisexuels ou les transgenres, emprisonnés, torturés et même condamnés à mort.

Les lois sur la contraception et l'IVG ont permis aux femmes, c'est le cas en France, de vivre leur corps et leur sexualité sans être cantonnées à la reproduction et à la maternité. La libération des mœurs, dans les années 70, a entraîné des orientations et des schémas élargis de la sexualité, du couple et de la famille.

Des femmes ont accédé au pouvoir, mais jamais aucune femme n'était devenue Premier ministre aussi jeune : trente-quatre ans. Cela s'est passé en Finlande. Mais bien au-delà de ce record, ce qui marque la personnalité de Sanna Marin, c'est ce qu'elle revendique, tranquillement. Celle qui, depuis décembre 2019, dirige ce pays a été fière d'expliquer que ce sont deux femmes qui l'ont élevée. La sociale-démocrate raconte une histoire qu'elle a voulu partager, en toute transparence. Après le divorce de ses parents, sa mère a choisi de vivre en couple avec une autre femme, ce qui n'a pas, dit-elle, été toujours facile. Heureusement, explique-t-elle, le système scolaire, très égalitaire, l'a en quelque sorte protégée de l'intolérance, et l'a amenée jusqu'aux responsabilités les plus grandes. Signe d'une démocratie qui fonctionne bien, cette parole a eu pour but de banaliser ce vécu.

Entre pacs et mariage pour tous, une majorité d'Européens, en ordre dispersé, ont pratiquement tous suivi le même chemin, dans le sillage des Pays-Bas à l'avant-garde dès 2001. À l'inverse, plusieurs anciens pays communistes sont restés en marge, Slovaquie, Lituanie, Lettonie, Bulgarie, Roumanie. En tête de ce mouvement ultraconservateur, la Pologne, par tradition catholique et respect envers l'autorité papale. Pas question de se fâcher avec Rome. Ce qui explique comment l'archevêque de Cracovie a pu parler de « peste arc-en-ciel », alors que dans le même temps la mairie de Varsovie, libérale, a décidé au contraire de protéger ouvertement les minorités.

Mais les textes et les lois ne disent pas tout, c'est encore plus vrai quand la parole politique est un peu partout démonétisée. Les nouvelles générations s'affranchissent des contraintes d'État. Elles vivent leur vie, et si nécessaire vont chercher la liberté au-delà des frontières. Les réseaux sociaux pouvant, à l'occasion, favoriser cette solidarité... Même si c'est à côté de beaucoup de haine.

En France, selon une enquête sur l'isolement publiée en 2019, 3,2 % de la population se déclare homosexuelle, et près de 5 %, bisexuelle. Avec les trans, ces communautés se sentent de plus en plus visées par des actes violents. De 2017 à 2018, ceux-ci ont augmenté de 66 % : on en comptait cent trente-neuf en 2017, deux cent trente et un en 2018.

Depuis Freud, les mœurs ont donc bien changé, les femmes ont investi des bastions jusque-là masculins, et les psychanalystes sont de plus en plus confrontés à des personnalités très différentes, des comportements plus libérés, des constellations familiales nouvelles. Ce qui ne change rien au socle de la théorie freudienne sur la force de la pulsion et la libido, mais qui oblige à une observation plus aiguë, plus adaptée de l'individu, dans notre société en mutation. Normal, pas normal ? Perversions, déviances, maladies ? On entend toutes sortes de concepts erronés ou scientistes, des gens choqués, outrés ou tolérants. Il est évident pourtant que l'hétérosexualité n'est plus la norme imposée, l'homosexualité est admise, sauf par les homophobes, et la transsexualité s'affirme dans des témoignages publics assumés.

Le mariage pour tous, l'accès facilité à la PMA (procréation médicalement assistée) ont cautionné le libre choix des femmes et des hommes de créer la famille qu'ils souhaitent. La GPA (gestation pour autrui) est interdite en France, autorisée ailleurs. Même en Israël, malgré la présence prégnante des autorités religieuses, la GPA est pratiquée.

Face à l'évolution des lois, à ces désirs à géométrie variable, psychologues et psychanalystes s'adaptent aux demandes et même aux nouvelles parentalités qui se dessinent.

Le cabinet d'un psy est avant tout un cabinet des désirs, il y est question de souffrances (ou pas), mais pas de normes. Pour Elisabeth Roudinesco, la question est plutôt de se demander pourquoi les homosexuel(le)s veulent rejoindre l'ordre familial. Soyons clairs, il n'y a pas de « gène gay », l'homosexualité n'est pas inscrite dans notre ADN, comme cela a été suggéré dans les années 90. La preuve ? Une étude importante, parue en 2019, de la très sérieuse revue *Science*, qui a porté sur cinq cent mille profils ADN en Europe et aux États-Unis. La plus grande réalisée jusque-là. Autant la couleur des yeux est inscrite dans les gènes, autant rien ne marque l'homosexualité, sinon, comme tout ce qui est biologiquement et humainement complexe, une myriade de gènes répartis dans le génome. Le facteur essentiel reste donc l'environnement dans lequel on vit et grandit, environnement qui oriente notre désir sexuel dans un sens ou dans un autre. Après avoir comparé les marqueurs génétiques influant sur le nombre de partenaires de chaque sexe, les chercheurs qui ont mené cette étude concluent : « Supposer que plus on est attiré par quelqu'un du même sexe, moins on est attiré par l'autre sexe est une simplification abusive. »

Retour à la bisexualité potentielle en chacun de nous, retour à une réflexion d'ordre moins scientiste et plus psychique... Dans un article de septembre 2019, *Diversités*, le psychanalyste Jacques André écrit : « Pas plus que l'on ne naît homosexuel ou bisexuel, on ne naît hétérosexuel. On le devient. À cette liste, on pourrait ajouter les dernières variations : trans, *no sex*, non-binaire... Tout choix sexuel est le résultat d'une histoire, d'une psychogenèse. Il n'est pas sûr que la psychanalyse ait quelque chose à gagner à intégrer le mot « genre » à son appareil théorique ; « sexe psychique » est plus proche de l'expérience analytique, « genre » manque précisément un peu de « sexe ». Que le désir inconscient d'un ou des parents d'avoir une fille ne cède pas, alors même qu'un garçon vient de naître, et toujours le sexe psychique l'emportera sur le sexe anatomique dans la vie psychosexuelle du sujet, que celle-ci prenne ou non la forme d'une homosexualité. »

Le genre, justement, cette construction socioculturelle des rôles masculins et féminins, et des rapports entre les hommes et les femmes. Alors que « sexe » fait référence aux caractéristiques biologiques, être né(e) homme ou femme, le genre décrit des fonctions sociales assimilées et inculquées culturellement. « On ne naît pas femme, on le devient », a écrit Simone de Beauvoir. On ne naît pas plus homme, on le devient. Tout dépend des normes culturelles, politiques, sociologiques de l'époque. On apprend à devenir femme ou homme en se confrontant justement à l'autre genre, en vivant avec ou contre lui, en entretenant des rapports sociaux dans une société mixte où l'homme reste encore dominant, faut-il le préciser, même si les lignes bougent... Nous sommes tous masculins et féminins, contrairement à notre déterminisme biologique et anatomique. Une femme a l'air d'un garçon manqué, un homme semble efféminé ? Rien de plus normal si l'on veut bien contextualiser leur développement, observer dans quel milieu il ou elle grandit. Quand les préjugés s'estompent, on se garde de catégoriser du côté des gays ou des lesbiennes, car le genre n'a strictement rien à voir avec l'orientation ou la pratique sexuelle.

Il n'empêche, vivre avec et de son désir adulte est un long, un très long apprentissage. Flaubert, Proust, Balzac ou Gide, et tant d'autres auteurs nous l'ont raconté à leur manière, parfois romantique, parfois tragique ou masquée, face aux conventions ou aux carcans de la société et de l'époque dans laquelle ils vivaient. Histoires denses, intenses, devenues romans ou autofictions. Peu à peu l'amour et l'éducation sentimentale sont sortis des ornières morales, les désirs des uns et des autres se sont affirmés au fil des livres et des vies qui ont traversé les siècles. Ce long chemin vers soi ou vers le couple, idéalisé, s'est avéré parfois tortueux, voire tourmenté.

Comment renverser la table quand l'amour pour l'autre n'est ni conformiste, ni celui imposé par les codes sociaux ou religieux ? Comment devenir homme ou femme, affirmer son désir, au-delà de son apparence corporelle ? Depuis les slogans de Mai 68, dont « il est interdit d'interdire » ou « jouir sans entraves », les mœurs se sont libérées, au point de s'aveugler sur les pratiques pédocriminelles ; les individus se sont épanouis, du moins en apparence, allant jusqu'à un hédonisme forcené, voire égotiste. Désormais, être hétérosexuel, homosexuel ou transsexuel est possible, mais les conflits intimes ne s'apaisent pas pour autant, quand il faut affronter le regard hostile ou dubitatif des autres, ou décevoir leurs attentes.

Une éducation sentimentale

Valentin n'a que huit ans quand ses parents, tous deux médecins, décident de consulter un psychologue pour comprendre les causes de ses crises d'angoisse à répétition. Cinq ou six séances ne changent rien à l'affaire... Quelques années plus tard, Valentin a douze ans, retour chez un autre psy. Entre-temps un petit frère est né, les parents divorcent, toute la famille en souffre. Valentin présente quelques TOC, dont celui de se laver les mains dix fois par jour, sans raison valable.

L'angoisse est là, prégnante, Valentin ne parle pas beaucoup avec le psy, il se contente de rapporter ce qu'il fait de ses journées, à savoir travailler pour l'école et regarder la télé. Au collège, justement, rien ne va plus, son attitude, ses amitiés avec des filles, l'évitement des garçons font de lui une cible de moqueries, d'insultes, bref d'un harcèlement qui accentue sa tendance dépressive.

« Ils voulaient décider pour moi, ou peut-être étaient-ils jaloux que je sois entouré de filles, ou alors ils voyaient ce que je ne voulais pas admettre ; de toute façon les gens ne supportent pas bien les différences, être tous dans le même moule, c'est plus rassurant. Le fait est qu'on me traitait de pédé, de trouillard, et que je m'enfonçais dans le mal-être. »

Il veut tout arrêter, l'école, le psy, la vie... Vers seize ans il prend conscience de ce qui le mine, son attirance pour les garçons, sa peur panique que « ça se voie », le jugement de ses parents, cette famille si chaleureuse, patriarcale et machiste. Pas de place pour « son problème ». Il commence à trouver les mots chez son psychiatre-psychanalyste, il en parle, prend les antidépresseurs prescrits et entame des études de communication, mais reste replié sur lui-même hors du cabinet. Il change de psy, celui qu'il voit est trop cher et à lui seul il ne peut assumer la dépense.

Valentin avance lentement mais sûrement, il commence à travailler, éprouve un coup de cœur pour un garçon, sans passer à l'acte. Peu lui importe, d'ailleurs :

« Aujourd'hui, à vingt-six ans, je suis en paix avec moi-même, j'ai parlé à mes parents, tardivement, ils ont été surpris, pas très à l'aise avec l'homosexualité... Je suis le premier à ouvrir cette brèche dans la famille, mais ils ne m'ont rejeté à aucun moment. Je suis gay, j'ai crevé l'abcès, mais j'ai encore du mal avec le regard des autres...

Je suis libéré bien sûr, mais il me reste des traces douloureuses du harcèlement que j'ai subi, comme un sentiment de persécution. J'ai envie de vivre seul, de quitter le domicile de ma mère, mais je panique à l'idée de chercher un logement. On ne choisit pas d'être homo, pour certains c'est même une obligation d'être hétéro... Quand est-ce qu'on en finira avec les préjugés ? »

Michel, lui aussi gay, a dépassé la quarantaine. Il a tellement souffert de ne pouvoir avouer son homosexualité à ses parents qu'au bout de cinq ans d'analyse, il a fêté son « acte de naissance » en grande pompe, avec ses parents et ses amis. Il se souvient encore de chaque minute de cette soirée, du lâcher-prise qui a gagné ses proches et ses amis.

Mais aussi des larmes versées pendant certaines séances, de la surprise de ses parents, de leur mutisme pendant quelques semaines « après l'annonce », puis de leurs étreintes quand ils ont compris ce que leur fils avait enduré.

« Quelle délivrance ! C'est terrible de ne pas trouver sa place, de se taire, les années de thérapie analytique m'ont sauvé ! J'avais trente ans, mon corps et mon désir m'encombraient, je ne savais plus qu'en faire, je souffrais vraiment. J'en ai quarante-cinq aujourd'hui... J'ai eu une très forte et profonde impression de renaître, ajoute-t-il, en ouvrant les bras et avec un très grand sourire. C'est fini, j'assume pleinement, je suis apaisé. Ça prend du temps de s'accommoder à soi, mais que c'est bon après... »

Une famille d'hier et d'aujourd'hui

Le père est sicilien, la mère française. Ils ont monté une entreprise prospère de produits cosmétiques. Un couple traditionnel, avec ce qu'il faut de machisme pour lui qui n'en finit pas de tromper sa femme, bosseuse brillante et mère très attentionnée. Ils font deux enfants, deux garçons, Stéphane et Pierre, qui réussissent des études supérieures, l'un évolue dans la finance, l'autre envisage de monter une société de restauration haut de gamme. Tous vivent dans les beaux quartiers de Lyon et fréquentent la bourgeoisie provinciale. Pierre, le cadet, se marie d'abord et s'installe non loin de ses parents. Stéphane semble plus volage, il enchaîne les conquêtes féminines, hésite à se stabiliser, jusqu'au jour où lui aussi décide de se marier.

Jeanne, la belle-fille, est adorable, ils sont amoureux, la fête qui les unit est grandiose. Leur amour dure trois ans. Pas plus. Jeanne ne veut pas d'enfant et Stéphane n'a qu'une envie, quitter la France, exporter son affaire au Canada et prendre son envol. De plus, Stéphane a rencontré un jeune peintre qu'il adore. Jeanne est effondrée, mais accepte la situation qu'elle subodorait dans l'intimité de leur couple.

Stéphane veut donner du panache à son *coming out* pour permettre à leurs amis de tout savoir de lui. À eux, ensuite, de comprendre ou non la situation, ce n'est pas vraiment son problème. Les trentenaires se retrouvent pour une soirée privée dans une boîte de nuit, Stéphane en profite pour présenter son nouvel amour. Les parents font bonne figure et passent saluer la joyeuse assemblée, sans s'attarder.

Pourtant le choc est grand de constater l'homosexualité assumée de leur enfant. Danièle, la mère de Stéphane, avait douté de son amour pour Jeanne, car il avait parfois des propos violents rejetant les conventions bourgeoises et l'emprise autoritaire de ce père trop « macho ». Elle pensait que ce mariage n'avait pas tenu pour cause de bisexualité de son fils, elle lui en avait fait part, mais il avait ri. « Je préfère quand même les hommes, le doute n'est plus possible », avait-il conclu.

Le problème est pourtant plus profond pour Danièle, elle s'interroge sur l'éducation dispensée aux enfants, sur le père volage, et surtout, surtout, elle ajoute à sa culpabilité l'idée de ne pas être grand-mère et de voir partir sa propre mère sans arrière-petits-enfants. Et la famille, va-t-elle s'interrompre puisque Stéphane ne peut pas avoir d'enfant ? Et puis, se dit-elle, comment être heureux en affichant son homosexualité dans un milieu si conformiste, une société qui traite de « pédé » tout homme qui paraît sensible ? Elle est accablée par la réaction de son mari qui ne veut plus parler à son fils, ni le voir...

Stéphane prépare son expatriation, son affaire de restauration est déjà en bonne voie. Il part au Canada plus tôt que prévu, avec son amoureux, il n'a plus envie de se cacher, de mentir aux autres. Il est temps qu'il s'assume, d'autant que José, son compagnon, est métis.

« J'ai beaucoup beaucoup pleuré, je ne savais pas où j'avais péché, mon fils voulait mener une vie inconcevable dans notre histoire familiale. Mais le choc passé, un fils aîné gay qui se marie avec un métis, et quid de notre lignée ? Et j'avais peur du sida, même si cette crainte s'est atténuée quand j'ai compris qu'ils allaient vivre ensemble, ils n'avaient ni l'un ni l'autre le goût des conquêtes. Stéphane s'est assagi, il n'est plus le jeune adulte dragueur que j'avais vu papillonner.

Après un long travail avec une psychothérapeute, j'ai accepté la situation, mais surtout Stéphane m'a annoncé qu'il voulait des enfants. Donc j'ai pensé à l'adoption, et pour moi j'allais être grand-mère, quand même. Mais non, le désir d'enfant de Stéphane était tel qu'il voulait rester le père biologique. Et là, il m'annonce que le couple aurait recours à la GPA. Deuxième ou troisième choc, je ne savais plus où j'en étais… Il m'envoyait des articles sur le sujet, m'expliquait par A plus B que le processus est parfaitement encadré par la loi, que la recherche génétique est légale, que son bébé aurait une mère de naissance lointaine mais aimante, que la GPA n'avait rien d'immoral.

Qu'un de mes petits-enfants n'ait pas de mère pour l'élever m'excluait aussi, d'une certaine manière, psychologiquement, symboliquement, vous comprenez ? Bref, il m'a fallu quelques années pour être convaincue. Pas sûr que je le sois… J'ai dû voir un psy assidûment pour comprendre, me débarrasser de ma culpabilité. Ce n'est pas fini ! Mon fils a ressorti toutes les photos de lui petit, il a choisi la mère porteuse et la GPA s'est déroulée parfaitement. Stéphane a même fait le peau-à-peau avec son bébé, pour l'adopter si je puis dire physiquement, pour mieux fusionner.

J'ai une petite-fille maintenant, elle est ravissante, blonde comme sa grand-mère, son père et sa génitrice. Je trouve même quelques ressemblances avec ma famille ! Mon bouleversement intérieur s'est peu à peu apaisé, je m'entends bien avec José, et croyez-moi je suis follement attachée à cette petite. Je passe une heure par jour avec elle sur Skype, je gazouillais à son rythme, et maintenant nous nous parlons en français. Je pars la garder à l'autre bout du monde, si le couple prend quelques jours de congé. Dès qu'elle a un bobo je m'affole, mon fils me demande conseil, je suis une vraie grand-mère. Je connais d'autres familles très bancales, dont la lignée est interrompue et où l'on cherche le désir d'enfant. C'est parfois catastrophique. De toute façon, nous devons nous adapter à ces nouvelles parentalités, dès lors qu'elles n'excluent pas l'amour ; c'est toujours ce qui reste, ce qui compte et qui mène les actes, quelles que soient les époques. »

Danièle est donc une grand-mère heureuse. Pas sûr qu'elle ait résolu tous ses questionnements, mais sa réflexion suit son chemin, ses doutes s'apaisent. Finalement elle est la seule grand-mère de cette petite (la mère de José n'ayant jamais souhaité rencontrer le couple), qui elle-même est au courant de tout ce qui a permis sa naissance et son existence. Depuis, Pierre aussi a eu des enfants, mais Danièle n'a pas du tout les mêmes relations avec eux, comme si elle était un peu plus une mère-grand-mère protectrice avec la fille de Stéphane... Quant au grand-père, il a retrouvé son fils et rengainé sa rancune, mais n'a pas souhaité répondre à nos questions. Orgueil ou préjugé ? Les deux sans doute. Il n'est jamais simple de maintenir la cohésion d'une famille, traditionnelle ou pas... L'aide psychologique est précieuse, elle n'est pas toujours suffisante, il faut aussi laisser du temps au temps intérieur de chacun.

Sexualités et psychanalystes

Une chanteuse transgenre, une autre à barbe ou à moustache, portant perruque, blonde de préférence, et robe longue pailletée, participent au concours de l'Eurovision. Des hommes revendiquent haut et fort leur nouvelle féminité sur les plateaux télé, après avoir fait leur « transition ». D'autres, en couple homosexuel (hommes ou femmes) se marient en présence des enfants d'une première union, des psychanalystes envoient des photos avec leur compagnon sur les réseaux sociaux. Bref, l'hédonisme et l'exhibitionnisme font désormais bon ménage, mais brouillent les cartes. Sans porter aucun jugement de valeur, on peut s'interroger sur ces personnalités qui, par la médiatisation, militent pour de nouveaux modes de vie et souhaitent que leur singularité soit acceptée. Même si ce « buzz » permet aux plus silencieux d'avancer, de s'affirmer et d'affronter le regard des autres.

La différence est un maître-mot, mais l'écouter ou la voir ne suffit pas quand le monde change plus vite que nos mentalités. Comment ces personnes vivent-elles leurs désirs ? Quelle écoute, quel regard portent les spécialistes de la psyché sur les demandes intimes de ces patients en souffrance ?

Si certains se taisent pour mieux réfléchir, ou rejeter les demandes, d'autres restent sur leur ligne de « neutralité bienveillante », bien que parfois bousculés dans leurs certitudes ou leurs convictions. Freud lui-même, dont les théories ont fondé les réflexions sur la sexualité, a accueilli la compagne de sa fille Anna, sans ébranler ses observations. Quelques thérapeutes militants ont pris la parole pendant les premiers débats sur « le mariage pour tous », mais ils sont restés arcboutés sur leurs principes et, selon quelques psys, ont dit « plein de bêtises ». La nécessité d'un père et d'une mère pour un enfant semble naturelle dans les familles traditionnelles ; en psychanalyse, elle évoque la scène primitive – l'accouplement, la conception de l'enfant –, or celle-ci est de l'ordre du fantasme ; l'enfant peut donc l'imaginer entre un équivalent maternel, deux hommes ou deux femmes, seul lui importe la qualité des soins qu'on lui prodigue.

Le psychanalyste Daniel Widlöcher écrit : « Pour moi Œdipe c'est le petit garçon qui se demande ce que font ses parents ensemble, quel est leur secret. Il peut avoir des fantasmes avec le papa ou la maman, mais ce qui se passe entre eux reste un mystère. L'Œdipe n'est pas un interdit, c'est un impensable. »

Soyons clairs, les petits élevés par des couples du même sexe, selon de multiples études, ne présentent pas plus de troubles psychiques ou comportementaux que ceux qui grandissent auprès d'un couple parental classique. Les fonctions paternelles ou maternelles se répartissent naturellement hors du genre. Et l'orientation sexuelle, quelle qu'elle soit, n'est pas héréditaire...

Les mœurs sont souvent en avance sur les théories, elles les éclairent différemment, les mettent en question, bousculent les certitudes, cela pour le plus grand bien des sciences humaines. De son côté, le législateur s'arrache les cheveux pour suivre le mouvement toujours plus accéléré des changements de société et des débats contradictoires.

Serge Hefez considère que le carcan de la sexualité et du genre a explosé en un « raz-de-marée ». Il reçoit des patients pour les aider à démêler les nœuds de leur histoire. Notre société, après avoir enfermé les individus dans l'hétérosexualité, via les institutions culturelles et religieuses, autorise aujourd'hui l'extériorisation des pratiques sexuelles différentes, et s'interroge sur le masculin et le féminin. Selon lui, le genre, tapi dans l'inconscient, et source de fantasmes, se fabrique avec l'environnement.

« Les patients, dans mon cabinet, vont plutôt bien en général, ils se heurtent bien sûr au regard de l'autre, mais eux croquent la vie à pleines dents. En un siècle, nous sommes passés de la transsexualité au transgenre. La plupart des personnes que je vois ne demandent pas d'intervention chirurgicale sur leurs organes génitaux, pour elles, il s'agit plutôt d'une affaire entre l'être et l'esthétique, l'être et le paraître... Moi-même, parfois j'avoue qu'en face de tels patients, je ne sais plus où ils en sont dans leur genre. Je cherche le bon pronom personnel, le "elle", ou le "il". J'ai donc lâché la question, je vois avant tout un être humain qui souffre, et c'est libérateur pour lui comme pour moi.

Aux États-Unis, la réflexion sur le genre a pris de l'avance, la question est acceptée, intégrée : dans les formulaires à remplir pour entrer à l'université, on demande aux candidats comment ils veulent être "genrés". C'est intéressant de voir deux piliers de la psychanalyse, le masculin et le féminin, ébranlés. À la naissance, les bébés sont "neutres", sans conscience de leur corps, de leur genre, ils apprennent à se différencier en grandissant dans l'environnement sexué. La construction psychique de la féminité ou de la masculinité se fonde sur un rejet d'une partie de soi, celle qui justement ne correspond pas au genre visible. Les filles ont vu leur part masculine valorisée par l'accès des femmes au travail et donc à leur autonomie, alors que les hommes doivent devenir des hommes en repoussant leur part masculine, c'est-à-dire leur virilité, leur pouvoir de domination en quelque sorte. Ils ne suivent pas le modèle guerrier qu'on leur assigne. Ils sont donc plus exposés à l'homophobie... Longtemps, femmes et hommes ont été embarqués sur un seul chemin, les études, le mariage, les enfants, mais ils n'étaient pas plus heureux. Et les homosexuels, hommes ou femmes, n'avaient aucun modèle dans la société pour valider ce qu'ils étaient, la visibilité a changé la donne. Mais tout cela est encore chaotique, les jeunes jouent avec les codes masculins et féminins, on choisit qui l'on veut être, on prend des chemins de traverse, pour les uns c'est très angoissant, pour d'autres l'épanouissement est au bout de la route.

Nous, les psychanalystes, devons rester à l'écoute de ces mouvements, la société et les patients ont profondément bousculé notre posture. L'homosexualité a droit à l'indifférence plutôt qu'à la différence. Nous devons suivre le sens de l'histoire et le nouvel ordre social.

Avant, être psychanalyste était une identité, on entrait en psychanalyse comme dans les ordres, avec notre jargon, nos dogmes, hors du monde réel. Ce n'est plus le cas et c'est tant mieux. Je ne sais pas si c'est bien ou mal, mais on ne peut plus défendre à tout prix, de manière réactionnaire et banale, la famille traditionnelle, même ou surtout si elle n'est pas parfaite. »

Pour compléter les propos de Serge Hefez, il nous semble important de signaler que la célèbre université de Yale a supprimé deux cours d'introduction à l'art, en première année, jugés discriminants par les étudiants, car signifiant que « l'art est le produit d'artistes blancs, européens, hétéros et masculins » ! Ils sont remplacés par un enseignement basé sur l'art et « les questions de genre, de classe et de race » ainsi que sa relation avec le changement climatique. Cette décision a bien entendu ravi les étudiants les plus radicaux, moins la presse qui y voit « l'arrivée des barbares dans un monde feutré ». Faudra-t-il un jour redéfinir l'art, qui jusque-là semble universel et transculturel ? À méditer...

Samir Tilikete, psychiatre-psychanalyste, va encore plus loin sur la question du genre et des nouvelles parentalités.

Le matin de notre rencontre, il arrive à vélo, casque sur la tête. Le bistrot où nous discutons est en bord de Seine, baigné d'une lumière encore froide. L'hiver est bien installé. D'abord réservé, Samir Tilikete s'enflamme vite pour raconter son métier et analyser avec nous cette problématique. Son parcours est atypique pour un psychanalyste de cinquante-cinq ans, qui voulait déjà l'être à l'âge de onze ans, après avoir vu un film de Martin Ritt avec Woody Allen, *Le Prête-Nom*, (1976) sur la chasse aux sorcières dans le milieu new-yorkais.

Fils de deux riches avocats, Samir Tilikete naît en Algérie, kabyle par son père, juif par sa mère. Son père meurt dans un accident de bateau. Il passe le concours de la Femis, mais son oncle s'oppose à ce qu'il fasse du cinéma, car ce n'est pas un métier « sérieux ».

Longtemps apatride, le jeune homme décide de faire médecine, avec la psychiatrie pour spécialité, puis part dans le sud de la France pour un DEA de neurobiologie et une thèse de génétique. Il fait une analyse avec une psychanalyste lacanienne, puis une autre, de l'Association psychanalytique de France, et se forme aux thérapies comportementales et cognitives, pour se pencher sur le traitement des addictions.

C'est en 2003 qu'il ouvre son cabinet de psychanalyste, à Paris, car pour lui la psychanalyse est « l'anthropologie la plus intéressante pour soulager l'humain, elle relève de la science, de l'art et de la philosophie, qui la rend transgressive et subversive ».

Il nous raconte l'histoire de l'un de ses patients, un jeune homme de vingt-trois ans avec le physique de Louis Jouvet, parents divorcés, et qui veut changer de genre. Il l'a reçu, écouté, a essayé de comprendre son cheminement vers son désir de changement. Mais un jour le patient lui signifie qu'il veut arrêter la thérapie avec lui, parce que le « bon Dr Tilikete » ne l'avait jamais appelé par son prénom, ni masculin ni féminin... « Je ne l'ai pas fait par principe, précise Samir Tilikete, pour ne pas entrer dans la "folie" du patient ». Puis cet homme a fini par obtenir l'état civil de femme ; il revient le voir, en lui balançant sur son bureau sa carte d'identité, et en lui disant « et maintenant vous faites quoi ? » Ce patient continue de sortir avec des femmes, de « se servir de son pénis » sans se dire lesbienne...

L'histoire est complexe, comme toutes celles qui concernent la transsexualité ou le transgenre, or la psychanalyse se doit de s'éloigner des préjugés, des étiquettes, pour rester proche de l'humain, dans sa noirceur et dans sa lumière...

« Il fut un temps où des enfants naissaient avec des anomalies ou des ambiguïtés anatomiques, que les médecins nommaient "intersexes" en leur assignant alors un genre, de manière arbitraire. La question du genre est une énigme complexe, vouloir changer de genre c'est s'interroger sur le féminin et le masculin, la féminité ou la masculinité. Le désir va contre la biologie, mais ce n'est pas forcément une psychose, comme on le dit. Je vois des personnes qui se cherchent, qui souffrent mais ne présentent pas de trouble mental au sens psychiatrique du terme. Cela peut arriver... Il y a plutôt des aménagements très divers de la personnalité. Certains passent du féminin au masculin, ou l'inverse, mais ils ont du mal à vivre parce qu'ils sont mis au ban de la société. Ceux qui s'acceptent ne vont pas forcément vers la transformation de leurs organes génitaux, ce qui prouve, d'une certaine manière, qu'il y a distinction entre le sexe et le genre. Avec ces patients j'essaie d'explorer toutes les raisons qui les mènent à ce changement sans aller du côté de la morale, du bien ou du mal. Je ne trouve pas toujours des points communs dans leurs histoires. Nos théories psychanalytiques doivent se penser à la lumière de ce que l'on entend dans nos cabinets. Être homosexuel c'est coucher avec des gens du même genre que soi, pas spécialement du même sexe. Des couples homosexuels ont un désir d'enfant, cela n'a rien à voir avec le comportement sexuel. La sexualité est moins primordiale qu'on le dit, le corps est moins sacré qu'en d'autres époques. »

Autrement dit, le travail psychanalytique, la relation avec le thérapeute permettent de libérer l'individu de ses refoulements, de ses limitations pour qu'il assume une sexualité plus large, plus variée, qui répond à ses propres désirs, au-delà des interdits du cercle familial et sociétal. Une éducation sentimentale réussie ?

Écouter l'enfance

Tous les trois « adorent » les enfants. Évidemment c'est un verbe qu'ils ne prononcent pas. Il suffit pourtant de les écouter pour s'en convaincre. L'essentiel, c'est le temps et la part d'eux-mêmes qu'ils offrent aux petits et moins petits, jusqu'à l'adolescence. Un véritable choix de vie.

Marie Dargent, Olivier Duris et Caroline Goldman se connaissent peut-être...

La première pourrait être la mère du second. Et la troisième, comme une jeune tante bienveillante, elle-même maman d'enfants encore à la maison. Point commun : partager et investir la même puissance d'écoute et d'attention, chacun à sa façon.

La psychanalyste Marie Dargent s'amuse de l'endroit où elle travaille. Dans un arrondissement huppé de Paris, un immeuble en retrait d'une rue trop calme, et un chemin pas si évident pour aller jusqu'à sa porte. D'emblée on comprend que de sa part c'est un choix, un lieu caché qui lui convient parfaitement pour instaurer la confiance. À l'écart des rigueurs de la grande ville. Elle s'en amuse : « Parfois, on se perd un peu pour venir jusqu'ici ». C'est d'ailleurs ce qui nous est arrivé à la recherche de ce « rez-de-jardin + 1 ».

Des murs blancs, une baie vitrée qui donne sur la pelouse d'une cour intérieure, deux divans rouge-orangé, des étagères garnies de livres et d'une grosse boîte de feutres. Près du fauteuil de la thérapeute, on remarque une petite photo de Freud éclairée par la lampe. On pense tout de suite à un grand-père qui veille sur la sérénité des lieux. Il ne faut pas se fier aux apparences, malgré le bon goût de l'appartement, rien de « bourgeois » dans l'approche des enfants qu'elle accueille. Si nécessaire, elle se retrouve par terre à leurs côtés, « parce qu'il faut absolument se mettre à leur portée ». Pour nous convaincre elle sort le tout petit banc en bois, assez vintage, qui permet aux petits de s'asseoir devant la table basse pour commencer à dessiner. Rien d'obligatoire, mais un bon moyen pour les aider à trouver les mots… quand ceux-ci ne viennent pas. Une ligne, un trait, c'est le début d'une conversation, dans la lignée des pratiques de Françoise Dolto à qui elle rend hommage.

« J'ai tellement aimé l'écouter à la radio. Le dessin, précise-t-elle, comme un vecteur, mais sans plus, il ne s'agit pas d'art-thérapie. »

Le dessin et les mots. Le premier est souvent plus éloquent pour les petits qui ont du mal à exprimer leurs difficultés. Celle qui a commencé comme orthophoniste voulait devenir « psychiatre du langage », ce qu'elle est aujourd'hui.

« Je fais le métier que je voulais faire, confirme-t-elle, avec le recul et après quinze ans d'exercice. Derrière tous les symptômes que je soignais, je comprenais qu'il se jouait des choses plus subtiles. Je percevais et perçois encore tous les gestes inconscients que nous faisons, des petits tics, des mouvements en décalage avec le silence ou les mots qui se disent. J'ai un goût pour les mots, les transformations qui ont lieu en séance. Dans mon cabinet, avec les enfants je suis plus souple que dans l'institution où je travaille, où nous avons affaire à des psychotiques ou de lourds traumatismes. Et surtout, je ne suis pas silencieuse car cela peut paraître violent pour certains patients, je me méfie de "la dignité psychanalytique". »

Optimiste de nature, elle l'est aussi pour son art, et au-delà, pour la place de la psychologie : « Les psys sont très présents, se réjouit-elle, de Dolto à YouTube ». Et Marie Dargent de remarquer que l'époque où l'on « rasait les murs » pour aller voir son psy est bien terminée. Une inquiétude tout de même, la pression d'une société, dans laquelle il faut aller toujours plus vite.

« Sur le divan émergent de nouvelles anxiétés des jeunes, face à l'écologie. La terre-mère va mal, elle brûle, on ne cesse de le leur répéter. Ils sont aussi très affectés par les crimes d'enfants, les violences qui traversent l'actualité. Les violences faites aux enfants sont tellement insoutenables pour nous, qu'en réunion, à l'institution, nous rions parfois pour nous libérer. L'hyperactivité, que certains soignent à coups de médicaments, est due aussi à la violence sociale, familiale, scolaire. A contrario, je vois des parents qui, en instance de séparation, me consultent pour préparer l'enfant à cet événement. Je les accompagne... Ce qui m'inquiète aussi, c'est de voir un petit de deux ans dans sa poussette avec le smartphone du parent à ses côtés. Ces enfants ont déjà des parents addicts au numérique. »

L'obsession de résultats rapides ? Avec un sourire généreux, elle insiste : « Je ne suis pas une esthéticienne, pour comprendre et accompagner il me faut du temps ». On comprend qu'elle n'a aucun goût pour un maquillage expéditif qui cacherait les réalités. Elle veut aller au fond des choses, elle laisse donc à d'autres la promesse de solutions express, c'est ce qu'elle explique à des parents souvent impatients.

Elle nous raconte le cas d'une petite fille de six ans, qui a commencé à décrire « l'homme noir » qui l'impressionnait tant, ce personnage de l'actualité qui pendant quarante-huit heures, il y a quelques années, a terrorisé Paris. On le voyait un peu partout, sans être tout à fait sûr de sa réalité... Entre légende urbaine et phantasmes. La petite avait peur de tous les hommes noirs, des hommes en noir et du noir. À chaque séance, Marie Dargent éteignait les lumières pour ne laisser percer que la lumière du jour. Pendant deux ans, la fillette est revenue sans cesse à cette présence indéfinie, bien lourde à porter. Mais elle a prouvé sa capacité à réagir, quand longtemps après, un individu, un prédateur, a harcelé tout un quartier où elle venait d'emménager avec ses parents. Elle l'a même croisé sur son vélo avec des copines, il était dans sa voiture. La petite a senti le danger, elle a eu le réflexe de se sauver aussitôt. Elle a tout expliqué aux policiers, sa peur avait disparu !

Et cette femme désespérée qui s'installait à l'envers sur le divan, jusqu'à se retrouver un jour par terre. La thérapeute l'a prise dans ses bras pour la réconforter et la patiente a pu dire que sa mère l'avait abandonnée.

Approche encore plus délicate quand le monde du travail impose ses carcans. Marie Dargent dénonce en particulier les bilans de compétence qui « terrorisent ».

« Le culte de la performance dilapide beaucoup d'énergie. Les bilans de compétence demandés par les employeurs sont des pressions terribles qui font flamber les fragilités narcissiques dès l'âge de vingt-cinq ans, au lieu de quarante ans en milieu de carrière. »

Une chose est sûre pour elle : ce qui fait peur c'est peut-être le vieux Freud avec sa barbe, mais la psychanalyse vivra encore, en mode *off* ou *on*, selon les époques.

Quand on entame des études de psychologie, il se dit, dans les milieux concernés, que « c'est soit parce qu'on ne sait pas quoi faire d'autre, soit pour se soigner, ou soigner ses parents ».

Olivier Duris, psychologue clinicien-psychanalyste, nous rappelle cet aphorisme. Si jeune, trente ans, et si heureux de faire ce métier, lui qui voulait d'abord être criminologue pour « aller plus loin » que son père gendarme. Sans doute faut-il faire un lien...

Il arrive à notre rendez-vous à trottinette électrique, enlève son casque, nous salue. Avec sa barbe de *hipster* et sa veste de sport, on dirait un marin qui vient de débarquer. Une vraie « bonne bouille » ! Le hasard d'un achat d'un livre de Freud, *Psychopathologie de la vie quotidienne*, dans une grande surface de sa région a éveillé aussitôt en lui sa véritable vocation : enquêter sur l'âme humaine. Il est alors en seconde. Coïncidence ou pas, plus tard, il profitera de ses vacances pour accompagner des autistes. Une révélation !

Quand il en parle c'est pour exprimer une profonde empathie : « J'adore ce monde-là, sa vérité, ce qui est brut, touchant et toutes les occasions de rire ensemble ! Dès que quelque chose, même infime, bouge, c'est formidable. »

Quelques années après, le souvenir du premier rendez-vous comme psychanalyste reste vif : « J'étais comme un gosse qui attend ses premiers cadeaux de Noël ! Mais en parallèle j'avais commencé à travailler en institution, auprès de sujets psychotiques. Pour cette première séance, j'étais déjà protégé par une équipe et une supervision. On devient thérapeute, quand on oublie ce que l'on sait devant quelqu'un qui va mal, "le sujet supposé savoir" cher à Lacan. Et puis il est important de gommer son jargon psy, car on est avant tout dans la vie. On gagne en expérience, on privilégie la clinique sur la théorie. »

Désormais, en cabinet ou avec d'autres collègues à l'hôpital de jour, Olivier Duris consacre beaucoup de temps aux enfants qui avec les ados constituent 80 % de ses patients.

Tout est bon pour les aider : les ateliers-contes, les groupes de paroles, les tablettes, le théâtre, et... les jeux vidéo. Dans son cabinet, l'espace de la salle d'attente semble entièrement dédié aux enfants avec des jouets, des livres et une belle lumière pour éclairer le tout. Quand les petits le demandent, il joue avec eux, tout naturellement.

« Les jeux vidéo, écrit-il dans un article, sont d'ores et déjà entrés dans l'histoire culturelle du XXIe siècle, comme on peut l'observer avec l'apparition d'écoles de formation, d'associations d'amateurs, d'emprunts transmédiatiques à la littérature comme au cinéma, de compétitions "e-sport" de haut niveau, etc. Le ministère de la Culture a d'ailleurs affirmé sur son site Internet : "Avec un chiffre d'affaires mondial (équipement et jeux) de plus de cinquante-deux milliards d'euros, le jeu vidéo est devenu la première industrie culturelle mondiale devant le cinéma et la musique enregistrée" ».

Il se méfie pourtant des théories et des généralités, le monde numérique n'est ni un paradis ni un enfer. Une forme de thérapie par l'avatar. En face de lui les enfants racontent leurs jeux sans y jouer, et la médiation fonctionne pour ceux qui n'aiment pas dessiner ou s'expriment difficilement. Pour lui, c'est une planète incontournable où se retrouvent les enfants de ce siècle.

– L'avatar dans le jeu vidéo permet à l'enfant, au joueur, de devenir le spectateur de ses propres actions et émotions dans un monde virtuel, entrant et interagissant dans le jeu : l'avatar devient alors un véhicule des émotions et de la subjectivité, renforçant ainsi son implication immersive. Les mondes numériques offrent une plus grande possibilité de maîtrise des angoisses, car la fréquence des actions et des péripéties est plus grande que dans le monde réel, l'une des caractéristiques principales de tout jeu vidéo. Si l'adolescent arrive à trouver un lien avec l'autre dans son jeu ou en dehors de celui-ci, en partageant son expérience vidéoludique par exemple, un réel épanouissement sera alors possible.

– Que représentent les réseaux sociaux pour les plus jeunes ?

– Les réseaux sociaux, c'est la haine comme la solidarité. L'important c'est de bien les utiliser, car il n'y a pas l'oubli, tout reste. Ils sont malgré tout un vecteur de socialisation, les enfants échangent avec leurs amis les "like" qui font plaisir, mais ils savent bien que ce ne sont pas de vrais amis. Certains ont même besoin des réseaux sociaux pour des cours ou des séances à distance ; ils n'ont jamais été aussi utiles que pendant les premiers temps de la pandémie.

– La dépendance aux écrans se développe pourtant ?

– Les ordinateurs, les smartphones, les écrans sont partout à la portée de tous, c'est cela qui est nouveau. Il y a eu la télé baby-sitter... Aujourd'hui il faut de la modération, comme par exemple offrir le smartphone à l'âge du collège, pas avant. Un ado, fille ou garçon, veut rester en lien avec les copains, jouer ou aller sur YouTube. L'addiction vient quand la relation avec les parents est ténue, quand l'enfant se réfugie dans les jeux vidéo pour fuir la réalité. L'écran fait écran. Cela arrive plutôt pendant la crise adolescente, une dépression ou en cas de harcèlement scolaire. Par ailleurs, certains parents offrent un smartphone pour pister leur enfant et c'est très intrusif. »

Olivier Duris est allé beaucoup plus loin. Il fait partie des rares psys, une dizaine estime-t-il en France, à utiliser des robots ! Et voilà Nao... Il pèse quatre kilos, mesure cinquante-huit centimètres, a été conçu et créé il y a un peu plus de dix ans par une start-up française qui, depuis, a été rachetée par les Japonais. Sur Internet il est décrit comme un « humanoïde », il fait penser à C-3PO de *Star Wars*, en format *small*. On l'a vu à la télé, comme chroniqueur dans des émissions de Thierry Ardisson, posant quelques questions. Il a aussi été reçu à l'Élysée en 2013, par le président François Hollande. Évidemment, une première ! En 2017 il a même tenu une conférence de presse à Montréal, à l'occasion du sommet du numérique avec comme thème l'autisme. En fait, c'est cette fonction qui a dominé les autres. Même si on peut parfois croiser Nao dans des magasins, à l'accueil ou dans des gares ou des aéroports, pour des échanges basiques. Auprès de quelques psys, il a très vite trouvé sa place, parce que, explique Olivier Duris : « Un robot réduit au minimum les émotions, il n'a pas de "cœur", ni de regards ou d'intonations angoissantes pour les jeunes autistes. Une neutralité qui, parfois, rassure. Au même titre qu'un crayon et du papier, et nous, thérapeutes, sommes là pour les échanges et la modération. Les autistes ne se sentent pas jugés ou scrutés, à l'inverse de ce qu'ils ressentent en présence d'adultes. »

Ce jeune psychologue a créé son site sur la toile, fidèle à ce qu'il est. Pour le représenter, surprise : une photo pixélisée à la manière d'un dessin. Le psychologue clinicien, tel qu'il apparaît, semble sortir tout droit d'une BD, avec son allure de Corto Maltese. Un monde nouveau pour cette discipline, un monde tout en couleur qui fait du bien, tout simplement.

Sa maison est nichée dans une ruelle de la banlieue parisienne. Ce jour-là on enterre le président Jacques Chirac sous un soleil automnal. Il est 15 heures pile, lorsque sur la grande place de la mairie, les édiles, leurs adjoints et quelques habitants se retrouvent pour respecter ensemble une minute de silence. Elle est déjà bien lointaine, l'époque de Jacques Chirac, quand la notoriété, la qualité d'un chef d'État rimaient bien plus avec popularité qu'avec efficacité. Qu'importe, nous sommes entrés de plain-pied dans le nouveau monde, et tout devrait changer... Dans quel sens ? Jacques Chirac, comme d'autres présidents avant lui, incarnait à sa manière le père de la nation, suscitant attirance ou rejet, protection et autorité. En psychanalyse, on dit que l'on se construit à l'ombre du père ou contre lui... Qu'en est-il aujourd'hui ?

Notre façon de penser, de vivre avec les autres ou d'aborder les problèmes qui déstabilisent la petite enfance est le reflet de l'état des familles, idéalisant souvent leur progéniture. Ce sont justement les enfants et les adolescents qu'observe, chaque jour de sa vie, la psychologue Caroline Goldman.

Elle aussi a été une enfant, fille d'une mère psychanalyste et d'un père musicien, icône absolue d'hier et d'aujourd'hui. Nous ne lui avons pas posé directement la question (elle c'est elle, et lui c'est lui...), mais elle nous a brûlé les lèvres. Comment vivre en partageant son père avec des millions de Français ? La réponse lui appartient...

Caroline est mère de trois filles et un garçon. Une femme pétillante, à la chevelure brune opulente, qui nous reçoit avec un sourire chaleureux, affirmé, pendant plus de deux heures. Habillée d'une robe longue jaune moutarde et d'une petite veste en laine, serrée à la taille, on la sent heureuse de partager sa vision de la psychanalyse et de sa propre pratique.

Son antre est spacieux, paisible, clair. Les canapés recouverts de lin sont moelleux, le piano calé contre un mur, le bureau contre un autre, non loin de la cuisine, ouverte sur la salle à manger qui, elle, longe une baie vitrée donnant sur un charmant petit jardin.

Un coin pour jouer, et plus loin une autre porte qui s'ouvre sur son cabinet de consultations. Une petite pièce, donnant sur la pelouse, meublée d'un canapé, de deux fauteuils, un bureau, une chaise, et des dessins d'animaux encadrés sur un mur. Une caisse de jouets, une autre contenant des livres illustrés, et une maison en bois que les enfants sont incités à remplir, librement, avec des meubles miniatures et des figurines. Une manière ludique d'exprimer leur représentation de leur lieu de vie, comme ils le font souvent par le dessin. Un test projectif que Caroline Goldman apprécie dans l'intimité de son cabinet, en présence des parents. « J'adore les dessins des enfants, tous les tests projectifs, nous précise-t-elle, ils en disent très long sur le sujet, et dans le moindre détail. »

La santé psychique d'un enfant est avant tout une affaire de famille. Soixante-quinze pour cent des petits qui viennent la consulter ont des troubles du comportement éducatif, quand les parents perdent pied. Depuis que le bébé est devenu sujet, on demande aux enfants, dès la maternelle, d'être vite épanouis, vite performants, vite fonctionnels dans une société qui ne sait plus comment orchestrer la moindre frustration.

Des exemples ? Une célèbre école bilingue impose aux petits candidats qui souhaitent l'intégrer une expertise graphologique et des tests de QI (quotient intellectuel). De même, ce père particulièrement triste lors d'un déjeuner professionnel, parce que convoqué par l'institutrice de son petit garçon de trois ans, en première année de maternelle. La maîtresse lui conseille de voir un psychologue parce que l'enfant a des problèmes de graphisme, traduisez de dessin et de formation de lettres qu'il découvre à peine. C'est tout, c'est trop ! Alors que la vie de famille se déroule sans problème, que le petit est sociable. Et s'il était simplement angoissé par la séparation quotidienne d'avec ses parents ? Ou par la maîtresse elle-même ? Mais non, il lui faut un psy, pour être performant, alors qu'il vient juste de quitter les bras de sa mère il doit tenir sur les rails, sans avoir le temps de se développer, de s'adapter, à son rythme.

Reste que les enfants qui viennent au cabinet de Caroline Goldman ne sont pas tous en carence de quoi que ce soit. Certains vont même très bien, et repartent rassurés avec leurs parents, eux-mêmes soumis au culte de la performance. D'autres s'adressent à elle quand ils croient avoir un enfant au quotient intellectuel supérieur, qui serait à l'origine du mal-être ou de son inadaptation. Or c'est faux, plusieurs intelligences nous habitent. Si un enfant va mal, ce n'est pas à cause de lui, même si certains sont parfois difficiles ; la faute à ceux qui lui ont collé l'étiquette d'un être supérieur... Pour cerner les problèmes et « amener l'enfant au bonheur », la psychologue a mis au point et peaufiné sa méthode intégrative d'investigation et de thérapie.

Elle commence par un entretien d'environ trois heures, pendant lequel elle s'informe de l'état des parents, du rôle des grands-parents, du développement de l'enfant depuis sa naissance. Les parents parlent, l'enfant joue, dessine ou prend la parole, tout est observé, discuté. Ainsi peut-elle poser un diagnostic, suggérer des comportements différents, envisager une thérapie, « ordonnance » comprise, où elle note ses conseils et ses conclusions. Tout ce petit monde revient deux ou trois mois plus tard, fait un point, jusqu'à l'entretien final, qui dure deux heures. Elle ne revoit pas l'enfant sans ses parents. Et ça marche !

Même processus pour les ados : un entretien complet, approfondi, avec les parents, et ce quelle que soit la composition du couple parental. Parce que ce n'est pas le déterminisme biologique qui fait les parents, mais bien l'amour et l'éducation qu'ils offrent. Parce que l'enfant né d'une PMA est un enfant comme les autres.

Dans le cas d'une famille monoparentale, si le père est absent, la thérapeute le cherche, le contacte, le convoque si nécessaire. Elle a même joué les détectives sur Google, et retrouvé un père évaporé dans la nature, ayant abandonné l'enfant et la mère. Pour la psychologue, voir les ados seuls au premier rendez-vous est inutile, si rien ne change à la maison. Elle consent cependant à des entretiens individuels, pour être leur « avocate », faire alliance avec eux, et les mener eux aussi vers un mieux-être.

Il faut dire que Caroline Goldman est une passionnée. Elle exerce son métier depuis treize ans. Freud est son maître, et les grands spécialistes de l'enfance, tels Bernard Golse, Pierre Delion ou le psychanalyste Jacques André sont ses mentors. Quand elle était jeune, ses parents disaient déjà qu'elle « faisait parler les murs ». Elle ravit alors ses sœurs et ses cousines avec ses histoires d'enfants, d'ados, des vies dont elle préserve l'anonymat bien sûr, mais si vraies.

Cette jeune femme, habitée par sa passion de la psyché, n'arrête jamais, même avec sa propre progéniture. Elle y consacre tout ce qui lui reste de temps après ses consultations, surveille les nombreuses activités, extra ou périscolaires, de chacun ; et ils n'en manquent pas puisque l'aînée n'a que quatorze ans. Parler, jouer, rire ensemble sont pour elle, et pour toutes les familles, des signes de bonne santé... Quant aux adultes, elle le dit tout net, dans le cadre de son travail elle ne s'y intéresse qu'en tant que parents. Après tout ce sont eux qui subissent et transmettent à l'enfant les pressions exercées par la société, le travail, l'idéal de parentalité, autant que par l'enfant idéalisé. Et de prôner encore dans son dernier livre, *File dans ta chambre* (InterÉditions), sans langue de bois ni jargon psy, le retour du bon sens dans l'éducation, pour remettre l'apprentissage des limites « au centre d'un développement psychique serein, en pointant les écueils de la discipline positive ».

Caroline Goldman a eu dix ans de formation spécifique, dont une analyse personnelle. Elle a effectué des stages dans des CMP (centres médico-psychologiques) et passé cinq ans dans un service de la Pitié-Salpêtrière. Elle fait aussi beaucoup de supervisions qui lui permettent de cerner ce qui se passe dans les institutions.

Si la psychanalyse est aujourd'hui décriée, passée au crible des neurosciences, cela ne lui fait pas peur, après tout elle est le miroir de l'inconscient de chacun, et la société change à toute allure. Pour elle, la théorie psychanalytique reste donc fondamentale et majeure, aussi importante que lorsque l'on découvre l'anatomie du corps humain. Elle ne peut se réduire, comme le préconisent les neurosciences, « à une coupe cervicale dans un bocal, expulsant la souffrance, les doutes, les larmes, les déceptions, et tout ce qui constitue la conflictualité du sujet. » Avec le risque, à terme, de traiter la maladie mentale comme on appréhende une varicelle. La psychanalyse dit une vérité de l'être, précise Caroline, et elle peut croiser utilement les résultats des neurosciences, sans leur laisser la primauté.

« Je vous cite un exemple clinique, celui d'une jeune fille de quinze ans, névrosée hystérique, qui avait été mise sous Ritaline, jusqu'à ce que je souffle l'idée que son père qui l'agitait, excitait ses fantasmes œdipiens, quotidiennement, par sa nudité, aille se rhabiller.

Nous avons tout intérêt à accueillir la souffrance structurelle des parents eux-mêmes pour soigner leurs enfants, au lieu de cloisonner les prises en charge des enfants loin des parents. Cela permettra d'éviter les parcours de soin individuels à rallonge, et le maintien de propositions relationnelles inadaptées voire toxiques à la maison, freinant tout progrès des uns et des autres. »

En revanche, elle reconnaît que la pratique psychanalytique a été lente, élitiste, surtout entre les années 60 et 80. Elle va forcément changer, s'adapter, si les praticiens consentent à donner, eux-mêmes, un coup de pied dans la fourmilière. Ce que certains d'entre eux font plutôt bien. La divulguer, la populariser, pourquoi pas ? À condition d'en préserver l'épaisseur...

Une mission qu'elle reconnaît volontiers, elle aussi, à Françoise Dolto. En 1975, celle-ci s'est servie de la radio pour prouver que l'enfant petit est tributaire de son environnement familial, comme Caroline le fait dans la discrétion de son cabinet.

Rien n'est jamais perdu, il suffit de verbaliser certains tourments, pour atténuer la douleur ou la peur qui entravent les relations parents-enfants, et plus tard celles des adultes. Cela se fait en cas de thérapie familiale venue des États-Unis, et qui n'a pas toujours eu bonne presse auprès de tous les psychanalystes. Or, le symptôme de l'un peut révéler un dysfonctionnement du couple ou du groupe. À l'inverse, le roman familial peut empêcher l'un des membres de trouver sa place, alors qu'il est confronté au symptôme (parfois inconscient) d'un proche. Cette forme de thérapie est en majeure partie demandée ou préconisée quand un enfant « pose des problèmes » à ses parents. Son symptôme – une difficulté d'endormissement, des cauchemars répétés, un trouble alimentaire, une inadaptation scolaire, une addiction à la drogue – peut être le révélateur d'une souffrance ou d'une difficulté de la famille dans son ensemble, et non celui du problème d'un seul membre...

Normal, l'enfant est une personne en interaction avec d'autres, et non plus un éternel nouveau-né qui se contente de manger, dormir, sans participer à son propre développement ou être partie prenante du couple parental. Quant aux écrans, la nouvelle addiction de certains enfants, Caroline Goldman l'affirme :

« Je crois que ce que ne dit pas la littérature qui s'y consacre, c'est à quel point le collage excessif aux écrans des jeunes enfants est avant tout un problème socioculturel. J'observe, dans ma clinique, que chez les plus grands enfants (et les adolescents), l'addiction aux écrans est toujours l'arbre qui cache la forêt, c'est-à-dire le symptôme d'une problématique psychopathologique qui ne porte pas immédiatement son nom. Généralement on trouve derrière cette compulsion des préoccupations dépressives (l'enfant vit dans son écran faute de rencontrer les liens nourrissants dans la réalité) ou des problématiques limites (et c'est ce que je vois le plus au cabinet) : l'intolérance à la frustration rend l'enfant agressif, électrique dans toutes ses relations, ce qui l'épuise lui-même autant que cela épuise son entourage. Il a donc l'intuition de se replier dans les écrans (chez d'autres, ce sera dans les livres) pour ne plus générer ces constants rapports de force (leurs parents les décrivent d'ailleurs dans le "tout ou rien" : présents et pénibles, ou absents et devant leurs écrans/livres). Il s'agit dans ce second cas de figure d'une voie de négociation défensive contre le débordement. »

Autrement dit, il est important de prendre en compte le comportement d'un enfant qui « pose problème » autant que l'attitude éducative de ses parents. Comme il est important que le problème posé soit verbalisé, que d'autres parents puissent s'identifier et comprendre ce que l'enfant exprime par son attitude. D'autant que les petits, parfois en une seule séance, peuvent se rétablir à l'écoute des mots des adultes.

Vieillir, dit-elle…

Plus la vie s'allonge, plus elle nous rend invisibles au regard d'une société qui privilégie le présent autant que le bruit, la profusion de paroles et d'images.

Vieillir est un naufrage, disait le général de Gaulle en pensant au maréchal Pétain, laissant clairement entendre qu'en arrivant au pouvoir à quatre-vingt-quatre ans, le chef de l'État français n'était plus en capacité d'assumer une telle responsabilité, avec toutes les conséquences que l'on sait.

Mais depuis, le mot « vieillesse » a disparu de notre vocabulaire. Les « vieux » d'hier, chantés par Jacques Brel, sont devenus seniors, personnes âgées ou aînés depuis les années 80 et si, parfois, on parle de « cheveux blancs », l'anglais vient à la rescousse, puisqu'on a inventé la « *silver economy* » comme pour mettre en scène une réalité – la France vieillit, peu importe son pouvoir d'achat. À l'évidence, la difficulté à trouver le mot juste trahit notre gêne face à cette situation. L'hymne à la jeunesse donnant depuis longtemps le tempo !

Jusqu'en 2035, la grande tendance va pourtant se confirmer. Impossible d'y échapper. La génération des baby-boomers, si jalousée par ceux nés juste après, va entrer définitivement dans le troisième puis le quatrième âge. La fin d'une grande histoire !

Au sortir de la guerre, leurs parents, en faisant beaucoup d'enfants, ont voulu croire au bonheur et à l'avenir. Ils n'ont pas été déçus, au moins dans les statistiques. Ils ont de plus en plus consommé, ils ont eu besoin, en même temps, d'écoles pour apprendre de nouveaux métiers, et de voitures pour partir en vacances... Une vraie confiance dans un nouveau monde en couleur, si loin de la grisaille et du noir de la Seconde Guerre mondiale.

En prime, les progrès de la médecine ont été fulgurants. En 1967, le monde entier apprenait avec stupéfaction la première greffe d'un cœur. Désormais, rien qu'en France, il y en a quatre cent cinquante par an.

Tout cela, c'était avant l'apparition de la covid-19 qui a terrassé le quatrième âge en ciblant les Ehpad, et pointé la fragilité des baby-boomers, désormais condamnés à vivre ou à survivre au virus qui anéantit leurs dernières forces. Jusqu'au jour où le vaccin viendra en contrepied de cette menace.

Vivre beaucoup plus longtemps, et de plus en bonne santé, la promesse est belle, elle a longtemps rassuré de nombreuses populations. Des images fortes contribuent à faire croire aux plus naïfs qu'au fond, l'éternité n'est pas si loin. Mais tout le monde ne s'appelle pas Mick Jagger ou Jeannie Longo, capables, sur une scène ou sur un vélo, de tous les records. Le temps qui passe amène forcément à la question essentielle : dans quelles conditions vont vivre les plus âgés d'entre nous ?

Vieillir peut aussi être une longue souffrance, quand l'isolement s'en mêle et qu'un coronavirus balaie tout sur son passage, ferme toutes les frontières, géographiques et physiques, rapproche la mort de tous ceux qu'il atteint. Que devient notre psyché, quid de notre ressenti ? Est-il aisé de se livrer dans les méandres des souvenirs, de trouver un réconfort quand la jeunesse abandonne le corps et que les proches s'en détournent ? Certes, il n'est guère facile aujourd'hui de réunir plusieurs générations sous le même toit, de dorloter les anciens, ou de trouver un médecin pour apaiser les douleurs physiques. Ni même de pérenniser les familles, face au nombre de divorces qui coupent ou fragilisent les liens avec les anciens. La société a donc inventé les Ehpad (établissement d'hébergement pour personnes âgées dépendantes) pour abriter et « protéger » les plus âgés.

Visiter un Ehpad c'est rencontrer du silence, des odeurs mêlées, découvrir des vies souvent laissées à l'abandon, des solitudes qui se croisent sans se voir et s'additionnent à l'heure des repas, des chambres plus ou moins spacieuses, mais désertées par les meilleurs souvenirs et un environnement familier et rassurant. Les uns dorment beaucoup, d'autres regardent le plafond ou la télé, ou rien, résignés à leur triste sort. Il y a cet homme de quatre-vingt-trois ans, affecté par une lésion cérébrale, que sa fille maintient en alerte en lui racontant l'actualité du jour, tandis que sa femme lui donne des nouvelles quotidiennes de tous ses amis. Et cette centenaire, veuve depuis longtemps, victime d'un AVC, récemment. Sa petite-fille, aux petits soins, fait ce qu'elle peut, mais elle travaille beaucoup, alors la mamie – appelons-la Suzanne – reste des heures seule dans sa chambre. Elle a encore toutes ses aptitudes cognitives, sa vivacité d'esprit, mais elle n'entend presque plus rien et ne voit que des ombres. Sur sa peau, elle sent la peau des mains de la psy, peut-être sa voix, plutôt lointaine, et une tendresse offerte alors qu'elle-même ne peut plus en donner... Elle a envie de parler, elle s'accroche à la vie, ou peut-être que c'est la vie qui s'accroche à elle. Elle restera deux ans dans cet enfermement psychologique et sensoriel, jusqu'à son dernier soupir... Dans la chambre d'à côté, une femme de quatre-vingt-dix ans, entrée volontairement pour laisser son fils mener tranquillement sa vie active, sans être une charge supplémentaire. Une santé robuste, malgré une légère cardiopathie, mais ne supportant plus son manque d'autonomie. Un mois et demi après son arrivée, la vieille dame décède, comme si elle avait voulu écourter la fin de son existence... D'autres pensionnaires sont oubliés par leur famille, ils ne parlent à personne, sinon à leur aide-soignante, leur infirmière ou la psychologue ; certains sont tellement ralentis qu'il faut leur donner à manger comme on force des petits enfants à se nourrir, pour tenir... L'Ehpad c'est le risque du mouroir, selon l'expression populaire, la dernière demeure des vies qui s'éteignent en silence, à l'abri des regards du monde.

Depuis cinq ou six ans, on y croise aussi des psychotiques vieillissants, en rupture familiale, qui ne trouvent même plus leur place en psychiatrie, cette spécialité médicale devenue une véritable peau de chagrin, faute de moyens et de personnels. D'autre part, les immigrés de première ou deuxième génération et les baby-boomers (ils sont plus de treize millions en France) commencent à arriver, redessinant la carte de la fréquentation des maisons de retraite.

Plutôt que d'interroger des personnes craintives, endolories ou fatiguées, dans l'un des Ehpad ouverts en ville ou en province, nous avons choisi de nous adresser à une femme dont le métier est de les écouter, de les faire parler, ou encore de les accompagner vers la fin de leur vie. Depuis l'an 2000, des psys sont systématiquement engagés, parce qu'intégrer ce genre d'établissement tient encore du projet de vie, en dépit de toutes les souffrances du grand âge, qu'elles soient des maladies ou des deuils.

Anne arrive au rendez-vous pimpante et souriante. Malgré le froid, elle profite de son premier jour de vacances pour nous rencontrer et affirmer sa coquetterie : son collier de perles blanches est assorti à ses boucles d'oreilles, son tailleur de couleur claire, et ses cheveux parfaitement mis en place. Anne, la cinquantaine élégante, est psychologue clinicienne en Ehpad, par vocation, par amour et « vénération », précise-t-elle, des personnes âgées, que sa famille nantaise respecte depuis toujours. Son temps plein est partagé entre deux établissements, l'un dans le cinquième arrondissement de Paris, l'autre à Neuilly-sur-Seine. Elle veille ainsi à la santé psychique de plus de deux cents résidents d'environ quatre-vingt-sept ans, et de centenaires de plus en plus nombreux. Quelques couples aussi intègrent une maison de retraite et partagent la même chambre en toute intimité. Pour eux, le désarroi, le sentiment d'abandon est d'autant plus fort que lorsque l'un décède, en général le plus responsabilisé, l'autre reste inconsolable et s'effondre jusqu'au renoncement. Sans compter le personnel qu'Anne soutient psychologiquement, en dynamisant et en renforçant l'esprit d'équipe, face à des familles exigeantes et des moyens plutôt réduits. Des associations de bénévoles établissent des liens puissants avec les soignants, trop souvent considérés comme des substituts familiaux et débordés par des cas difficiles.

La psychologue, précise dans ses réponses, semble douce et déterminée. Sa seule réserve est vis-à-vis des proches des résidents : à l'occasion, elle se présente à eux, mais n'intervient que s'ils la sollicitent, pour ne pas « titiller » leur sentiment de culpabilité face au « placement » de leur parent. Elle aurait même tendance à leur demander de prendre de la distance, et de laisser au personnel le devoir d'assurer le confort et le soin médical. Pour être plus disponibles pendant les visites.

« Quel est le rôle d'une psychologue lorsqu'elle se trouve auprès de personnes âgées, atteintes de la maladie d'Alzheimer ou ayant des difficultés pour dialoguer ?

– Nous ne pouvons pas grand-chose pour les malades d'Alzheimer, du moins en entretien individuel. Nous restons pourtant garants de la valeur humaine de chaque individu ; il est essentiel de préserver l'intégrité psychique de chaque résident pour qu'il continue à vivre en adulte, sans être infantilisé. Nous essayons d'ancrer les personnes âgées dans le présent, d'atténuer la rupture avec le monde extérieur, de favoriser les liens sociaux et familiaux. À défaut d'un dialogue aisé, je leur parle, je les touche, je les caresse, ce sont des moments d'affection partagés, parce que dans l'ensemble elles ont honte de leur corps, elles renoncent à se montrer. Leur sentiment d'indignité est très fort. Certaines évoquent leurs souvenirs avec tellement de nostalgie... Nous les aidons aussi avec de la luminothérapie, de la gym douce, des massages, cela permet des échanges avec les kinés ou les psychomotriciennes.

Les Ehpad organisent des animations, et ce ne sont pas des gadgets, ces activités en groupe leur permettent de se socialiser, de se rencontrer. Notez que depuis toujours, en dehors de l'Ehpad, les personnes âgées aiment jouer aux cartes, aux échecs ou à d'autres jeux de société, on en voit souvent dans les petits villages...

– Que répondez-vous à celles ou ceux qui disent "je veux mourir" ?

– Je me dois de soutenir la pulsion de vie. Parfois cette phrase est un appel à l'aide, un besoin intense d'être regardé ou entendu. Les personnes qui souhaitent vraiment mourir le disent rarement, leur corps parle pour elles, elles ne s'alimentent plus, elles se taisent et glissent doucement vers la fin. À moi de leur prendre la main, de les accompagner en silence ou en quelques mots, pour restaurer le lien primaire mère-enfant, parce que le mystère de notre devenir reste entier...

– Et vous, comment déchargez-vous vos tensions psychiques ?

– En famille... Ma formation me permet évidemment de garder la distance, de ne pas me projeter en ce miroir de l'abandon, et je parle beaucoup avec ma mère. Être psychologue en Ehpad c'est ici et maintenant, il faut de l'empathie, de l'attachement pour aider l'autre, mais pas de sensiblerie. Notre présence est aussi nécessaire et importante que les mots, sinon plus... Je m'y sens très bien, très utile, les confidences que l'on recueille allègent l'esprit et compensent l'absence des proches. Malgré les apparences et la somme de travail du personnel soignant, les liens avec nos résidents sont très forts, ils nous attendent pour se distraire de leurs pensées, car ils sortent peu, pour des raisons de sécurité. »

Aujourd'hui, sept mille cinq cents Ehpad accueillent environ huit cent mille personnes. Après, c'est l'inconnu. La courbe démographique ralentit. Manque une donnée budgétaire incontournable. Quel effort de la nation pour accompagner cette génération, et assurer les soins, au minimum corrects ? Les difficultés des Ehpad sont criantes, les gérontologues se forment de plus en plus à la psychologie de cette tranche d'âge, pas sûr que leur bonne volonté et leur nombre soient suffisants pour adoucir les fins de vie. Un rapport commandé par le ministère de la Santé et des Solidarités révèle que le tiers des personnes vivant en Ehpad sont en situation de détresse psychologique. Soit deux fois et demie plus que celles qui restent chez elles. Un pensionnaire sur deux consomme des antidépresseurs, pour un sur sept à la maison.

Tous ou presque se plaignent d'un sentiment d'isolement, de l'incapacité à nouer des relations, ou encore de la qualité des relations avec le personnel. Le plus préoccupant est qu'ils disent se sentir plus en sécurité dans un établissement public que chez eux ou dans un Ephad privé, où les faits de maltraitance seraient plus nombreux...

Reste le basique, la quête du bonheur personnel, avec ou sans psy, avec ou sans antidépresseurs. Une affaire d'importance nationale dès maintenant, et encore plus en 2035, quand il y aura plus de soixante-dix millions de Français, et qu'un sur trois aura plus de soixante ans. Oui, c'est tout de suite. Tout le monde est concerné.

D'autant que la crise sanitaire est passée par là, en 2020. Malgré l'hécatombe dans les Ehpad, Anne n'a pas baissé la garde. Elle a continué à faire son métier avec le même dévouement, en prenant autant de risques que de précautions.

Quand nous l'avons rappelée en plein confinement, elle n'a pas caché sa tristesse. Voir partir les résidents sans qu'ils soient approchés et accompagnés par leurs proches, assister à leur détresse chaque jour plus aiguë. Surtout en l'absence des familles, strictement interdites de visite pendant les deux mois du confinement. Parfois une heure de rencontre, comme au parloir, en prison… La vie et le seuil de la mort à distance, par Skype, n'est évidemment pas une solution. Leur parler plus encore, les consoler, les voir au travers d'un plexiglas ou d'une paroi en plastique, sans pouvoir les toucher. Garder le sourire, quand elle et d'autres soignants ont envie de pleurer sur cette fin de vie où la souffrance physique décuple la souffrance psychologique.

Mais elle a tenu, sans prendre un jour de repos durant toute la crise. Certes elle n'a plus travaillé dans les deux établissements, mais dans un seul… C'était déjà bien assez ! Et, chose surprenante, elle a été très touchée par notre appel, « parce que peu de gens se préoccupent de notre travail. Votre démarche est rare et je vous en remercie. La vision quotidienne de la souffrance et de la mort nous ébranle beaucoup mais nous sommes là pour soigner au sens large du terme, les résidents comme les familles… Je me console en parlant avec mes proches. Mais d'autres soignants n'ont personne à qui se confier, heureusement on prend le temps de se parler. »

Accompagner le mal-être

Ce jour-là, l'actualité s'impose à nous de façon brutale. Nous sommes à la mi-février 2020.

À Thouars, dans les Deux-Sèvres, une infirmière du centre de psychiatrie est assassinée par un malade. Celui-ci, vingt ans, diagnostiqué psychotique, a déjà été interné à douze reprises, la dernière à la suite d'une admission volontaire. Mais cette fois-ci, il a refusé. Alors qu'il se trouve dans une voiture sur le parking, il saisit un couteau et frappe à mort la jeune femme venue lui parler, une mère de famille. L'événement, qui n'est pas inédit, marque une fois de plus le monde médical.

Hasard du calendrier : impossible de ne pas l'évoquer alors que nous rencontrons juste après, à l'autre bout de la France, Camille, elle aussi infirmière en psychiatrie. « Oui, on en a parlé entre collègues, le danger on peut y penser parfois, mais ce n'est pas une obsession, loin de là ».

Posée, réfléchie et visiblement bien dans sa peau, la jeune infirmière n'exerce que depuis cinq mois, et sa toute première impression du métier est simplement très bonne, au-delà de ce qu'elle avait imaginé. C'est d'abord cela qu'elle veut retenir. Son parcours ? Après sa sortie d'école elle a très vite trouvé cet emploi correspondant à sa formation, et cette option, elle l'a choisie. En complément de l'enseignement général, ce sont surtout des stages de plusieurs semaines qui l'ont préparée.

Le premier consacré à la dépression, dans un hôpital privé, le deuxième dans un foyer postcure. Avec, en plus, un passage par l'hôpital Marmottan, à Paris, quatre mois au traitement des addictions. Camille se félicite de ces formations très « pro », avec un seul regret : les cours abordent, à son avis, des thématiques beaucoup trop larges. L'essentiel a été bien sûr dans les rencontres, et l'expérience sur le terrain. Des souvenirs marquants, comme cette femme d'une quarantaine d'années, en permanence assise sur sa chaise, refusant de manger, comme absente au reste du monde. Sa souffrance : une dépression mélancolique. Comment renouer le contact ? Comment lui parler sans la brusquer ou rompre son ressenti intérieur ?

Au fil des mois, Camille a ainsi la confirmation qu'elle veut donner le maximum de son temps et de son attention aux autres, et c'est exactement ce qu'elle réalise aujourd'hui.

Sa première vie professionnelle se déroule donc dans une unité d'hospitalisation psychiatrique pour adolescents, proche d'une ville de trente mille habitants. Une petite unité. Dix lits et un de plus – explication un peu plus loin –, souvent tous occupés. Des chambres individuelles où les patients sont accueillis pour quelques semaines, ou plus. Cinq mois déjà pour l'un d'entre eux.

Pour les accompagner, dix infirmières et infirmiers, deux pédopsychiatres, deux psychologues et trois aides-soignantes. Des agents de nettoyage, également très présents dans la vie commune, le tout supervisé et organisé par un cadre de santé. Sept jours sur sept, vingt-quatre heures sur vingt-quatre, la structure est mobilisée, un peu moins le week-end, regrette Camille : « Nous ne sommes alors que trois, c'est un peu juste, s'il faut assurer par exemple une admission. » Sinon, une structure bien pensée, mais, on le comprend vite, sans trop de place laissée à l'improvisation. Le matin, quand l'équipe de 8 heures prend son service, celle de nuit transmet les dossiers individuels avec les remarques, si nécessaire, sur ce qui s'est passé de notable depuis la veille. Ensuite, réveil général et, selon les cas, prise de médicaments, puis petit déjeuner pris tous ensemble. Essentiel pour concrétiser les échanges et appuyer la notion de groupe.

9 h 15, la réunion de travail, le staff de tous les soignants. Discussion ouverte. Chacun peut intervenir à propos de tel ou tel patient, pour suivre son évolution.

12 h 30, déjeuner en commun, soignants et patients. Camille nous parle d'un moment important avec beaucoup d'attention portée alors au climat général, et aussi à l'attitude de chacun, car il y a ceux qui parlent, et ceux qui restent silencieux. Pas de sujet tabou. L'actualité, ce qui se passe ailleurs en France et dans le monde, peut s'inviter dans les conversations.

Précision, les visites sont interdites pendant les premiers jours, histoire de bien marquer une rupture avec l'extérieur, de permettre aux patients de se reposer. Celles et ceux qui se retrouvent ici ont au plus dix-sept ans. Les cas les plus fréquents : schizophrénie, autisme, tentatives de suicide, ou tout simplement un profond mal-être, indéfini. Ce sont un médecin généraliste, un psy, ou des parents, qui ont indiqué cette admission. Objectif : trouver les conditions optimales pour donner aux patients une chance de s'en sortir, vraiment. Selon les arrivées et les départs, des amitiés se nouent, ou au contraire des conflits apparaissent. « Ambiance assez colo », constate Camille. Raison de plus pour maintenir une attention de chaque instant. Les chambres ne sont pas fermées à clé, mais la porte de l'extérieur, oui. Les fenêtres ont un système qui empêche une trop grande ouverture pour éviter une fuite éventuelle. Et la journée continue.

À partir de 15 heures vient le moment des entretiens individuels. Le médecin est toujours accompagné d'une infirmière. Quand tout va bien, c'est juste un échange, mais si des tensions se manifestent, tout le temps nécessaire est pris pour échanger. L'après-midi, pas de rendez-vous spécial avant le dîner, puis la prise éventuelle de médicaments, et dodo autour de 22 h 30.

À cela s'ajoute un rituel, le vendredi. Le groupe de paroles « Soignants-Soignés ». Un peu comme un conseil municipal, où chacun peut donner son avis sur la marche générale de la « maison », l'occasion parfois de parler de sorties, car celles-ci sont prévues régulièrement pour une balade dans un parc, des exercices de sport ou un après-midi cinéma. Il arrive que cela se discute : il y a eu une forte demande pour aller voir le film de Todd Philips, *Joker*, avec Joachim Phoenix, jugé finalement trop violent. Des temps forts aussi, comme un anniversaire à souhaiter. En fait, il s'agit en permanence de préparer l'avenir, la réinsertion dans le plus traditionnel des quotidiens.

Restent les moments beaucoup plus durs, d'où la nécessité d'avoir ce onzième lit, autrement dit « la chambre d'iso », pour « isolement ». C'est LA solution en cas de crise. Le principe : supprimer tout ce qui pourrait blesser ou provoquer le conflit ou l'agressivité physique. Juste un lit fixé au sol. Camille cite cet ado de seize ans, très agité, hurlant, essayant de se déshabiller, dont il a fallu très vite contenir la violence. Dans le jargon psychiatrique, c'est un cas de BDA, une bouffée délirante aiguë. L'isolement répond à des règles strictes. Une réévaluation toutes les douze heures avec un principe, surmonter rapidement la crise, dans les meilleures conditions, pour un retour à la normale, avec une prise de médicaments adaptée.

Finalement, des choix simples et réfléchis. La priorité, c'est le soin et l'attention portés à toutes et tous, pour recréer la confiance.

« Mais pas question de faire "copain copain". J'ai vingt-quatre ans, mais je ne suis pas là pour jouer les grandes sœurs, et, par exemple, pas question de s'échanger les 06 pour de futurs contacts, à la sortie de l'unité. J'ai tout de même décidé de tutoyer les ados, après tout la différence d'âge n'est pas énorme. Parfois cela facilite la confiance, une sorte de complicité qui n'en est pas vraiment une. »

Quelques mois après ses premiers pas, Camille pense déjà à l'avenir. D'abord avec des formations, qui d'une manière ou d'une autre vont lui permettre de mieux approfondir ses connaissances en psychiatrie. C'est tout l'intérêt de ce premier emploi. « Je suis comblée, c'est ce que je voulais faire. » Elle ose même : « C'est le travail de mes rêves ».

Son ambition : pénétrer le monde pénitentiaire. Une visite dans une maison d'arrêt pendant ses études lui a donné cette forte envie, mais pas avant deux ou trois ans, car elle estime avoir encore besoin d'expérience. À condition que la psychiatrie en France soit mieux lotie et rattrape un retard considérable.

Ce qui justement pose problème en détention... Quelques jours après notre rencontre, un rapport de l'Igas (Inspection générale des affaires sociales) décrit « l'insuffisance criante des moyens de prise en charge » derrière les barreaux. Si quatre cent quarante places ont été créées entre 2010 et 2018, ce nombre reste largement insuffisant. L'enquête se réfère à une autre étude, datée de 2005, estimant qu'à l'époque, déjà, huit mille détenus devaient être hospitalisés pour raisons psychiatriques. Mais deux tiers d'entre eux seulement ont pu bénéficier de soins. D'où la nouvelle urgence, une demande de cent cinquante nouveaux lits, en particulier en Île-de-France, en Provence, en Occitanie et en Normandie. Stratégie utile mais insuffisante, puisqu'il faudrait commencer par pourvoir tous les postes offerts. Or la pénurie de psychiatres est générale, confirme le rapporteur du budget de la Santé à l'Assemblée nationale. Environ 15 % des emplois restent vacants...

Conséquence pour les détenus concernés, un délai moyen de huit mois avant de pouvoir consulter. La situation se détériore, tout comme celle de la psychiatrie en France. La contrôleure générale des lieux de privation des libertés, Adeline Hazan, constate, dans son rapport annuel, que « les pathologies lourdes, aggravées par l'enfermement, l'isolement, et un risque de suicide accru, privent la sanction pénale de son sens. » Ce qui n'a rien d'étonnant !

Les troubles psychiques ou les maladies mentales sont déjà un enfermement pour tout individu, on imagine le mal-être quand la faute et la punition viennent renforcer la peine. Encore deux chiffres : il y a environ soixante-dix mille détenus en France, et, dans nos geôles, sept fois plus de suicides qu'en « milieu libre ».

Et là on se dit que les cabossés de la vie, pour sortir de mauvais pièges, de leurs angoisses, en retrouvant une bonne dose de confiance, à la fois en eux-mêmes et dans leur environnement, ont et auront besoin de l'efficacité et du dévouement de beaucoup de Camille !

Enfermés et confinés

Entendu à la radio : la femme qui appelle *La Libre Antenne*, sur Europe 1, a la voix inquiète, mais posée. Elle vit dans un grand immeuble en bordure de Paris, au milieu de trois cents autres locataires. Mère de deux enfants, en plus de la contamination elle a peur, peur de son voisin de palier, peur d'attraper la covid-19 qui cible tout le monde sans discernement, peur de la violence. Ce qu'elle raconte ? Son voisin de palier est schizophrène, il fait partie d'une association qui s'occupe de gens à la rue... Ce monsieur, atteint de maladie mentale, est en crise, il devrait sans doute être interné. Il pisse sur le palier, jette des objets par la fenêtre et reçoit toute la nuit des personnes qu'il héberge. Son association a fermé, alors le va-et-vient est incessant, il semble que tous ces visiteurs du soir aient une clé. Qui sont-ils ? D'où viennent-ils ? Elle ne le sait pas. Elle a juste peur, ses enfants aussi, elle est paumée. On ne connaîtra pas la fin de l'histoire, mais on n'a pas attendu la crise sanitaire pour savoir que les troubles mentaux courent les rues, au sens littéral du terme.

Justement, les cas psychiatriques ne sont pas plus prioritaires avant qu'après la crise du coronavirus. Les mesures sanitaires sont peu mises en place dans les services psychiatriques des hôpitaux ou des cliniques. Les soignants font avec ce qu'on leur donne, les malades aussi... Bien qu'aux dires de certains médecins, et de quelques témoignages que nous avons recueillis par téléphone, le confinement sied à certains bipolaires ou aux états limites. Ceux qui sont traités s'apaisent, les médicaments sont pris en temps et en heure, les psys répondent présents quand ils les appellent, bref ils se sentent rassurés. À la maison, pas d'excitations ou de sollicitations extérieures, pas de tentations pour consommer de tout à tout prix, la vie routinière agit comme un tranquillisant, l'absence d'événements déclencheurs est reposante pour l'afflux d'émotions.

Ce n'est certes pas une généralité, mais la logique d'un confinement ressemble à celle imposée en cas d'hospitalisation lors d'une crise. On coupe les liens avec l'extérieur, on est surveillé, même seul, on mange, on bouge, on échange à heures fixes. Confiner dans le confinement général est semble-t-il sécurisant.

Certes, la psychiatrie est le parent pauvre de la médecine depuis longtemps déjà, elle souffre d'un manque de moyens, d'un manque de recherches, abandonnant la santé mentale à des errements sans fin. Après la Seconde Guerre mondiale, la réorganisation de la psychiatrie publique implique les psychanalystes, la sectorisation de la discipline permet un apport considérable de leur part. Ils donnent un sens à la folie, on ne réagit plus à la violence d'un psychotique par une contre-violence. On cherche à comprendre, élucider les maux non dits, les mots sortent par effraction. Ce qui n'empêche pas de recourir aux psychotropes... Parfois un peu vite.

Nous en discutons avec le psychiatre, le Dr Éric Charles.

Éric Charles est, depuis quinze ans, un maillon important du centre hospitalo-universitaire Esquirol à Limoges, et chercheur à la faculté de médecine de cette ville d'environ cent trente-six mille habitants.

À sa manière, par ses livres et son enseignement, il essaie d'expliquer les troubles psychiatriques au grand public, de préciser le pourquoi et le comment des médicaments psychotropes, anxiolytiques et autres, dont nous sommes friands, plus que partout dans le monde ! Y'a pas que le foot qui fait de nous des champions !

« Je tourne mon énergie vers le grand public pour faire passer des explications de la souffrance psychique, et je lutte aussi contre les mots entrés dans le langage courant, et qui n'ont aucun sens par rapport aux maladies, aux vraies. Les gens n'ont pas conscience de la souffrance profonde des patients, on confond trop souvent le stress et l'anxiété, la crise d'angoisse et la schizophrénie, la déprime et la dépression. Nous devons toujours tout réexpliquer aux patients et à leurs proches. »

En ces temps moroses, et parce que psychanalyse, psychothérapie et psychiatrie sont tout de même liées, nous lui demandons ce qu'il se passe pour ses patients, déjà cernés, enfermés dans leurs troubles...

« Chaque moment de crise est propice à un changement profond, c'est ce que j'essaie de faire. Les consultations se font par téléphone, les sorties de séjour sont réduites ou accélérées, c'est selon. Certains patients veulent rester à l'hôpital où ils se sentent plus en sécurité, moins exposés. D'autres sortent volontiers, malgré tout, mais d'anciens patients décompensent, ils souffrent et demandent à revenir. Nous mettons en place des cellules d'aide psychologique, des numéros d'appel pour écouter ceux qui ont besoin de parler plus que d'habitude. Le *Lancet*, ce journal de référence médicale et scientifique, a publié une grande étude sur le confinement qui accroît l'irritabilité, les troubles de l'humeur en général, les frustrations et tant de choses liées à l'isolement. Mais chaque malade est un cas particulier... »

Selon une psychanalyste, les « malades mentaux » seront les oubliés de cette crise planétaire... Sans doute le recul est-il nécessaire. Certaines décompensations se sont multipliées avec le confinement, les violences intrafamiliales aussi, des malades, à l'instar du cas cité plus haut, se sont peut-être sentis fragilisés, abandonnés, menacés plus qu'à l'accoutumée. Peur de la maladie autant que de l'enfermement. L'alcoolisme comme recours n'a en rien arrangé les solitudes ou les promiscuités familiales, ou encore la crainte de perdre son travail, de ne plus se sentir guidé, voire valorisé.

Le Dr Charles est devenu psychiatre presque par hasard. Il a fait ses études de médecine à Lille, en choisissant psychiatrie, et en se disant que si ça ne marchait pas, il reviendrait dans le Limousin pour exercer la médecine générale. Seulement voilà, il a eu un coup de foudre pour cette spécialité, il s'y est senti utile et compétent, bien qu'un peu agacé par la vogue de la psychanalyse de ces années-là, « qu'on nous vendait comme une science, alors que c'est plus proche de la philosophie. J'ai apprécié la vérité du socle scientifique de la psychiatrie ».

Un pur et dur, le Dr Charles ? Nierait-il totalement la vie de l'inconscient ?

« Non, mais les troubles mentaux sont des maladies. La dépression n'est pas une faiblesse, elle est mal dépistée, mal traitée, on ne peut pas dire au malade "secoue-toi, ça ira mieux..." On ne dit pas cela à un patient atteint d'un cancer. Si quelqu'un se noie, on le sort d'abord de l'eau, on ne lui parle pas pendant le sauvetage. Après, oui...

On se bute à plein d'idées reçues, alors qu'un Français sur deux souffre de troubles psychiques. Ce ne sont pas les antidépresseurs qui provoquent des suicides, mais la dépression. Si on diabolisait moins la prise en charge des patients et des psychiatres, on éviterait sans doute d'en prescrire autant... Les médecins ne sont pas d'inconséquents Dr Mabuse, la réalité est bien plus nuancée. Selon l'OMS, les investissements dans les traitements de la dépression et de l'anxiété rapportent aux laboratoires quatre fois leurs coûts.

– Alors, qu'en est-il des médicaments ?

– La première dépense de santé dans le monde est due à la dépression, elle a dépassé les pathologies cardio-vasculaires. En psychiatrie, ce qui coûte cher à une société, ce sont les arrêts de travail, les prises en charge lourdes et le manque de personnel. Et bien sûr le déficit financier pour la recherche.

Par ailleurs, on assimile les psychotropes à de la drogue, à des molécules dangereuses, or sur dix classes de médicaments une seule crée une dépendance. C'est un peu la chasse aux sorcières.

Cela étant, on améliore leur tolérance. Ce qui est dommage c'est que l'on a stigmatisé l'industrie pharmaceutique, et que l'on ne croit plus aux progrès qu'elle apporte dans ce domaine. Il est vrai que pour les psychotiques, l'hospitalisation est une protection, mais il y a une vraie prise en charge. Nous ne sommes pas des robots qui distribuent des molécules. Dans notre établissement, comme dans d'autres, nous avons deux approches qui ne sont pas du tout incompatibles : les médicaments, oui, mais aussi les thérapies comportementales, systémiques, brèves, l'hypnose. Tout est outil pour une prise en charge, pour aider les patients à s'autonomiser, pour ne pas créer de dépendance aux thérapeutes. »

La psychiatrie est le sujet de très nombreux ouvrages, mais son état dans l'Hexagone en mériterait bien plus... Et puis, elle a besoin des psys. Certes, les troubles psychiques profonds ne se guérissent pas avec un psychanalyste, ni avec un psychologue. L'un et l'autre sont nécessaires dans le parcours de tout patient, mais les maladies psychiques ont d'abord besoin d'être bien observées, identifiées et prises en charge en milieu psychiatrique, à l'appui de résultats scientifiques précis et d'interrogatoires minutieux.

Pour Samuel Lepastier, psychiatre et psychanalyste, « Dans une perspective dynamique de la psychiatrie, il est admis que pour les patients présentant les tableaux les plus sévères le soulagement apporté par des médicaments favorise la rencontre psychothérapique. Cela se vérifie du reste chez les sujets psychotiques, pour lesquels les neuroleptiques rendent moins problématique la proximité avec autrui comme, dans une moindre mesure, chez les personnes anxieuses, les anxiolytiques leur permettent de mieux affronter leur monde interne. » Le fait que des antidépresseurs ou des anxiolytiques soient prescrits par des généralistes, le temps d'une trop courte consultation, lui pose problème, car « ils ne perçoivent pas forcément tous les symptômes ». Il est pourtant clair que, de son point de vue, la dépression, par exemple, est liée au passé, alors que l'anxiété est liée, elle, au présent et au futur. Dépression et mal-être ne sont pas forcément des lésions visibles en imagerie cérébrale. Prescrire des antidépresseurs peut aider le sujet à se sentir plus dynamique, mais « celui qui refoule sa tristesse, ajoute-t-il, va au suicide. Il est donc important d'accompagner le patient psychiatrique à lever ses inhibitions. L'association d'idées en présence d'un psychanalyste indique un trajet, donne un sens à la répétition des symptômes. »

Bon nombre de psychiatres le savent puisque, comme le Dr Éric Charles, ils conjuguent des thérapies par la parole à la prise en charge psychiatrique en institution. Selon le Dr Michel Cymes, dans l'une de ses chroniques sur RTL, « la dépression est une maladie sournoise, qui plonge ses racines dans mille choses de la vie. Tous les milieux sont concernés. Depuis la crise sanitaire, on note que 84 % de personnes qui croyaient en l'avenir ne sont plus que 66 %... Les effets de la crise risquent de s'installer sur le long terme. » Raison de plus pour tenir compte de l'environnement, du contexte de chaque patient pour comprendre une maladie psychiatrique.Reste que l'arsenal des médicaments est sans cesse revisité, il a prouvé son utilité, pas toujours son efficacité. Il a ses partisans, mais aussi ses opposants. Elisabeth Roudinesco répond dans un entretien : « La recherche médicamenteuse a permis de vider les asiles et c'est un grand progrès. Pour autant, nous sommes en train de créer un autre asile, l'asile chimique dont le principe repose sur un double refus : celui de la maladie, que l'on voudrait non seulement soigner mais faire disparaître, et celui de la parole comme cure. C'est-à-dire qu'en donnant un médicament sans parler au sujet, vous considérez que le médicament va effacer les symptômes. C'est ce que l'on appelle le nihilisme thérapeutique. » Le succès du Prozac dans les années 80 est indéniable, il a permis d'effacer des symptômes, il n'a guère effacé la dépression. Il est devenu une béquille et n'a jamais dispensé d'une psychothérapie. Les psychiatres hermétiques aux cures par la parole nient la responsabilisation des patients et les privent de liens importants dans leur parcours de vie. À l'inverse, les psychanalystes qui prennent le pouvoir sur un patient atteint d'un trouble psychiatrique nécessitant un traitement médical le mettent en danger.

Lorsque la dépression est une maladie du siècle, et que ce siècle lui-même est affecté par un virus, il est nécessaire de la traiter avec des médicaments, d'éteindre l'incendie, mais avant tout d'en cerner aussi les causes. Parole versus molécule ? Non, elles sont toutes les deux indispensables à un être humain en souffrance. Il suffit de les rendre complémentaires, de faire du patient un sujet qui se débat contre son monde interne, et non plus un cas rangé dans une catégorie ou un tableau nosographique définitif.

Chapitre 6

La vie violentée

Une cellule d'urgence est mise en place !

Une formule choc pour un événement choc.

Tout a commencé le 25 juillet 1995.

À 17 h 30, une bombe explose à bord d'une rame du RER B, à la station Saint-Michel.

Quatre morts, une quarantaine de blessés, la stupeur dans le pays. Un poste médical avancé dans un café, au-dessus de la station de métro, un poste de fortune comme cela se fait dans l'urgence, en temps de guerre ou sur des lieux de conflits.

Le lendemain, les blessés avaient été traités et opérés dans les règles. Mais certains d'entre eux restaient hébétés, n'ayant ni lieu, ni espace pour s'exprimer, malgré la présence de psychiatres. Comme si la souffrance psychique était secondaire par rapport à la souffrance physique. Comme si le bruit et la fureur n'atteignaient que le corps d'êtres humains pourtant doués de raison.

Ce jour même, Xavier Emmanuelli, alors secrétaire d'État à l'Action humanitaire d'urgence, reçoit le feu vert du président Jacques Chirac pour créer un organisme de prise en charge des « blessés psychiques ». Ainsi sont nées, avec les recommandations du Dr Louis Crocq, psychiatre des armées, les cellules d'urgence médico-psychologiques, les CUMP. Deux textes de loi les valident : l'arrêté du 29 mai 1997, portant création d'un « comité national de l'urgence médico-psychologique en cas de catastrophes » ;

et la circulaire relative à la création d'un réseau national de prise en charge de l'urgence médico-psychologique en cas de catastrophes.

Depuis, d'autres attentats ont ébranlé la France. Tous meurtriers, tous tragiques, tous traumatisants pour le pays, l'État, les Français, les soignants et les politiques. L'école Orh Torah de Toulouse, la tuerie de *Charlie Hebdo*, l'Hypercacher, le Bataclan, Nice et tant d'autres, ailleurs en Europe, aussi... Tous ciblés par des terroristes aveuglés par leur idéologie. Une longue liste noire, une liste qui raconte autant la mort que le deuil, le handicap ou les troubles psychiques ; des images qui s'additionnent, se confondent et laissent d'indélébiles cicatrices.

Désormais, chaque attaque oblige l'État et les médias à préciser que une-cellule-d'urgence-médico-psychologique-a-été-déclenchée-des-spécialistes-dépêchés-sur-les-lieux. Une sorte de label de la prise en charge ! Au milieu des pompiers, des ambulanciers, des médecins urgentistes, des policiers, des gendarmes, des élus, des passants. Au milieu des corps, des civières, des camionnettes et des véhicules de secours, des masques à oxygène, des couvertures de survie, des gravats, du sang, des cris et des larmes, des ordres et des contre-ordres. Tout le monde se « rassure », tout le monde est sur le pont, c'est formidable ! Mission accomplie.

Le problème est que « tout le monde » ne peut pas soigner le psychisme chamboulé, meurtri par l'attentat. Parce que les spécialistes penchés sur les blessés, ou leur faisant face, n'en sont pas tous vraiment. Ne parlons pas des médecins, ils ont vite saisi l'urgence, ils ont effectué les bons gestes, alerté les hôpitaux. Qu'en est-il des autres victimes ? Celles qui sont prostrées, sidérées, anéanties, sans blessure apparente, mais ne sont pas moins touchées par l'attentat. Leur traumatisme psychique ne saigne pas, leur corps est intact. Tout se joue ailleurs, et pour le dire franchement, comme l'ont exprimé des psychiatres et des psychologues cliniciens présents sur place, ceux qui viennent auprès d'eux peuvent être des gardiens du lieu, des femmes ou des hommes qui passaient dans le coin, des aides-soignants, des membres d'associations en tout genre, parfois incompétents ou peu rompus à l'interrogatoire qui apaise sur le champ de bataille. Certes, ils sont volontaires et pleins d'empathie, mais ils ne savent pas comment collaborer avec les autres experts de l'urgence. Bien souvent leur présence ne sert qu'à accroître la confusion, aggravant, de ce fait, les blessures psychiques déjà enfouies, enkystées. Ces soignants improvisés, occasionnels sont eux aussi accablés par le chaos, eux aussi renvoyés à d'autres traumatismes plus personnels. En plus de n'être ni formés, ni payés, ils se retrouvent dans la même urgence que les autres !

Leur comportement est vu, regardé par des millions de personnes collées à leurs écrans. Trop de caméras, trop de politiques sur place, trop d'images en boucle ! Comme si, selon Xavier Emmanuelli, « le malheur des gens était devenu un business d'images d'Hollywood, lucratif de surcroît ».

Dans un ouvrage dirigé par Hélène Romano et Boris Cyrulnik, en 2015 (*Je suis victime. L'incroyable exploitation du trauma,* éditions Philippe Duval), il écrit : « Dans la réalité de l'urgence il y a des scènes matérielles si horribles qu'elles ne laissent plus place à aucune distance, à aucune représentation. Dans ce choc et cette confrontation directe avec la mort, c'est l'écho de notre propre finitude et de notre propre mort qui se fait. (...) Pour être apte à répondre au drame, à la réelle urgence, l'état psychique des professionnels est capital.

On ne peut s'improviser sauveteur ; une formation est nécessaire et on tend à l'oublier comme si la seule présence suffisait... »

De plus, ces « urgentistes » pris dans l'hébétude du chaos se mettent en porte-à-faux avec le serment d'Hippocrate : « *Je ne tromperai jamais leur confiance et n'exploiterai pas le pouvoir hérité des circonstances pour forcer les consciences* ».

Or un attentat est une attaque intentionnelle très violente, il force la conscience autant que l'inconscient. Il affecte non seulement une personne, mais des milliers d'autres, hors champ, et tout son environnement, le pays où elle vit, l'État dont elle est un maillon, la nation qui la définit. Un tel désir destructeur de l'autre, des ennemis masqués, traumatisent autant qu'un accident de vie personnel ou une catastrophe naturelle. Quoique... Le collectif écrase et rejoint le particulier. Chaque individu présent sur les lieux, y compris les secouristes, est plongé dans une sensation d'irréalité, qui peut raviver des chocs plus personnels...

Fin du direct, du « live » de l'info : en repartant vite, trop vite, les psychiatres, les urgentistes, les gouvernants, les médias laissent du vide derrière eux, et au milieu de ce vide, des ondes de choc, du chaos. Les blessés psychiques sont perdus. Comment être entendus par ceux qui se sont improvisés psys d'urgence, sans être formés et tout autant désemparés ?

Mais que faire ? Déchoquer les blessés psychiques pour qu'ils reprennent pied, se ressaisissent et soient conscients de la présence de leur interlocuteur. Leur expliquer l'événement, le désordre ambiant, est plus important que sonder leur éprouvé. Essayer d'apaiser ceux qui semblent en état de sidération, comme on pose une main sur une épaule pour calmer une crise de larmes ou d'angoisse, comme on ouvre ses bras pour rassurer un enfant, ou comme on pose un garrot pour enrayer le saignement d'une plaie. La parole viendra quelques heures plus tard, ou le lendemain ou longtemps après... Si la prise en charge est bien faite, s'il reste quelqu'un de compétent à qui parler, une fois les blessés évacués, les politiques envolés et les caméras rangées, la tension décroît. La voie des soins psychiques est en principe ouverte vers une filière plus organisée.

À l'origine, la création de ces cellules par le Dr Emmanuelli était donc juste et nécessaire. Avec le temps et les arguties politiques, elle est devenue une vitrine, un reflet du désir des gouvernants, qui croient accomplir leur devoir, affichent leur bonne conscience, mais ne donnent aucun moyen pour former ces personnels, embarqués sur le front de l'attentat. Alors que le Samu et les services d'urgences hospitaliers forment leurs soignants.

Faut-il pour autant multiplier l'intervention de cellules médico-psychologiques ?

Faut-il en établir une pour les proches, lorsqu'au mois de novembre 2019, treize soldats meurent au Mali en menant la guerre aux djihadistes ? Ces jeunes hommes savaient les risques encourus, ils ont été formés pour cela, ils avaient peur, leurs familles aussi... Mais ils y sont allés, d'autant plus que des psychologues étaient présents dans les services de la Défense. Communication oblige, le gouvernement a annoncé l'intervention d'une cellule d'urgence pour assister femmes et enfants à l'arrière du front... Alors que les témoignages des femmes allaient dans le sens contraire de l'urgence, elles mesuraient toutes les risques pris par les militaires, elles savaient qu'ils pouvaient mourir en héros. Elles ont juste besoin de temps et de paix pour commencer leur travail de deuil.

De même, on en rit presque, lorsque Notre-Dame-de-Paris a brûlé, on a annoncé la mise en place d'une cellule d'assistance psychologique au ministère de la Culture ! Pourquoi ? Comment ?

Xavier Emmanuelli n'en demandait pas tant. Ce praticien engagé, à l'origine de Médecins sans frontières et du Samu social, a érigé un système qui aurait dû servir les blessés, pas les politiques. Alors, oui, il enrage de déception, et oui il a participé à la rédaction de *Je suis victime*, avec des confrères et des consoeurs, notamment Hélène Morano, que nous avons rencontrée.

Oui encore, lorsque le 30 mars 2020, en pleine pandémie de coronavirus, il insiste pour mettre en place un numéro d'écoute rattaché au 19, « pour les gens qui n'ont pas l'usage de l'Internet », pour « les pauvres, les humbles, les vieux, les errants », qui eux aussi ont besoin de mettre des mots sur la dépression collective et massive.

Par ailleurs, face à l'événement, les soignants ont eu à leur disposition PsyForMed et mille cinq cents psys pour les écouter, en France et en Belgique. Eux aussi ont besoin de parler, de dire le flux de malades, de détresses qui leur saute à la figure. Ils ont eu droit à quatre séances gratuites d'une heure chacune. Une autre forme de cellule d'urgence...

La colère d'une psy

Elle aussi s'agace de voir ce noble outil transformé, vidé de sa substance originelle.

Elle nous reçoit tout près de l'hôpital Saint-Louis. Du onzième étage, où elle vit quand elle n'est pas à Lyon, la vue sur Paris est époustouflante à trois cent soixante degrés. Une vue sans doute apaisante entre deux consultations, pour cette femme d'une cinquantaine d'années, vive, aux grands yeux verts, capable de parler de son métier avec fougue pendant des heures. Son cabinet est cosy : un petit canapé moelleux, un fauteuil, une table basse, une déco couleur pastel et discrète, des livres. Et une belle lumière du jour.

Docteure en psychopathologie, membre d'un comité de protection des personnes à Lyon, Hélène Romano a participé à des cellules d'urgence d'aide médico-psychologique. Elle s'est donc rendue sur les lieux de plusieurs attentats.

Ce qu'elle en retient, hors du drame proprement dit ?

Le désordre, le manque criant de moyens, les bagarres entre les institutions présentes et des spécialistes qui n'en sont pas. Autre constat : les logiques décisionnaires et politiques à ce moment précis s'entrechoquent, amplifient le chaos. Et l'après ? Jamais de suivi des victimes, celles-ci doivent se débrouiller, attendre des semaines pour être reçues par des psys, que ce soit à l'hôpital (où les maladies mentales prennent toute la place) ou en privé. Sans compter les longues démarches administratives à tout justifier, pour se faire reconnaître et espérer une réparation…

Quant au terme de victime, cette victimisation systématique de tous, Hélène et ses coauteurs réprouvent et dénoncent.

« Pourquoi récusez-vous le mot "victime" ?

– "Victime" est un terme judiciaire, aucun blessé psychique ne l'emploie spontanément, sauf à vouloir se définir comme tel. Victimologue ou criminologue, ces métiers n'existent pas, ces spécialités ne sont validées que par un diplôme universitaire. La victimisation à outrance fragilise la société et nie toute ressource individuelle. Il faudrait porter socialement ce discours, car nous savons tous ce que sont la souffrance ou la mort, nous vivons avec… Certains psys, heureusement pas tous, induisent la notion de mémoire traumatique, qui est pourtant une réalité, ils la fabriquent et en font leur beurre. Ils mettent les patients sous tutelle psychologique, et ne sont jamais condamnés. Une cure a un début, un milieu et une fin. Un blessé psychique veut d'abord aller mieux, ne pas rester "victime". »

Hélène Morano était sur place lors de l'attentat à l'Hypercacher. Et là, en pleine tension, après avoir cherché où placer le poste de santé, une personne, se disant du cabinet du Premier ministre, demande : « Trouvez-moi une belle victime ! » Pour les médias ! Elle est sonnée par cette injonction incongrue... Or, la « belle victime », l'homme qui est devenu un héros malgré lui, est un jeune Africain, ni femme, ni victime, ni juif, il a « sauvé » ceux qu'il a côtoyés dans le magasin. Il a porté cela sur ses épaules, alors que lui-même était choqué... Des avocats des victimes sont même intervenus pour demander aux autorités d'arrêter la surenchère à propos de ce jeune homme, aussi courageux que les autres survivants.

« C'est ainsi que l'on fabrique des victimes. Combien de personnes se trouvent regroupées, sans vraiment savoir pourquoi, dans des salles avec d'autres, compagnons d'infortune d'un événement tragique qui aurait créé une affiliation entre eux, pour « parler », « dire » ce qu'ils ressentent ? Combien de personnes disent à distance avoir été « asphyxiées » par des intervenants qui « ne leur laissaient pas d'air » ? Quand le sujet disparaît derrière des logiques judiciaires, quand le corps souffrant n'est plus qu'un objet soumis à une gestion commerciale, comment panser la souffrance psychique en déniant la complexité humaine ?

Ce que les suivis de patients exposés à des drames nous apprennent, et que confirment les études sur la résilience (ce processus qui permet de surmonter des épreuves de la vie, et d'être suffisamment armé pour ne pas s'effondrer face aux prochaines), c'est que ce ne sont pas tant les catastrophes vécues, que la manière dont ces personnes seront soutenues, puis traitées, qui risquent de laisser une trace traumatique durable dans leur histoire. Qu'une équipe médicale soit présente est bien sûr pertinent, mais que des professionnels psychologues, psychiatres ou infirmiers « psy » soient sollicités pour assurer des entretiens, ce n'est ni le lieu, ni le bon moment. Je me souviens qu'après les attentats de novembre 2015, des psychiatres se sont présentés volontairement à l'Hôtel-Dieu pour accueillir ceux qui en avaient besoin. Mais ils n'ont vu personne, et cela est paru dans un rapport post-attentat.

Il ne s'agit pas de nier la nécessité du dispositif de l'urgence, mais c'est à l'arrière du front que tout se joue, à distance des lieux de la tragédie, quand une victime quitte le terrain et qu'elle retourne à sa vie "normale". Le travail psychique, post-traumatique commence là… »

Les cellules d'urgence médico-psychologiques se sont multipliées depuis 1995. Et avec elles des dérives, des erreurs, des conséquences graves pour les victimes des attentats. Parce que la précipitation et l'urgence se confondent, les formations de « spécialistes » se font à la petite semaine, et les médias n'arrangent pas les affaires des secouristes, quels qu'ils soient.

La preuve, cette histoire que raconte Hélène. Une directrice d'hôpital exulte d'avoir ouvert les portes des urgences aux caméras pour filmer des patients ensanglantés sur leur brancard, alors que tous les soignants bataillaient depuis des heures pour faire respecter l'intimité des blessés d'une catastrophe, et le secret médical. Cette femme a justifié son passage à l'acte en ces termes : « C'est moi la directrice, c'est moi qui décide ; cela fera une bonne publicité pour l'hôpital, et puis vu leur état, ça ne devrait pas les traumatiser davantage ». C'est glaçant !

Montrer toujours, c'est contourner la réalité du trauma, victimiser à tout bout de champ c'est figer le psychisme d'une personne et lui faire croire qu'elle sera traumatisée à vie, voire « psychiatrisée ». Or c'est faux, la parole, le suivi psychologique sont des moyens de résoudre le trauma, de le dépasser, en puisant dans ses propres ressources. Être victime n'est pas une identité, c'est juste un moment plus ou moins dramatique d'une vie. Les cellules d'urgence auraient tout intérêt à réviser leur fonctionnement. Car, ajoute Hélène Romano : « L'enjeu est essentiel. On veut laisser évoluer notre société contemporaine en société assujettie à des logiques comptables, procédurales et déshumanisantes ? Ou construire une société d'hommes libres, dont la vie ne se réduira jamais aux traumas subis, car ils auront eu, grâce au relais transitionnel, des ressources pour se penser sujets de leur histoire et acteurs de leur devenir ? Une société positive, confiante en l'être humain et en elle-même, doit être capable de force, de créativité face aux difficultés et aux épreuves inévitables qui la traversent. »

Hélène Romano suit des patients qui étaient présents sur des attentats. Un jeune adulte, fils d'un membre de l'équipe de *Charlie*, s'est longtemps terré, choqué par les images vues après coup. Il a ensuite refusé de participer aux commémorations, disant que les médias et les politiques lui volaient la mort de son père. Lorsque deux de ses amis sont morts d'autre chose que d'un attentat, il a fortement culpabilisé par rapport aux bénéfices qu'il obtenait, lui, du fait du contexte de la mort de son père.

Un autre enfant a lui aussi perdu son père lors d'un autre attentat, les événements perturbants se sont enchaînés, sa mère et lui ont déménagé, il a dû changer d'école, d'amis, d'environnement. Sa vie a basculé. Trop de mouvements à la fois, trop de deuils subis. S'il va mieux, c'est que malgré tout il a été pris en charge et très entouré par sa famille. D'autres se sont retrouvés abandonnés, ils sont restés longtemps en errance psychique. Il leur a fallu trouver un chemin loin des horreurs vécues, mais, précise Hélène Romano, « pour être possible, ce chemin doit être pensable. Et si un homme ou un petit d'homme n'a plus les ressources psychiques de le penser, c'est le relais d'un adulte transitionnel qui lui permettra de ne pas se perdre et de redonner du sens à son histoire, qui le soutiendra dans sa restauration psychique. »

Un attentat... et après ?

Les commémorations de la terrible nuit du 13 novembre 2015 ont ravivé bien des blessures psychiques chez des témoins ou des rescapés de la tuerie. Chaque année, les journaux sont pleins de paroles mémorielles. Pour ne pas oublier ! Car il est impossible d'oublier, alors on vit avec... Les uns ressentent des douleurs somatiques ou pas, des moments d'oppression qui donnent envie de crier ou, au contraire, de dire « merci la vie ». D'autres sont restés handicapés avec la peur au ventre de sortir, de se faire tuer, rongés par « la paranoïa » et les images de morts en une seule nuit.

Un jeune homme s'est sauvé, il n'est pas allé vers les soignants de la cellule d'urgence. Seul, aussi, les jours d'après... Ne sachant où trouver le bon psy, il s'est recroquevillé sur lui-même, sa seule échappatoire étant les échanges anonymes sur un groupe fermé des réseaux sociaux.

Une femme consent à raconter ses douze minutes d'apocalypse : « Ce qui est bon signe, me disent mes thérapeutes, car je vois un psychologue pour réfléchir, un psychiatre pour les antidépresseurs, et un spécialiste de l'EMDR, qui me soigne par une stimulation sensorielle des mouvements oculaires. Je fais ce que je peux, mais je m'en sortirai... »

Une autre affirme : « Tout l'argent du monde ne me ramènera pas à une vie normale. Le fonds de garantie existe, c'est bien, mais on manque de gens formés, spécialisés dans les traumas. Je suis une phobique administrative et je le deviens de plus en plus. On me dit que je pourrais avoir une pension, comme les victimes de guerre, mais qui suis-je pour la demander ? Il nous faudrait être orientés, autant psychologiquement que juridiquement. Je vis une alternance de moments de détresse totale et d'euphorie... J'ai vu un psy quelques fois, mais je n'y suis pas retournée, je ne sais pas comment m'y prendre... »

Pauline Mabille a perdu des amis dans les fusillades d'un bistrot et l'attaque du Bataclan. Elle ne peut ni ne veut oublier. Alors elle met en images une joie de vivre, une liberté, que les terroristes n'ont pas supportées. C'est sa résilience à elle. Pauline a réalisé un court-métrage, *À demain*, pour raconter, via quelques protagonistes, ce soir du 13 novembre 2015. On y croise un enterrement de vie de garçon, la prise de conscience d'un homme qui délaisse sa femme et son fils, il décide de quitter une réunion pour les rejoindre plus tôt que prévu, une jeune femme qui accepte l'invitation de dernière minute d'un copain, pour le concert au Bataclan... On connaît la fin.

Ce film, efficace, ne montre rien de l'attentat, mais plutôt comment des vies s'arrêtent, alors qu'elles étaient complexes, pleines de jolies promesses... avant le drame. Pauline n'y était pas, elle n'avait pas failli y être non plus. Elle était chez elle, triste, ressassant une rupture avec un amoureux. Elle est devant sa télévision, elle suit le match de foot France-Allemagne, elle entend comme tout le monde des détonations. Elle téléphone à l'un de ses amis et pendant deux heures ils restent en communication, avec de longs silences, figés par ce qu'ils découvrent. L'info en continu sur les attentats n'en finit pas. Pauline est pétrifiée, elle appelle ceux qui ont l'habitude comme elle de fréquenter le Bataclan ou les bistrots que les terroristes ont ciblés. Personne ne répond. Les jours suivants elle apprendra qu'elle a perdu des collègues de boulot, que l'un de ses meilleurs amis a fait semblant d'être mort dans la salle de spectacle. Depuis elle ne l'a jamais revu. Un autre, rescapé, qu'elle croise de temps en temps, a énormément grossi, muré dans son traumatisme, alors ils n'ont plus rien à se dire, ou plutôt elle ne sait pas comment aborder la conversation avec ce survivant.

« J'ai eu peur de sortir pendant plusieurs jours. Encore aujourd'hui, je reste à l'affût quand je m'attable à une terrasse. Il y a un an ou deux, j'étais à l'extérieur dans un bar à Opéra, un homme est passé et a laissé tomber un sac noir devant nous, tout en continuant sa route. Pendant une heure ça a été la panique ; et ce sac noir n'avait rien d'inquiétant, juste une paire de gants et un bonnet, le type ne s'était sans doute pas rendu compte qu'il les perdait. Je ne vais plus dans les grands magasins, ni dans les marchés de Noël, et en terrasse, je m'installe toujours face à la rue. Cette nuit je savais que vous alliez m'interviewer, eh bien j'ai rêvé de ma maison de campagne. J'y étais avec mes parents, et un tueur a surgi pour nous tuer. Bien sûr que non, je ne suis pas remise.

Je n'ai pas fait de thérapie mais trois ans après l'attentat j'ai eu besoin de mettre en images cette histoire, ces histoires, elles m'obsédaient. »

Reste que ce film n'a pas été facile à produire. Pauline a mis en scène dix personnages aux destins croisés, avec en plus de nombreux figurants. Elle a voulu tourner des séquences en extérieur. Pour écrire le scénario elle s'est inspirée de sa propre vie mais a lu aussi beaucoup de témoignages.

« Tout le monde a dit oui à mon film, nous sommes tous concernés, et nous ne voulions surtout pas montrer les attaques. Ce qui compte pour moi, c'est de dire que la vie est précieuse et qu'elle peut s'arrêter. Faire ce film m'a fait du bien, les prix qu'il récolte dans des festivals aussi, même si j'ai encore des frissons en pensant à cette nuit-là. C'est évidemment une forme de thérapie, comme les enfants qui ont connu la guerre et qui jouent avec de fausses armes après, mais qui, par le dessin, enjolivent parfois les moments noirs de leur vie. Avec ce film j'ai voulu aller contre ma peur, ma thématique c'est la vie, pas les attentats. Les spectateurs qui découvrent le film me disent que ça leur remet les idées en place et qu'il ne faut rien oublier. »

Face aux balles, la psychanalyse

Il est une heure du matin ce 27 mars 2002. Le conseil municipal, à Nanterre, dans les Hauts-de-Seine, vient de se terminer après six heures de débat, quand du public surgit un homme avec une arme de gros calibre. Il vise d'abord la maire, Jacqueline Fraysse, mais il la rate. Ces premières balles blessent son voisin. Ensuite, systématiquement, il cible celles et ceux qui l'entourent derrière les pupitres. Bilan, huit morts et dix-neuf blessés.

La tuerie de Nanterre, comme on l'a appelée, a marqué une véritable déchirure dans la société française et sa foi républicaine. La liberté, le vivre-ensemble et ses représentants élus pris pour cible. L'un de ces moments où tout un pays se sent touché comme une seule personne. La suite, c'est l'émotion nationale, la France n'a alors jamais connu ce type de massacre, qui fait penser à de si nombreuses tueries américaines. Quelques années plus tard, à plusieurs reprises, les attentats islamistes ont ajouté à ce sentiment de trouble. C'est la plus grande des menaces pour un pays et une démocratie.

Sur RTL, répondant il y a quelques mois à Jacques Pradel, ce survivant, Gérard Perreau-Bezouille, a raconté comment il a traversé cette épreuve. Et ce qu'il a entrepris pour chercher à apaiser ses angoisses. « Tout de suite après je n'ai pas souhaité être suivi, mais plus tard, oui, et j'ai fait une analyse ». Celui qui se confie ainsi a été à la fois témoin et victime, dans sa chair, d'un massacre. « J'ai su très vite que ça n'avait duré que cinquante-cinq secondes... mais moi j'ai eu l'impression que c'était une heure ». Aujourd'hui encore, c'est toujours cette distorsion du temps qui étonne Gérard Perreau-Bezouille. Car lui aussi aurait dû mourir cette nuit-là ! Mais il a eu le réflexe, alors que le tireur s'approchait, de se lever, de prendre sa chaise et de la projeter sur lui. L'agresseur trébuche, il a malgré tout encore le temps de tirer et, quelques secondes après, de le blesser. Mais la douleur ne se manifestera que quelques minutes plus tard.

La suite ? « J'ai continué à lui taper dessus, et finalement avec d'autres, on a réussi à le maîtriser. » Dans le vacarme et les cris, il y a ces mots qu'il entend... un collègue lui dit : « Arrête, tu vas le défigurer ». Juste avant une autre phrase, le tireur lui-même qui lui lance : « Perreau, tue-moi ! » Preuve que l'homme était venu cibler ses victimes, étant allé jusqu'à repérer leurs noms.

À l'époque, on parlait rarement de cellules psychologiques, mais déjà les services de secours proposaient l'aide de psychiatres pour écouter les victimes.

Gérard Perreau-Bezouille, dans un premier temps, ne désire donc pas se confier. « Mais finalement, raconte-t-il, j'ai souhaité vider ça », selon ses propres termes. « Ça », c'est surtout cette violence ressentie quand il a affronté le tueur. « Je tapais... je tapais, j'étais pris là-dedans, alors que je suis quelqu'un de calme. Ça m'a perturbé ! J'en rêve encore de temps en temps, poursuit-il, et au-delà. Je réfléchis beaucoup à la violence dans notre société, dans le monde politique par exemple, avec son vocabulaire guerrier. » Engagé depuis toujours avec un sentiment de colère face à toutes les injustices, il s'est donc révolté cette nuit-là contre « la froideur d'un revolver tenu par un fou ».

Après cet épisode est venu l'étonnant rebondissement, quand vingt-quatre heures plus tard, le tueur rapidement identifié, Richard Durne, interrogé au Quai des Orfèvres, s'est suicidé en se jetant par la fenêtre ! Une affaire dans l'affaire, et de quoi renforcer la douleur des victimes : pas de procès pour tenter de comprendre la haine du tueur et ce qui l'a poussé à cet acte ! On imagine le questionnement sans fin, les réponses qui ne viendront jamais, comme une douleur supplémentaire et une double peine.

« Je suis devenu quelqu'un d'ouvert qui parle facilement. » Pour surmonter de telles épreuves, Gérard Perreau-Bezouille insiste justement sur la nécessité de la parole. « Encore faut-il trouver les bonnes personnes, ce qui, dit-il, a été mon cas, grâce à ma psychanalyste. » Faudra-t-il un jour inviter la France à s'allonger sur un divan ?

Tous choqués, les psys aussi !

Ils sont nombreux, les psychothérapeutes, les psychanalystes, à se poser la question de leur utilité, de leur présence, lors d'un drame collectif. Être là pendant, après ? Or, eux aussi sont atteints par le terrorisme, la panique générale, les chocs. Ils ont peut-être perdu un proche, ou été blessés. Eux aussi se sentent menacés par la fulgurance des attentats, et pourtant ils doivent se soigner, vivre avec, tout en permettant à leurs patients de se défaire peu à peu de leurs traumatismes.

En son temps, Freud a étudié les conséquences de la Première Guerre mondiale, tout comme ses confrères Ferenczi ou Abraham ; d'autres après eux ont mesuré les infinies séquelles de la Shoah. La guerre c'est autre chose, elle atteint des institutions et des populations différentes, elle entasse les traumatismes subis comme elle entasse les cadavres. Elle opère une destruction au long cours. Alors que les attentats surgissent sans crier gare, ponctuellement, au milieu de la vie, renversant la routine du quotidien, les cellules amicales, familiales, sociales, mobilisant les urgentistes, les psychiatres et les psychothérapeutes en première ligne. Ceux qui s'y rendent sont volontaires. Les autres, au sein de diverses sociétés psychanalytiques, choisissent d'accueillir des personnes ou des groupes, dans la discrétion de l'institution ou de leur cabinet. Le dialogue s'établit avec les patients, mais ces psychanalystes ont besoin d'une supervision pour être au clair avec leurs propres traumatismes, et avec ceux décelés chez les autres. La singularité de tout un chacun refait surface, la situation d'urgence ravive d'anciens traumas enfouis. Ce n'est qu'après les cris et les larmes, le bruit et la fureur, après la sidération, que le chaos intérieur peut être pris en compte, apaisé, et permettre une réorganisation de la personnalité. Un attentat est une rupture brutale, il faut du temps pour « recoller les morceaux » du Moi, se réinsérer dans la réalité de sa propre vie. Le statut de victime s'estompe, pour refaire le distinguo entre les morts et les vivants, et ne pas endosser la culpabilité que les terroristes veulent faire porter à toute la société qu'ils exècrent.

Nicole Kac Ohana en a fait l'expérience. Elle la relate dans un remarquable article, « La psychanalyse et le fracas terroriste », paru dans la revue *Le Carnet Psy*. Après avoir reçu une patiente qui a échappé à l'attentat de Nice du 14 juillet 2016, la thérapeute s'est sentie sans forces, « vidée », atteinte par une onde de choc venue de la violence du récit de la jeune femme. Un trauma éprouvé dans un partage émotionnel et psychique.

« La violence, la force, la médiatisation des actes terroristes, la mort en direct, suscitent des mouvements identificatoires très différents », écrit la psychanalyste. Comme s'il y avait entre elle et les patients une identification à leur souffrance, mais aussi à celle des agresseurs, trop longuement cités lors des enquêtes qui suivent les attentats.

Son propos est certes celui d'une thérapeute, avec tout ce que cela charrie de mouvements souterrains et inconscients, mais il reste foncièrement lucide quand elle se demande comment nommer ces patients : « témoins, victimes, rescapés, survivants... ou simplement patients ? » Parce qu'un trauma peut en cacher un autre, que la cure par la parole dans son cadre habituel s'avère parfois inadéquate, voire « dangereuse ». La psychanalyste doit transformer le cri en parole ou au moins les articuler pour aider ses patients. Elle reconnaît la difficulté de distinguer la trame du collectif de celle de l'individu. La « neutralité bienveillante » qui définit l'analyste est alors remise en question, l'écoute entachée par le réel qui englobe les deux personnalités. Au point que Nicole Kac Ohana s'entend dire à une patiente, rescapée des attentats de novembre 2015, « nous sommes toutes les deux dans une hyper impuissance ».

Autrement dit, dans les cas de traumatismes collectifs, les psychanalystes doivent tenir compte de leur propre souffrance, adapter leur écoute et modifier leur cadre pour accueillir le patient. Aujourd'hui des attentats sont déjoués, d'autres se préparent sans doute. Tant d'années après la création des cellules d'urgence médico-psychologique, la société, les thérapeutes de toute obédience devraient sans doute réviser les prises en charge des patients, et élargir les débats pour traiter les traumas collectifs… Nicole Kac Ohana précise :

« La capacité de la réalité externe à modifier notre fonctionnement psychique vaut pour les patients comme pour les analystes. Il nous faut imaginer et créer une façon de pouvoir se mettre en pensée ensemble, inventer une écoute à l'épreuve de la souffrance. De même, dans un climat social difficile, on ne peut pas laisser à la porte du cabinet les ennuis des patients. S'ils ne les évoquent pas, ou plutôt si un signe, un mot les laissent transparaître on entrouvre le questionnement. On leur demande si tout va bien dans leur vie quotidienne, dans leur travail, c'est aussi une perche tendue pour qu'ils s'allègent. En temps de grèves par exemple, si un patient ou une patiente sont empêchés de venir, j'accepte qu'une séance se déroule au téléphone. La psychanalyse s'inscrit toujours dans un contexte, c'est pour cela qu'elle évolue… »

Et de conclure que le fracas terroriste donne aux psychanalystes, et sans doute aussi aux psychothérapeutes, voire aux psychiatres un « léger vertige ». Léger ?

Deuxième vie, deuxième souffle

On lui donnerait le bonheur sans confession. Sa force : une parole douce, et la malice du regard. Nous la rencontrons en ces temps de virus inquiétant qui s'abat sur le monde. Mais ni dans un café, ni chez elle. Elle a préféré la neutralité d'un appartement parisien. Elle est entrée avec sa bouteille d'eau, en évitant de toucher les poignées de porte. Comme si le virus, la psychose collective grattaient d'anciennes plaies.

Sur sa carte de visite, qu'elle nous laissera en partant, un dessin charmeur, un visage tout rond, celui d'une petite fille brune, espiègle, avec deux yeux perçants. Sa création. Et ce nom : Catherine Bertrand. En fait, un pseudo. « Pour me protéger, explique-t-elle, pour qu'on n'arrive pas, d'une manière ou d'une autre, à retrouver mon adresse... »

Et voilà la première marque de cette « deuxième vie », qu'elle revendique avec beaucoup de force. Pour elle, les deux existences, avant et après l'attentat, sont aussi différentes qu'indissociables, même si celle d'hier s'éloigne, au fil des années, mais sans vraiment disparaître.

La rescapée du Bataclan, ce choc qui a bouleversé son existence, n'a pas la nostalgie du passé, ni le regret des jours d'avant, même si tout allait plutôt bien, simplement.

Archiviste photo dans une agence faisant la part belle à la mode et au luxe. Parisienne de naissance et de cœur. « Bien dans ses baskets », elle l'admet sans hésiter.

Métro, boulot, sorties.

Comme ce 13 novembre 2015, quand l'envie de découvrir les Américains d'Eagles of Death Metal les conduit, elle et un ami, à la porte de la salle du onzième arrondissement. Mais trop de monde en bas, dans la fosse, alors direction le balcon. Le concert fait vibrer les murs, et encore un peu plus avec, soudain, ce qui ressemble furieusement à des pétards. Catherine se penche en contrebas, et découvre alors des spectateurs qui tombent... Sidération... Il s'agit bien de tirs qui visent la foule compacte. Suivra le choc, le temps qu'il faut pour réaliser ce qui a commencé, la nécessité de trouver une issue, la fuite vers la rue, en devant enjamber des corps, la peur, la surprise de ne trouver à cet instant aucun secours, le sentiment d'abandon. Un homme lui demande de ramper, elle se précipite avec d'autres dans l'escalier de secours, mais trop de panique... Entre deux rafales dans la rue, on les fait sortir, au compte-gouttes. Une sensation s'imprime. « J'ai senti les tireurs sans les voir. » Sentir au sens propre, puisqu'il s'agissait de l'odeur de la poudre.

État de panique, première crise d'angoisse et quelques minutes plus tard, dans un café sur l'écran télé, les images du Stade de France, lui aussi visé. « Et rien sur le Bataclan, si proche. »

Retour à la maison, dans un taxi, « en baissant la tête dans la crainte de nouvelles balles ». Et puis une nuit à répondre aux amis qui téléphonent, à se noyer dans les images des chaînes d'info, moyen finalement utile pour réaliser que « tout cela est vrai ». Curieux sentiment d'aller plutôt bien.

« J'ai fait une course folle, la plus rapide. Je n'avais pas de traces de sang sur moi... Je n'étais pas blessée... J'étais bizarrement euphorique. C'est en heurtant un cadavre que je suis sortie de ma stupeur. »

Et sans pouvoir réaliser alors que c'est bien une deuxième vie qui commence. Il y a eu d'abord, pendant quelques courtes heures de sommeil, le froid « comme jamais dans ma vie », puis le choc, encore un. « On a compris qu'on était impliqués, autrement dit victimes, nous aussi. »

Après le week-end, un passage par chez le généraliste qui ordonne quelques antidépresseurs, puis un appel à l'hôpital pour avoir un rendez-vous, recommandé par les autorités et la cellule psychologique.

Pour aller à l'Hôtel-Dieu, pas d'hésitation, le métro, mais à la station Châtelet, une crise d'angoisse ! Conséquence de travaux menés dans le vacarme de marteaux piqueurs. Un rappel morbide. Au bout de cette traversée de Paris, il y aura pourtant une véritable naissance, grâce à un échange décisif avec l'une des psychiatres de service ce jour-là. Et pas un autre, puisque ces soignants n'avaient pas le droit de recevoir de patients en privé.

La psychiatre a été cash : « Votre vie va changer, c'est ce qui arrive à tous ceux qui sont passés à côté de la mort ».

« Elle a été top », raconte Catherine Bertrand sans en dire plus, « Ce jour-là, et d'autres qui ont suivi pendant quelques séances, elle m'a apporté beaucoup. »

L'envie de reconstruire a suivi. Deux forces complémentaires, une psychothérapie et le dessin, les deux étant indissociables.

On pense forcément à deux rails bien parallèles et, à bord de son train personnel, Catherine Bertrand partie pour un grand voyage qu'elle organise elle-même, à la vitesse qui lui convient, loin de la capitale, loin d'un monde où elle n'a plus envie de se perdre.

Ainsi, dès les premières heures après l'attentat, elle se passe très vite des médias. Les infos qu'elle cherche à l'occasion sur son smartphone lui suffisent. Et rien n'a changé depuis, pour sa plus grande tranquillité. Les mots et le dessin ont donc pris toute leur place. Elle n'a pas pu rester dans l'entreprise où elle était, bousculée par des problèmes de concentration, de mémoire.

Les séances avec la psy, pour un voyage intérieur, allaient bien au-delà de l'agression, à la recherche de tout ce qui a fait son existence depuis les premiers jours de l'enfance. Et donc, reconnaît-elle, la découverte d'autres traumatismes, souvent enfouis, qu'elle a décidé d'affronter, et qui l'avaient inconsciemment encombrée.

« Les débuts de ma nouvelle vie ont été "chaotiques", ne serait-ce que par la difficulté à accepter les bruits de l'extérieur. À chaque fois elle m'a expliqué et rassurée. Mais la relation est vite devenue riche et forte. Seule déception, et elle a été immense, quand faute de financements, après un an, l'offre de soins a été stoppée. Un vrai choc. »

Et ce même sentiment d'abandon qui resurgit. Un coup d'arrêt administratif qui reste incompréhensible. Il a donc fallu s'organiser autrement. » Et puis, complément indispensable, le dessin, pour le poids des images. Par exemple, ce boulet que son « héroïne » porte avec courage, peu importe son poids. Ce ne sera pas lui le plus fort ! Il y a aussi ce croquis. La même petite fille, la première « personne lambda », la deuxième « personne survivante ». De quoi nous alerter, méfiez-vous des apparences ! Les blessures peuvent être invisibles. Une façon de répondre à tous ceux qui, à l'époque, avaient prodigué des : « Tu vas vite oublier... tu es forte... tout cela va passer. » « Sans oublier tous ceux qui m'ont regardée comme une "bête de foire", avec un air incrédule ou voyeuriste, c'est selon... » « Ah oui, tu as vu des morts ? » « Tu es en congé maladie ? »

Sur des cahiers qui ne l'ont jamais quittée, Catherine a idéalisé sa passion de toujours, le dessin, pour se battre.

« Cela m'a sauvée. Les traits sont devenus des pages, des brouillons, moches au début, comme des gribouillis enfantins. Puis des planches, un premier livre autoédité, d'abord à cinq cents puis à mille exemplaires. Avant de convaincre, un an plus tard, via un appel sur Twitter, un grand éditeur, La Martinière, qui a décidé de m'apporter sa force. »

Quelques pages demandées en plus, et un souhait qu'elle a accepté : une fin optimiste.

À présent, la deuxième vie de Catherine Bertrand est celle d'une « *warrior* ». Un bandeau que la petite fille du livre arbore avec fierté. L'artiste regarde toujours le monde avec son blog, elle a retrouvé ce qu'elle a eu peur de perdre, la précision du trait, mais très vite elle s'est rendu compte que « cette partie-là du cerveau n'avait pas été touchée ». Une vie d'artiste aussi, ce que ses parents lui refusaient, puisque pour eux ce n'est pas un métier... Des moments de boulimie, comme si chaque bouchée était la dernière.

2020. Le Bataclan est toujours là, bien vivant. Et la mémoire du crime : cette nuit-là, au total à Paris et autour, cent trente morts et quatre cent treize blessés. Catherine Bertrand est repassée devant la salle. Quelques fois. Au début, pour retrouver d'autres rescapés. Elle les revoit, à l'occasion. Elle est très active dans l'association « Life for Paris ». Entre eux l'ivresse, surtout lors des premières réunions, et des vomissements quand Catherine rentrait chez elle.

Désormais, elle travaille surtout dans son refuge, elle continue à prendre le métro, mais habite volontairement loin de la capitale. Une maison avec jardin, et un vélo d'appartement, pour éviter de rouler dans la circulation.

Elle sera au procès qui s'annonce, sans rien en attendre, mais pour se porter partie civile, avec le désir, encore et toujours, d'être présente, en dessinant, au fil des audiences.

« C'est important pour moi de me confronter à ces événements, et j'accepte aussi de témoigner devant des élèves de lycées. »

La deuxième vie de Catherine Bertrand s'annonce dense et inspirée, avec l'humour et le sens du comique qu'elle revendique, puisque c'est dans sa nature profonde.

« Je n'ai plus de temps à perdre, comme si j'allais mourir demain. »

Le sourire de la petite fille pointe sur le visage de sa créatrice, une résistante, qui n'a pas de mal à nous convaincre. Elle est l'architecte de tous ses bonheurs, présents et à venir. Alors quand tombe le couperet du confinement pour cause de covid-19, Catherine ne cache pas qu'elle a mal vécu cette période.

« J'imaginais ce qui se passait aux urgences, et j'entendais en même temps que les gens faisaient la queue dans les supermarchés, par peur de manquer de papier toilette ! J'ai été très étonnée de la place prise par les considérations financières alors que la crise sanitaire était en train de toucher toute la planète. Peu à peu j'ai mieux apprécié les semaines qui ont suivi, chez moi, tranquille, dans mon espace, ma bulle, qui m'ont permis de me consacrer totalement à ma passion du dessin.

Tous les jours ou presque, j'ai parlé à ma psychologue. Une décision a été particulièrement efficace : ne plus suivre les infos... J'ai tout coupé. Quant au déconfinement, je l'ai redouté et me suis contentée de faire mes courses au quotidien et d'aller voir ma mère à Paris, mais pas en transport en commun. De plus, ce monde "d'après" ne me rassure guère au regard des incivilités qui persistent, de l'égoïsme des citadins qui jettent leur masque par terre. Je reste encore éloignée de tout cela... »

Une France qui doute

Son bureau ressemble à un antre du savoir. À Paris, au cœur du quartier des ministères, le Cevipof est l'une des adresses de Sciences Po. Des dizaines de livres jusqu'au plafond, sur son bureau et encore sur la table, au milieu de la pièce.

Pascal Perrineau, septuagénaire fringant et dynamique, avec ses cheveux blancs et sa curiosité toujours en éveil, nous accueille avec chaleur. Sur son territoire, dans son univers d'enseignant et de chercheur, il accepte avec plaisir l'idée de parler psy et politique.

« Regardez, nous dit-il immédiatement, des ouvrages de Freud, j'en ai là, et là ! »

Il désigne les étagères surchargées. Et un portrait en noir et blanc du psychanalyste, posé sur une étagère !

« Il m'a passionné dès ma jeunesse, je voulais comprendre la montée du national populisme entre les deux guerres mondiales, et comment se sont mêlées les pulsions individuelles et la force du collectif. Son "malaise dans la civilisation" touche au malaise de la modernité, l'économie, le social et le politique. Regardez l'Amérique de Trump... Je trouve que les psys, qui ne sont pas naïfs, sortent des variables concrètes pour aborder les émotions, très importantes en politique, car les idéologies se sont effondrées, les gens ont tous besoin de réinsérer leurs histoires individuelles dans la solennité du collectif, de faire partie d'une tribu et d'un tout. C'est le "citoyen sentimental" de Marcus. »

L'actualité donne au politologue d'autres raisons d'être très attentif. Dans un temps où les communautés prennent de plus en plus de place, il considère comme bien réel le risque de division et de rejet de l'autre. Inquiétude d'autant plus forte qu'ado, parmi ses premiers combats, il a vécu la lutte contre le racisme, mais dans un esprit volontairement positif.

Autant dire que le mal-être français qui s'exprime de plus en plus le préoccupe. Toutes les enquêtes confirment la défiance des citoyens à un niveau record, et la France est le pays le plus pessimiste au monde. « La confiance en soi-même et envers ses proches, ou la famille, tient bon, mais au-delà, c'est fini. » Les voisins, les institutions, les corps intermédiaires, les dirigeants... Plus le cercle s'élargit, plus les liens se délitent. Les corps intermédiaires ont disparu dans les zones rurales, mais pas seulement. Or pour le politologue, la proximité est incontournable. Après tout, seul le maire garde une réelle popularité, et même dans cette dimension locale le travail est immense : 60 % d'abstention au deuxième tour des municipales 2020 ! C'est dire à quel point les maires sont mal élus, et combien leur fonction se fragilise. La menace du virus n'explique pas tout. Il y a aussi un désintérêt de plus en plus marqué pour la démocratie représentative. Quand il parle du sommet de l'État, Pascal Perrineau devient encore plus grave.

« Nous sommes aux limites de la Ve République. Soit le président devient un monarque et laisse le gouvernement faire son travail, soit on va jusqu'au bout, car le quinquennat a tout changé, et on opte pour un régime réellement présidentiel, à l'américaine, avec une consultation à mi-mandat. Le président actuel, Emmanuel Macron, est jeune, ce qui l'a servi pour son élection, mais qui, je crois, le dessert aujourd'hui. Il n'est pas rassurant, par son âge il ne s'impose pas en père de la nation, alors qu'on voit que Mme Merkel, en comparaison, incarne à sa manière une mère de la nation. »

Désormais, à chaque élection présidentielle la moitié du pays peut se sentir à la fois battue et, pire, oubliée. Les colères grondent mais personne ne parvient à les refroidir. Ce sont justement toutes ces soirées de débats, dont il a eu la chance d'être le témoin car il était l'un des cinq garants officiels de cette opération, que Pascal Perrineau évoque avec passion ; après le déferlement des gilets jaunes autour des ronds-points, et dans tant de villes.

Il a écouté deux millions de personnes pendant trois mois.

« Ce fut une véritable thérapie pour des centaines de participants qui, le plus souvent, pour la première fois de leur vie, ont eu l'occasion de prendre la parole. Une France "d'en bas", comme certains politiques ont pu la décrire, a eu tant à raconter. Sa détresse souvent, avec des questions immédiates à régler : comment nourrir ma famille ? Comment tenir une famille monoparentale, avec des restrictions permanentes et dans l'isolement et l'angoisse de la fin du mois ? Et ce sentiment, en plus, de ne pas être entendu. Au récit de certaines femmes il m'est arrivé d'avoir la larme à l'œil. L'individu est renvoyé à soi en permanence, au risque de s'épuiser, sans jamais pouvoir se reposer sur le social et le politique qui se délitent. Je crains que l'on n'apprenne à nos enfants à détester les dominants, ce n'est ni rassurant ni structurant. »

Voilà comment ce malaise psychologique entraîne l'isolement, parfois la gêne ou la honte de se retrouver dans de telles situations, de subir la dépression avec ses dérives, et les addictions, comme l'alcool, pour échapper au quotidien. Et une perte de repères, si on ne sait plus à qui accorder sa confiance. Malaise grandissant également dans plusieurs professions qui ne se sentent plus reconnues, et un décalage social qui se confirme. Une France pourtant bien identifiée dans les statistiques depuis si longtemps, mais jamais prise réellement en compte. Une France fatiguée, proie facile des *fake news* et de toutes les idéologies extrêmes capables de la séduire. Ou encore de saisir toutes les thérapies prometteuses qui passent, sans résoudre l'essentiel.

Le politologue est inquiet et choqué. Il constate qu'en fait, « en haut », ces débats si fréquentés, bien peu les ont étudiés, voire à peine lus pour mesurer les dangers du malaise français. C'est toute la force de son livre *Le Grand écart*. Le titre dit tout, il y témoigne de son trouble, de la fin d'un cycle, et propose des solutions à apporter, vite.

À l'évidence, il faut toujours relire Freud qui lui-même a été témoin – et victime – de ce qui peut déchaîner le pire quand un peuple s'englue dans des carcans, et devient malheureux. Pas étonnant que Pascal Perrineau, lui-même rompu à la psychanalyse pendant de longues années, ait en permanence à portée de main les livres indispensables pour comprendre notre monde !

Loin de nous l'idée de noircir le tableau, de nous plonger dans un désarroi sans fin, mais il faut le reconnaître, la société dans laquelle nous vivons, exposée à des vents violents et contraires, s'est morcelée et radicalisée. Ses bases familiales et institutionnelles se sont fragilisées, les réseaux sociaux ont brouillé les cartes, appauvri la pensée, les violences émergent et multiplient les tensions dans tous les domaines. Les traumatismes collectifs masquent ou accentuent les traumatismes individuels. Sans compter « une sinistrose organisée », voire permanente, quand on nous annonce que la planète brûle, que les conflits sociaux écrasent toute individualité, et que la théorie de l'effondrement est brandie comme une menace imminente. Les revendications fusent de toutes parts, elles s'affrontent entre elles, on ne s'écoute plus on cherche en permanence la surenchère. Tout le monde est victime de tout et de tous. Résultat : les adultes sont de plus en plus insécurisés, les enfants en pâtissent. Pas tous bien sûr, certains ont heureusement des parents qui résistent aux chocs, tandis que d'autres sont pris dans la tourmente.

De son côté, Hélène Romano le confirme, elle qui voit des petits et des plus grands déstabilisés, atteints de troubles comportementaux et alimentaires, et qui s'inquiète du taux croissant des suicides d'enfants.

« Ils sont classés comme des accidents par le Samu, tant l'idée est insupportable pour tous. Les consultations de pédopsychiatrie sont surchargées à l'hôpital et en cabinet. Or l'enfant est le premier symptôme d'une société qui va mal. Il est déstabilisé dans la continuité des liens, face à des adultes eux-mêmes perdus. Le droit à l'enfant n'est pas le droit de l'enfant. C'est comme si c'était un gage de réussite de faire ou d'avoir un enfant, qui se doit d'être gratifiant, parfait, de préférence surdoué. En Italie, en Espagne ou en Allemagne les liens familiaux sont plus solides. Au Canada, en Suisse ou en Belgique, il existe des espaces pour la parentalité, comme ces Maisons vertes que Françoise Dolto avait créées en France et qui ont disparu.

– Il y a pourtant des psys partout et pour tout ?

– Oui, mais c'est un monde morcelé, il n'a pas un conseil de l'ordre comme pour les médecins. Il y a trop de petites chapelles, de théories qui ne tiennent pas la distance. Il nous faut nous adapter, bousculer les institutions. En France on assiste plus qu'on accompagne, alors les remèdes arrivent parfois trop tard... »

Conclusion

Dr Freud, revenez ! On aura toujours besoin de vous...

2021. Nous sommes en France, évidemment pas à Vienne il y a cent ans... Nous nous sommes si souvent posé cette question : et Freud dans tout ça ? Au terme de cette enquête, où il est si présent, une drôle d'idée (pas si drôle que ça) nous est venue : interroger « le maître » ! Pas l'authentique évidemment, malheureusement la machine à remonter le temps n'existe pas, mais nous choisir un vrai psy de notre époque, assurément ! Qui, par sa connaissance et sa formation freudienne, pourrait répondre comme si...

« Notre première interrogation... La psychanalyse n'est pas au mieux de sa forme, elle est même régulièrement menacée. Êtes-vous surpris ? Comment l'expliquez-vous ?

– J'ai inventé la psychanalyse à un moment particulier de l'Histoire, dans une époque de transition entre la tradition et l'émancipation. L'individu était soumis à des normes et des valeurs qui le contraignaient dans la société, autant que dans sa construction psychique. Nul ne pouvait échapper à son destin (ce qui est le sens même de l'Œdipe). Le Moi était pris en étau par son inconscient (soit le propre d'un désir de jouissance) d'une part, et son Surmoi (les injonctions répressives de la société). S'il ne se soumettait pas à ce destin, il traînait une forte culpabilité face au poids de la famille, au poids de son histoire et à celle de la collectivité. Je suis arrivé au moment où cela commençait à se déboulonner, où l'on aspirait à une réelle émancipation, parfois même sans le savoir.

J'étais neurologue, j'explorais le champ des névroses. Afin de comprendre l'individu, et donc chacun de mes patients, j'ai d'abord utilisé l'hypnose pour déceler les traumas rencontrés dans l'enfance. Mais je me suis aperçu que l'on pouvait, par l'hypnose, reconstruire, voire fabriquer de faux souvenirs, de faux traumatismes. Alors, je m'en suis écarté pour mieux écouter les patients, leurs associations libres, qui, elles, ont permis, et permettent encore de retrouver le fil de leur propre histoire. C'est cette libération individuelle qui, peu à peu, a interrogé les contraintes de la société, bousculé les carcans. La psychanalyse, ma pratique et mes théories ont permis ce questionnement.

Mais aujourd'hui nous sommes tous plus ou moins émancipés, ou nous aspirons à l'être plus vite, trop vite. La société répondait alors à une partition établie par le poids de la famille, sous la coupe du *pater familias*, or le collectif s'est libéré, sous la poussée de la somme des individus. La partition s'est déchirée, elle n'est plus écrite par d'autres.

L'être humain a devant lui une page blanche. À lui de l'écrire, avec moins de contraintes, certes, mais aussi avec l'angoisse de ne pas y parvenir.

La quête d'identité est plus forte parce que la liberté est plus grande, la société moins engluée dans les conventions. Mai 68 a été un tournant dans la mort du père, entraînant la libération sexuelle et sociétale. Tout cela s'est retourné contre la psychanalyse, mais elle n'est pas morte, bien que l'effondrement de l'ordre patriarcal ait provoqué celui de la structure psychique, face à une liberté excessive que d'aucuns ont du mal à appréhender. On ne voit plus de grandes figures hystériques à la Charcot, mais les névroses persistent sous d'autres formes. La fatigue d'être soi se perçoit dans la dépression que l'on cache, et qui réside dans le statut public de mal du siècle.

J'entends aussi que l'on veut exclure la psychanalyse de l'enseignement universitaire, ce serait horizontaliser la société, une conséquence de plus de la mort du père. Cela reste une menace, mais franchement si l'heure est à la scientifisation, ou à la scientisation, ce serait une erreur ! On ne peut pas tout mesurer, tout évaluer, encore moins l'évolution psychique, parce que l'angoisse existentielle persiste et qu'on ne peut la « coter » par du Valium.

– D'où l'apparition de nouvelles thérapies ?

– Entre autres, bien que je doive faire mon mea culpa : je n'ai jamais aimé les contradicteurs, tout en sachant qu'il était dangereux de les ignorer, mais le débat était vif, intéressant. Du coup bon nombre de mes disciples ont sacralisé ma parole et ma personne, faisant de moi une sorte de patriarche que mes patients contestaient. D'autres ont apporté de la nuance à mes théories et tant mieux…

La nouvelle génération de thérapeutes crée un tas de techniques pour renforcer le moi et affronter l'effondrement intérieur. On se recentre sur soi pour en finir avec l'angoisse, on balaie l'inconscient… Pourtant, il est toujours là en forces souterraines et telluriques, il y a toujours le conflit entre Eros et Thanatos, la pulsion de vie et la pulsion de mort, le bien et le mal, l'amour et la haine.

Ces techniques, multiples, ne font pas de mal dès lors qu'elles aident l'individu. Cependant, la cure type que j'ai mise au point perdure. Quarante minutes par jour, elle était onéreuse, et m'accordait un sacré pouvoir. Aujourd'hui elle est réservée à qui peut se le permettre et en prendre le temps. Cela étant, malgré les chapelles, les psys restent heureusement imprégnés par la notion de lien, la relation interhumaine et donc par l'importance du transfert. Celui-ci tient encore la place centrale du lien affectif, or il est gommé par les techniques comportementales. En psychanalyse, on n'est pas seul, on s'en remet au psy, il nous accompagne, alors qu'avec les autres pratiques on agit, on « s'agite », quitte à négliger le moi profond. La psychanalyse porte une vérité profonde qui fait peur, car elle s'oppose à toute simplification et notamment à l'obscurantisme.

– Quels sont les changements qui vous ont surpris dans ce siècle ?

– L'identité de chacun n'est plus assignée comme à mon époque, il s'est donc formé une multiplicité de groupes humains qui cherchent et revendiquent leur identité. Les femmes contre les hommes, les blancs contre les noirs, #metoo, #blackismatter, le Sud contre le Nord. Les replis communautaires, les catastrophes écologiques, la folie collective entraînent une désintégration qui se retourne contre l'individu, car l'homme est le même, il est moins fort que cette masse qui le fragilise intérieurement. Nous sommes au bord de la barbarie, certes pas la même que celle que j'ai connue... D'ailleurs, en 1938, j'avais écrit : « Nous vivons à une bien étrange époque et constatons avec surprise que le progrès s'allie à la barbarie. » C'est peut-être la rançon de tout progrès, ou de la soumission de l'homme aux exigences collectives : il s'efface trop, il réprime ses pulsions, il refoule et produit plus d'agressivité, comme je l'explique dans mon ouvrage *Malaise dans la civilisation*. La question se repose encore aujourd'hui...

L'un des grands bouleversements reste la question du genre, née de la libération sexuelle, de la contraception, donc de l'émancipation des femmes, qui ont renversé l'ordre monarchique et patriarcal. Je l'avais préfiguré dans mes théories quand je disais que le masculin et le féminin n'existaient pas dans l'inconscient, qu'il s'agissait plutôt d'actif contre passif. Le genre n'est pas une donnée naturelle, c'est une construction sociale, je l'ai écrit avant même Simone de Beauvoir. Il ne m'appartient pas de dire ce qu'est une femme mais comment elle le devient. Oui, je sais « le continent noir »... ce mystère féminin que je n'ai pas pu, su ou voulu percer... Eh bien j'avoue m'être remis en question, car aujourd'hui je ne peux plus penser à l'aune des valeurs de mon époque. Mais quand même j'ai eu l'intuition du genre...

L'apprentissage du genre est au centre de tous les débats alors que l'éducation conduit les garçons vers l'activité et les filles vers la passivité. Ce qui perdure dans tant de sociétés patriarcales ; la question du voile illustre, entre autres, cette assignation...

On cherche plus que jamais la liberté de se vivre tel que l'on est (ou croyons être), tel qu'on le désire et pas tel que l'on nous l'impose. La sexualité est revendiquée, montrée, car elle ne veut plus se soumettre à la seule hétérosexualité.

– Qu'avez-vous pensé de la crise sanitaire qui a frappé la planète en 2020 ?

– Elle a montré que l'individu porte en lui l'humanité tout entière et donc le prix donné à la vie de chacun. On n'a pas choisi l'argent, l'économie, mais la santé ; l'être humain replacé au cœur de la collectivité. C'est une bonne surprise, la réflexion, le retour sur soi ont émergé. L'expérience a été forte pour tous et pour chacun, je le vois dans mes consultations d'aujourd'hui, les séquelles du confinement sont nombreuses, diverses et surgissent là où on ne les attend pas. C'est pourquoi je vous dis encore que la psychanalyse n'est pas morte, que l'individu a et aura toujours besoin de revenir à lui, à son désir profond, à son lien avec l'autre...

– Auriez-vous envie d'expliquer la psychanalyse dans les médias, d'avoir votre chaîne YouTube, votre blog ou votre site Internet ?

– Absolument ! Comment faire sans ? J'ai toujours accepté les débats, les discussions, à mes débuts de psychanalyste ; j'ai aimé porter la bonne parole, et par là « la peste » en Amérique... On m'a rejeté, on a dévoyé mes théories en les simplifiant à outrance. Mais j'ai quand même apprécié de défendre mes idées.

Alors oui pour ce progrès, pour la vulgarisation de la psychanalyse, mais avec des garde-fous, et toujours, toujours, de la pédagogie. Avec l'image on peut certes montrer beaucoup de choses, mais cela n'exclut pas la parole, car l'inconscient est tapi en nous, il évolue à notre insu... La parole est un outil, l'image aussi, mais l'inconscient des autres ne m'appartient pas.

Si j'avais cette possibilité médiatique je raconterais d'abord des histoires, parce que c'est par là, par les récits de patients, que tout a commencé... Je crois aussi que je ne serais pas très réservé sur mon travail, je le partagerais encore, comme à l'époque de mes correspondances et de mes conférences, en dévoilant des signifiants. Et puis, il faut débattre, encore et toujours, le débat reste un lien, pas l'invective. C'est aussi par la parole que l'homme reste au cœur du monde. »

Merci Dr Freud, nous avions tellement envie de vous rencontrer !